マドンナメイト文庫

素人告白スペシャル 棚ぼた年の差体験

素人投稿編集部

第三章 予想外の展開で溢れる淫らな欲望

第四章 満たされぬ淫唇が肉棒を呑込み

※本書に掲載した投稿には、読みやすさを優先して、編集部でリライトしている部分もあります。なお、投稿者・登場人物はすべて仮名です。

第一章 年の差があるからこそ溢れる悦び

amateur confession

派遣社員の若い女性に好意を寄せられ給湯室で舌を絡め合い唾液交換して……

羽田佳夫　会社員・五十三歳

商社の総務部で責任者をしています。肩書は部長です。

二カ月ほど前、うちの部署に新しい派遣社員がやってきたんです。

「山名綾乃と申します。よろしくお願いいたします」

二十五歳ですごく仕事のできる女性でした。まさに即戦力。うちの息子たちと同世代なんですが、はっきり言って比べ物にならないほど有能です。

しかも彼女は〝女〟としてもすごく魅力的で、ととのった顔立ちにメリハリの利いたスタイルの持ち主。さらに、私としてはちょっと気になることがあったんです。

「はい、かしこまりました……フフッ」

私が仕事を頼むと、イタズラっぽい笑顔を浮かべたり、ときどき私に意味深な視線を向けているような気がして、年がいもなくドキドキしてしまいました。

まあ、若いころなら、「あの子、俺に気があるな」なんて勘違いして口説いたりしたかもしれませんが、分別(ふんべつ)ある五十過ぎの管理職ですからバカなことはできません。

ところが、彼女がやってきて十日ぐらいたったときでした。

「部長、これでよろしいでしょうか？」

私のデスクに資料を持ってきた彼女が、周りにほかの社員がいないのを確認すると、私の耳元に口を近づけて、こうささやいたんです。

「よかったら、今度、ご飯連れてってください」

えっ？　と思いましたよ。やっぱり気があるのか？　なんて。

状況からして社交辞令のわけはないし、まあ、派遣社員の採用に関して私が決定権を持っているので、悪い言い方をすれば、とり入ろうってことか、などと考えたりもしました。そうだとしても、私としては彼女には長く働いてもらいたいと思っていたところですし、おいしいものをご馳走するぐらいお安い御用でした。

ですから、さっそく私は彼女を行きつけの寿司屋に連れていったんです。

「ありがとうございます。お寿司大好きなんです」

「遠慮しないで食べてよ、山名さん」

はたから見たら父娘にしか見えないでしょうが、カウンターに並んで寿司をつまむ私は、二十代に戻ったように高揚していました。彼女のような若くてきれいな女性とデート気分が味わえるだけでも、十分に得をした思いでした。

まさか、それ以上のことがあるなどとは考えてもいませんでした。ところが、

「こんなにおいしいお寿司、私、初めてです」

彼女はそう言って、うれしそうに握りを口に運びながら、なんとカウンターの下で私の足に足を絡ませて、ふくらはぎを密着させてきたんです。

ウソだろ、こんなことがあっていいのか？

齢五十三まで経験したことのない出来事に、私の頭の中はグルグルと困惑していました。全神経がふくらはぎに集中していました。彼女のふくらはぎは、むっちりと柔らかく、人肌以上に温かくて、それだけで勃起しそうでした。

「ごちそうさまでした。大満足です」

店を出ると、彼女が私にぴったりと寄り添ってきました。

「そ、それじゃ、仕事のほう、これからもよろしく頼むよ」

「はい、もちろんです」と答えた彼女は、両手で私の腕に絡みつきました。そして、まだ帰りたくないというように、二人きりになることを提案してきたんです。

「カラオケ行きましょうよ、部長」

ほろ酔いの色っぽさ、仕事中とは違って甘えるような口調でした。私はなるべく冷静な口調で答えたつもりですが、完全に声は上擦っていたと思います。

「そうだな、まだ時間も早いし、ちょっとだけ」

カラオケボックスの狭い個室に入ると、L字型のベンチシートだというのに、彼女は私の座ったほうのシートに並んで腰をおろしました。

そして、ふくらはぎどころか、ほとんど右半身全部を密着させてきたんです。腰回りや太腿の女らしい量感がたまりませんでした。私の想像をはるかに超える展開に、どうしていいかわかりませんでした。

「じゃ、じゃあ、一曲歌おうかな」

間をもたせるにはそうするしかありませんでした。イマドキの歌など知りませんから、私が青春時代を過ごした昭和のヒット曲を入れました。

「私も昭和の歌、好きですよ」

心ここにあらずで歌っていると、間奏で彼女がそう言いました。

「両親がよくかけてたので、小さいころから聞いてたんです」

「た、たぶん、ご両親は私と同世代だろうから……おい、ちょっと」

彼女が私の前に、お姫様抱っこのように、横座りでムニュッと乗っかってきたんです。そのまま私の首に両腕を回して、耳に吹き入れるようにささやきました。

「部長って、すごく私のタイプなんです」

それから、つぶらな瞳で真正面からジッと見つめてきました。

「山名さん、父親みたいな年上の男をからかうんじゃ……ん、むぐ」

私の説教くさい言葉をさえぎるように、彼女が唇を重ねてしまったんです。

「ハぅ、クチュっ、クチュ、チュルル」

唇を半開きにして、そこからのぞかせた舌で、私の唇を舐め回しました。彼女の唇と舌は柔らかくて、みずみずしくて、信じられないほど心地いい感触でした。

「クチュチュ、はぅん、ジュッ、ふぅん」

狂おしい吐息とキスの音が交錯して、個室の空気をゆらしました。やがて彼女の舌は私の唇をこじ開け、ヌルッと私の口の中に侵入してきました。舌と舌が絡み合い、またたく間に唾液で口の周りがヌルヌルになっていきました。

激しく動き回る彼女の舌を通して、若い女性の精気が伝わってくるようでした。

しかも彼女のムチムチのヒップがうごめいて、私の股間をマッサージするように圧迫しているんです。私は何十歳も若返ったように興奮してしまいました。

「硬いのが、当たってます」

勃起を確かめるように、彼女がグリグリとお尻を押しつけてきました。

「あぁ、すごい。お若いじゃないですか、部長」

彼女が笑みを浮かべて言ったそのとき、部屋のインターフォンが鳴ったんです。

私は防犯カメラで見られたのかと思いあせってしまいました。あわてて彼女を押しのけるようにして、インターフォンに駆け寄りガチャッととったんです。

「あ、あの、すいません。これ以上は……」

すると私の耳には、明るい女性店員の声が聞こえてきました。

「当店はワンドリンク制になっておりますが、飲み物はどうされますか？」

私は顔が熱くなって、思わずこう言っていました。

「きゅ、急用ができたので、もう出ます。ドリンク代も払いますから」

それからとまどい顔の山名さんを急き立てるようにして、カラオケを出たんです。

繁華街を歩きながら、上司の口調で彼女に言い聞かせました。

「やっぱり、こういうのはやめたほうがいい。キミが所属してる派遣会社からは、たくさんの人を派遣してもらってるんだ。若い人同士ならまだしも……私が問題を起こしたら、双方の会社に迷惑をかけることになってしまうだろ」

それは嘘ではないのですが、多分に自分の保身のためだったと思います。

そうして私は、哀しそうな彼女をタクシーに乗せてから帰路についたのですが、もちろん胸中には後悔が渦を巻いていました。意気地なしの情けない男だ。せっかくのチャンスを棒に振ったよな。こんなことは、もう一生ないぞ……と。

翌日の山名さんは、いつもと同じようにテキパキと仕事をこなしていましたが、やっぱり私としては意識してしまい、声をかけられないまま時間が過ぎていきました。するると、昼休みが終わってすぐ、彼女が私のデスクにやってきたんです。

「部長、ちょっとよろしいでしょうか」

「……あ、ああ、何かな？」

彼女が先に立ってスタスタと歩き、給湯室に連れていかれました。

「そこに座ってください」

部屋の中に置いてあったパイプ椅子を指して、彼女が言いました。言われたとおりに腰をおろすと、フレアスカートをはいた彼女がいきなり正面から抱っこするように、私の前に跨(また)がってきたんです。まるで抱きキャバのような格好でした。

昨日にも増して大胆な彼女の行動に、私はアタフタしてしまいました。

「待ってくれ、山名さん。マズいよ、こんなところで」

給湯室にドアはついてるんですが、鍵はありません。誰か入ってきたら……。

「大丈夫ですよ。この時間は誰も来ませんから」

そう言うと、私の頰を両手で押さえて、ブジュッと唇を重ねてきました。

「んぐ、むぐぅ、んん」

まるで昨日の続きというように、長くなめらかな舌が、私の口の中に深々と侵入してきました。しばらく唾液をなじませるように、その舌を出し入れしてから、大きく強く横に振りつけ、8の字を描くように口の奥までかき回してきました。

彼女はキスをしながら黒目がちのつぶらな瞳を見開き、問いかけるような視線で、ずっと私の目を見つめていました。怖いほど美しくうるんでいました。

やがて、ヌルッと彼女の舌が抜きとられ、こう言いました。

「ひどいです、女に恥をかかせるなんて」

「いや、そんなつもりじゃなかったんだ。俺だって山名さんのことは……」

「いいんです。部長の立場もあるでしょうから、私が勝手にさせてもらいます」

そう言って彼女は意味深な笑みを浮かべ、そのまま舌を私のおでこや耳元、鼻の頭から顔中に、吸いつくように這い回らせてきたんです。いつも彼女の周りにただよっているシトラス系の石鹼の香りが、顔じゅうの毛穴からしみ込んでくるようでした。

フレアスカートにおおわれた下半身では、私の腰の上に乗っかった彼女のヒップの肉が、むっちりと密着してエッチにうごめいていました。

私はどんどん硬くなる股間をどうしようもありませんでした。興奮と快感で頭がクラクラする私に追い討ちをかけるように、山名さんが命じてきました。

「舌を出してください、思いきり」

私は従順に、顎を上げて、口を開き、精いっぱい舌を突き出しました。

「あぁ、おいしそうです、部長」

上からのぞき込むようにして言った彼女が、私の頬に両手を添えて、突き出した舌を自分の唇の間にヌメヌメと呑み込んでいきました。私の唇と彼女の唇が密着するまで舌を咥え込むと、美しいストレートの髪をゆらし、右に左に首をかしげて、私の舌を自らの口の中にピストンのように出し入れしはじめました。

「グジュッ、ブジュッ、ジュボ……」

口元のねばりつく音が、どんどん速くなっていきました。

「むぐぅ、うぐ、ぐぐうっ」

突き出した舌ごと、脳みそまで吸いとられそうでした。気が遠くなるほど長く、私の舌を自らの口の中に出し入れさせた山名さんは、再び私に命じました。

「そのまま大きく、口を開いてください」

私が上を向いたまま口を開けると、なんと彼女は、上から唾液を滴らせてきたんです。頬をうごめかせて口内に溜めた唾液を、次から次へと落としてきました。

「ちゃんと飲んでくださいね、部長」

ガムシロップのように糸を引いて口の中に降り注いでくる唾液を、私は口の中で舌を絡めて味わいながら、ゴクッ、ゴクッと喉を鳴らして飲み干しました。

彼女の唾液はほんとうにおいしかったんです。どんな果実よりも甘くフルーティに感じました。飲み干すたびに、私は震えるほどの快感を覚えていました。

「部長が私のツバを飲んでくれるなんて、なんか、すごく興奮しちゃいます」

顔を紅潮させた山名さんが、そう言いながら私のワイシャツのボタンをはずして前を広げました。細い指が下着のTシャツの上から胸をなで回してきました。指先はすぐに私の乳首を探り当て、きれいな桜色の爪が引っかくように刺激してきました。

「ああんっ」

私はビクビクッと反応して、女のコのような声を出してしまいました。山名さんはうれしそうな笑みを浮かべて、続けざまに乳首を引っかいてきました。

「あ、あああぅ、あん」

私は乳首を愛撫されるなんて、生まれて初めてだったんです。そんなふうに乳首をさわられるのが、そんなに気持ちいいとは思ってもいませんでした。

「はぅ、あっ、俺、こんなの……あぅ」

女らしい指がコリコリと引っかくたびに、私はビクビクと全身で反応してしまいました。さわられればさわられるほど、感度が増していくようでした。

「ふふっ、敏感なんですね。こんなに硬くしちゃって」

彼女のフレアスカートの中では、下着越しのヴァギナが私のペニスの上に密着していました。彼女がグイグイと腰を振って、そこをこすりつけてきました。

「ほら、部長、こんなに硬く……乳首も、あそこも」

「あッ、うぅ、山名さん、そんなこと……」

乳首と股間を同時にもてあそばれて、私はおかしくなりそうでした。

「部長、私もショーツの中……すごいことになってます」

そう言って彼女が、グイッ、グイッと強く大きく腰を振りました。

「こうやって、部長の硬いのにこすりつけると、ヌルッ、ヌルッっていやらしい感触が逆流してくるんです。あぁ、恥ずかしいです、こんなに濡れちゃって」

山名さんは恥ずかしいと言いながら、どこかうれしそうでした。そしてエロチックでした。私は娘ほども年下の女のコにいやらしく翻弄(ほんろう)されて、どうしていいかわかりませんでした。とうとう懇願するように、こう言っていました。

「頼むよ、山名さん。お願いだから、もうやめてくれ。こんなことがバレたら、俺は会社をクビになってしまうじゃないか」

するとと彼女は、「フフッ」と笑ってこんなことを言ったんです。

「部長が私に関係を迫ったり、セクハラしたら、責任問題になるでしょうね。でも、私が部長にエッチなことをしてるんですから、部長は被害者なんですよ」

言われてみればそのとおりです。昨日も今日も、私からはキスもしていないし、さわってもいません。どんなに興奮しても、勃起しても、手出しはしてません。さすがに有能な女性は的を得たことを言う、などと妙な感心をしてしまいました。

「いや、でも、そうか……わかった。しかし、さすがに会社の中っていうのはマズいから、仕事が終わったら、外で会おう。それでいいだろ？」

「……はい、わかりました」

そうして私と山名さんは、退社後、ラブホテルに直行したんです。

セックスするためだけの淫靡な部屋に入ると、山名さんが言いました。

「部長、服を脱いでベッドに寝てください。下着も脱ぐんですよ」

私は逆らうことなどできませんでした。彼女に背を向けて全裸になって、股間を両手で隠し、やたらと大きいベッドにあおむけで寝転がったんです。

「手を、離してください」

彼女の声に両手をどかすと、すでに芯の入ったペニスが上を向きました。

「あぁっ、やっぱり部長は、私の思ったとおりの男性です」

うれしそうにそう言って、山名さんもベッドに這い上がってきました。

「私にエッチなことされるのを期待して、大きくなっちゃったんですね」

四つん這いで私の足元から両脚を押し広げて、股間ににじり寄ってきました。

「私、セックスのとき、男の人を責めるのが大好きなんです」

そう言って、ペニスの根元を両手でおおうようにしました。

「部長を一目見たときに、この人は責められるのが似合うって思ったんです」

イタズラっぽい笑みを浮かべた彼女が、亀頭にクチュッと吸いついてきました。

「うっ！　くぅっ」

濡れた唇を強く押し当て、尿道口を舌でえぐってきました。まるで舌を挿入しようとしているようでした。その快感で、またたく間にペニスは固まりきっていました。

「ふふっ、エッチな味がしますよ。昼間、給湯室で責めたとき、我慢汁が溢れちゃってたんですね。もっといっぱい溢れさせていいんですよ、我慢汁」

そう言って山名さんは、美しいストレートヘアを左右にゆらして、トロトロと唾液を垂らしてきました。それから、その唾液を舐めとるように、ペニスの周りに舌を這いずり回させ、睾丸の際から、裏筋、亀頭まで舐めつくしてきました。

「あうっ、くぅ、気持ちいい……」

フレアスカートに浮かぶ丸いヒップを高々と突き上げ、私の股間にうずくまるようになって、脈打つペニスを隅々までをしゃぶり回していました。

やがて、サクランボのようにみずみずしい唇にヌメッと亀頭を咥え込むと、口の中で亀頭に舌を絡ませてきました。そのままゆっくりと頭を振って、ペニスを口の中に出し入れさせました。セミロングの毛先が私の腰回りをくすぐってきました。

「あっ、ううっ、そんなに……」

ぱっくりと咥えた唇が、徐々にスピードを増して、ピストンのように動きはじめました。深々と咥え込んで、唇が亀頭から根元近くまで移動していました。

「ああぁっ、くっ、山名さん、すごい！」

彼女の濡れた唇の中に、自分のペニスが続けざまに突き刺さっていました。

「グチャッ、グチャッ、グチャッ……」

強い吸引のせいで、ふくよかな頰がキュッと窪んでいました。五十を過ぎて恥ずかしい話ですが、私は女性にそんなフェラチオをされたことがなかったんです。

「はっ、はぅ、こんなの、俺、おかしくなっちゃうよ」

私の情けない声を聞いた山名さんが、フレアスカートとショーツを脱ぎ去るのがわかりました。そのまま彼女が体勢を変えると、抜けるように白い内腿が私の頭上を横切って、ヌルヌルに濡れた陰部が目の前にやってきたんです　すでに小陰唇はぱっくりと開き、勃起したクリトリスが見えていました。

「部長も舐めてください、私の……オマ◯コ」

彼女の淫語に私はクラッとしました。

ゆっくりと私の顔に迫ってきたヴァギナに、ジュルッとむさぼりつきました。

「アウッ……そ、そうです、舐め回してください」

舌を伸ばしてやみくもに動かしました。清潔な石鹸の匂いに加わった悩ましい淫香が、私の口の中、鼻の奥、後頭部にまで広がって、全身の血が沸騰しました。

「あん、いいっ、いっしょに気持ちよくなりましょう、部長」

私の上で身悶(みもだ)えながら、山名さんは再びペニスを咥え込みました。いきなり強烈にしゃぶってきました。私も必死でヴァギナを舐め上げ、膣口に舌を入れました。

私は全裸、山名さんはブラウスだけ身に着けていました。女性上位のシックスナインで、私たちは性器をしゃぶり合ったんです。下腹部まで躍動させて、頭上で打ち振られる彼女の腰つきは、信じられないほど淫らで激しいものでした。

私の鼻も口もヴァギナに埋まって、淫蕩な粘膜の感触で窒息しそうでした。

「あん、いっ、ハッ、感じちゃうぅ」

やがて彼女は身悶えながら、私の顔の上に上半身を起こしていきました。

「あぁ、こうやって、男の人にこすりつけるのも、大好きなんです」

顔面騎乗というやつでした。もちろん私はそんなことをされるのも、生まれて初めてのことでした。彼女は和式トイレで用を足すような格好で、私の顔にヴァギナをこすりつけ、ストレートヘアを振り乱していました。

「いやらしいですよね、私。こんなことしちゃって」

ヌルッ、ヌルッと彼女が腰を振るたびに、ムチムチのお尻の肉で私の顔がマッサージされて、鼻も口も目の周りも、ひたいや顎まで愛液まみれになりました。

「ああ、オマ○コが……気持ちいい！」

そう発すると、和式トイレスタイルだった山名さんが、ベッドに膝を着きヒップを持ち上げて、私の顔にお尻を向けた四つん這いになったんです。

「昨日も、今日の昼間も、途中までだったから、もう我慢できません」

そんなことを言いながら、四つん這いの肢体を私の足元に向かって進ませていきました。向こう向きのままヴァギナがペニスの上に到達すると、山名さんは動きを止めて、私の脚の上に上半身を突っ伏しました。それから突き上げたままのヒップの下に彼女の右手が伸びてきて、ペニスをギュッと握ったんです。

「部長はジッとしててください。私が全部しますから」

そう言うと彼女がペニスの根元を握ったままで、ヒップをゆらしながら、少しずつ腰を沈めてきました。亀頭の先端がヌチャッと膣口に密着しました。

「あんっ、とうとう私、部長とセックスできるんですね」

握ったペニスをゆさぶって、ぬかるんだ膣口に亀頭をこすりつけました。グチャグチャという音が響きました。硬い亀頭がぱっくり開いたヴァギナの割れ目を、えぐるように摩擦するたびに、蜂蜜のような愛液がペニスに伝い滴り流れました。

「部長、見えますか?」

「う、うん、丸見えだよ」

ヴァギナの上には、収縮を繰り返すアナルまでが丸見えになっていました。ヒップの中心で息づく肛門には、黒ずみもなく、きれいな放射線を描いていました。

「丸見えで、興奮しますか?」

「……す、すごく」

「うれしい。じゃあ、よく見てくださいね、オマ○コにチ○ポが入るところ」

山名さんのヒップが沈んできて、ペニスがヌメヌメと呑み込まれていきました。

「ああっ、部長……硬いのが、入ってきましたぁ」

根元まで入ると、すぐさままるまるとしたヒップが、激しく上下に弾みだしました。

膣の奥までペニスを突き刺すような大きい振幅で、くびれたウエストを振り立ててきたんです。私の視界を躍動するヒップと挿入シーンが占領していました。

「あッ、あッ……あうッ、部長のチ○ポ、すごくステキですぅ」

美しい髪を振り乱し、これでもかとヒップを上下させてから、山名さんは腕を突っ張り上半身を起き上がらせました。ペニスが根元まで埋まったまま、私にお尻を向けた背面騎乗位で、うねるようにウエストを前後に振りはじめたんです。

「はッ、はうッ、これも、これもいいッ！」

ペニスの表と裏が、膣の穴の中でもみくちゃにされているようでした。

「あううぅ、山名さん、すごすぎるよ、こんなの」

私が訴えるように言うと、山名さんの腰使いがさらに大胆になりました。

お尻の肉を私の下腹部にこすりつけ、挿入部分をねじ回し、ウエストが折れそうなほどヒップを振ってきました。まるで淫らなダンスを踊っているようでした。

「ああっ、オマ○コ、おかしくなりそうですぅ」

そう言うと、山名さんは着ていたブラウスを脱いで、ブラジャーもはずしました。そして、挿入したまま私の上で百八十度回転して、私のほうを向いた対面騎乗位になったんです。全貌を現したスタイルは、想像していた以上にすばらしいものでした。たわわな乳房、くびれたウエスト、むっちりと豊満な腰回り、そのすべてが汗まみれでヌルヌルに光っていました。それほど彼女は動きつづけていたんです。

「部長のチ○ポ、私の中でビクビクしてます。あッ、あッ」

表情まで別人のようにいやらしくなった山名さんが、両脚をガバッとがに股に広げて、私におおい被さってきました。なんともふしだらなスパイダー騎乗位で、私の耳をしゃぶり、乳首を舐め回し、続けざまに腰を上下に振りつけました。

パン！ パン！ パン！ という音が、ラブホの部屋に響き渡りました。

「すごい、チ○ポが奥まで、すぐに、すぐにイッちゃいます」

私も腰が勝手に動いて、下から激しく突き上げました。突き上げ、振りおろす、二人の腰つきがシンクロして、一気に快感の高みに昇りつめていきました。

「あぁぁーっ、くッ、出るよ、山名さん」

「私もイク、イキそうです、イクイク、イックゥーッ」

こうして私は、自分の息子たちと同世代の二十五歳で、有能な派遣社員の山名さんに、女性に責められるセックスを初めて教えてもらったんです。この歳になって、こんな悦びがあることを知ってしまった私は、幸せ者なのでしょうか。


あれから一カ月以上。彼女のエッチぶりはさらにエスカレートしています。

例の給湯室でもあたりまえに責めてきます。つい先日も、パイプ椅子にゴムチューブで両手両足を縛りつけられ、彼女の脱ぎ立てのショーツを覆面のように被されて、乳首をいじられたり舐められたりしました。私は喘ぎ声が我慢できなくて……。

「やっぱり部長は、責められるのが似合いますね」

会社での彼女は相変わらず仕事のできるOLですが、私のほうが彼女にセクハラされたくて仕方ないんです。でも、彼女は私をじらすように、何日も知らんぷりしたりするんです。それはそれで興奮するんですが、ほんとうは毎日でも山名さんにいやらしく責められたくて仕事も手につかないので、ほとほと困っています。

amateur confession

家族ぐるみでつきあう保険のお姉さんのエッチなお汁にまみれたアソコに昂りを

吉住俊介　大学生・二十歳

大学合格を機にひとり暮らしを始め、二年が過ぎたころでした。身の回りのこともできるだけ自分でするようにと母から言われ、保険や銀行の手続きも自分でするようにしていました。

生命保険は、もともと実家にいるときから母の担当員だった方で、川東舞衣子（かわひがしまいこ）さんという女性が、私も担当してくれました。この川東さんに、私は中学生のころからひそかな思いを寄せていたのです。私にとって、ひと回り年上の、仕事をがんばるかっこいいお姉さんでした。

ややくたびれた白いブラウスに紺のスーツが定番で、目の覚めるような美人というわけではないのですが、いつも部屋に入ってもらうとき、ドキドキしていました。

カノジョいない歴何年、というやつで、川東さんが来たときだけ、部屋の中に女性の甘い香水がただようのがたまらなく好きでした。

もともと同級生やアイドルなどにあまり関心がなく、高校生に上がるころには、自分はずっと年上の女性が好きなのだと気づいていました。

しかし実家にいるときは母といっしょにいることもあり、自分のおかしな関心を封印していました。ひとり暮らしで川東さんと二人きりになれるようになり、その封印が解かれたようになって、いつも気持ちが高揚していたのです。

川東さんが持ってきた資料を広げて説明するとき、忙しくメモをとりながら、いつもこっそり白いブラウスの胸元を見つめていました。

さりげなく巨乳で、ボタンとボタンの間にすき間が出来、白いブラジャーや肌が少しだけ垣間(かいま)見えるのです。

「ありがとうございます。お疲れさまでした。お茶を淹れますよ」

その日は先の契約に時間がかかったとかで、私の契約更新の手続きと説明を終えたとき、午後八時ごろになっていました。

「あら、どうぞおかまいなく」

舞衣子さんは本気であわてて手を振りました。

「これからまだアポがあるんですか？」

「ないけど」

「じゃあ、いいじゃないですか。ちょっとだけ」

意中の女性を自分の意思で引き留められたことに、内心で無邪気に喜んだものです。

私と舞衣子さんの言葉遣いは、双方微妙なものでした。こちらは顧客なのですが、最初の契約者の母の息子であることと、ひと回りの年齢差、そしてこの二年間は常に二人きりというのが大きな理由だったと思います。

「お部屋、いつも片づいていますね。ほかにひとり暮らしの男性の担当もしてるけど、ここはいつ来てもすっきりしてるわ」

私が淹れた紅茶に口をつけながら、舞衣子さんは周囲を見回しました。

「川東さんが来るときだけ、そそくさと掃除してるんですよ」

冗談っぽく言ったのですが、それだけでも心臓がバクバクしていました。これまでになかったプライベートな雰囲気に後押しされ、私は勇気を振り絞りました。

「失礼を承知で聞いてもいいですか？」

私が居住まいを正して言うと、舞衣子さんは営業スマイルで「なんでしょう？」と言いました。

「客として無茶を言うんじゃないんです。無理なら断ってください」

「……なんなのよ」

薄氷を踏むとはこんな気持ちだったでしょう。私は喉を鳴らしました。

「ぼくと、つきあってくれませんか？」

舞衣子さんは完全に表情をなくし、ぼくを穴を開くほど見つめてきました。

その目を見た瞬間、ああ、撃沈した、と思ったものです。

「うれしい冗談だけど、さすがに困ります」

仕事用の笑みを浮かべて、川東さんは静かに言いました。

ばつの悪い空気のまま、川東さんは小さな声で「夜分に失礼しました」とあいさつして帰っていきました。

それからしばらく悶々と過ごしました。

二週間後、更新された契約書類を持って川東さんが来ると連絡がありました。

この前のおわびを最初に言わないといけない。いつものワクワク感とは違い、そんな悲観的な思いで川東さんを待ちました。

「こんばんは。遅くなってすみません」

川東さんが来ましたが、玄関の三和土から靴を脱ぐことはありませんでした。渡すものを渡してすぐに去りたいのだと思いました。

「これ、書類です。この前説明したから渡すだけでいい？」

いいですよ、と私は力なく書類を受けとりました。

「俊介さん、この前の話だけど……」

私からわびようと思っていたので、川東さんから切り出してくれたのは意外でした。三和土に立ったまま、もじもじしています。ああ、ごめんなさいと言って頭を下げるパターンだな、と女性経験のない私にもわかりました。

ところが違ったのです。

「私はもう三十二歳のおばさんなのよ。この前の話、冗談なんかじゃないわよね」

聞いたこともない低い声で川東さんは聞いてきました。

「冗談なんかじゃない。あのとき、死ぬほど勇気を振り絞ったんだ」

なんだか川東さんを責めるような口調になっていました。

「あの、この前勢いで言っちゃったけど、川東さんはカレシ、いないんですか？」

「いないけど」

視線を斜め下にそらし、すねたような声でした。

「中学生のころから知ってる男の子に、そんなこと言われるなんて……」

今度は自虐に似た笑みを浮かべてつぶやきました。

「あのころから好きだったんだ。かっこいいお姉さんだって思ってたんですよ」

なんだかいけそうな雰囲気に、私は息が荒くなっていました。

川東さんは小さく失笑を浮かべ、ゆるゆると私を見上げました。

「川東さん！」

「あっ、ちょっ……何するの」

私は川東さんを抱き締めました。

騒がれればセクハラではすまないでしょう。

「ああっ、川東さんっ、川東さんっ！」

私は気持ちの昂りに任せ、乱暴に川東さんを強く抱き締め、激しくなでさすり、お尻をわしづかみにしてなで回しました。

川東さんは「えっ」「ちょっ……」「あの」「もうっ」と当惑の混じった短い非難の声をあげましたが、私から逃げることはしませんでした。

「川東さん、顔を上げてください」

川東さんは仕方なさそうに顔を上げました。こんなに近くで川東さんの顔を見たことは初めてで、私はぶつけるように唇を重ねました。

しっかりキスをするには私が膝を落とさなければならず、そのときに初めて私は、川東さんとの身長差に気づきました。年齢差と、大人の仕事人という畏怖の気持ちがあり、もっと大きいと長年錯覚していたのです。

気がつくと川東さんも、ゆるい力で私の背中に腕を回してくれていました。

「俊介さん、こんなに大きかったのね。首が疲れちゃうわ」

私と同じ感想を口にしてくれ、舞い上がるほどうれしかったのを覚えています。

「川東さんのお尻、やわらかい……ずっとこんなことしてみたかったんだ」

「あら、怖い。私、そんな人の家にずっと通ってたのね」

腕を前に回し、白いブラウスの上から胸ももみしだきました。

「ここも、ずっと見てました」

「それは……知ってた」

こんな状況でバツが悪くなってしまい、ちょっと動きが止まってしまいました。

お尻を回していた手を前に回し、スーツスカートの上から股間を押さえました。

「ああん、ダメ。立ってられなくなる……」

川東さんはへっぴり腰になり、私の手から逃げました。川東さんの性的なトーンの声を聞くのはもちろん初めてです。

「川東さん、上がってください。ベッドへ」

川東さんに靴を脱がせ、無理に引っぱるようにしてベッドに寄りました。

「ああ、信じられない……」

ひとり言のようなつぶやきが洩れていました。

川東さんのジャケットを脱がせ、椅子の背もたれにかけました。

白いブラウスのボタンも、私が一つずつはずしていきました。ボタンのすき間から垣間見えていただけの白いブラジャーが現れ、情けない話ですがそれだけで射精しそうになりました。

「もう、自分で脱ぐわよぉ」

興奮でもたついている私に、苦笑交じりにすねたような口調で言いました。

「ぼくにやらせて」

ブラジャーもはずすと、白い巨乳が現れました。乳房の大きさに対して、薄ピンクの乳輪と乳首が小ぶりでかわいかったのが意外でした。

「もう、怖い顔で見ないで。恥ずかしい……」

川東さんは顎を引き、肩をすくめました。

スーツスカートのファスナーをおろすと、スカートは軽く床の上に落ちました。

濃いブラウンのストッキングと、ベージュに透けた白いパンティが現れました。

「川東さん、こんなかわいいパンティはいてたんですね」

川東さんは返事をせず、ベッドに視線をそらしていました。

「ねえ、先に、シャワーを浴びたいんだけど。一日じゅう営業で歩き回ってて汗をかいてるし……」

「ダメです。その匂いあってこそ、川東さんなんだ」

川東さんがどんな顔をしたかは覚えていません。

「ベッドもです。川東さんが来る日は、ちょっときれいにしてるんです」

「……いつから？」

「ここでひとり暮らしを始めて、川東さんが来てくれるようになったときからです」

うつむいた顔に、大人の苦笑いが浮かんでいました。

私は全力で自分の衣服を脱ぎました。あわててボクサーブリーフのゴムに足の先を引っかけてしまい、転びそうになりました。

「俊介君、逃げないからちょっと落ち着こう」

はっきり年上女性の口調で言われ、鼻白む（はなじろ）とともに安心したのを覚えています。

勃起ペニスを見せつけるように背をそらしました。

「あらあら、私みたいなオバサンにそんなに大きくして……」

また苦笑交じりでしたが、まんざらでもない様子が口調からわかりました。

「川東さんが来るとき、いつもこうなってたのは知らなかったでしょう？」

「……もう、おバカさんね」

川東さんが帰ったあと、思い出しながら自慰にふけっていたことまでは、さすがに口にしませんでした。

「さあ」

妙な勢いをつけて川東さんの手をとり、ベッドに横たわりました。

あおむけになって、上半身裸の川東さんを抱き締めました。女性の体はこんなにやわらかく熱いものかと驚き、両手のひらで激しく背中をなで回しました。

川東さんを強く抱き締め、そのままクルリと上下ひっくり返しました。

下になった川東さんの乳房を、ムシャムシャベロベロと舐め回しました。

「あんっ、やんっ……ああんっ！」

エロＤＶＤでしか聞いたことのない声が、ずっとあこがれていた川東さんの口からこぼれ、また射精の予感に襲われました。

体を下げ、濃いブラウンのストッキングのまま、川東さんの両脚を思いっきり広げさせました。

あんなに興奮していたのに、すぐ裸にしなかったのは、いま思い返しても我ながら不思議でした。自分をじらしたかったのもあったかもしれません。買ったばかりの期待のエロ本にすぐ手を出さない心理に近かったのだと思います。

ストッキングとパンティ越しでも、股間はほんのり温かく湿っていました。

ストッキングの上から、ベージュに透けた白いパンティの股間に顔を寄せました。

「ああ、顔を近づけちゃダメ。何度かお手洗いにも行ってるのに……」

トイレで排尿したことを川東さん自身が口にしている、そのこと自体に変態じみた興奮を覚えました。ストッキングとパンティを膝までおろし、白い便座に腰かけている川東さんを想像してしまったのです。

二枚の薄い着衣越しに、川東さんの股間に顔を押しつけました。

「ああん、ダメ。恥ずかしい……」

自分の行為に、ひと回りも上の女性に「恥ずかしい」などと言わせたことに、言いようのない征服感も覚えました。

花のようないつもの川東さんの香りと、女性らしい甘い汗の匂いと、かすかにおしっこの匂いもしていました。

川東さんに保険の説明を受けているとき、ボールペンを落としたふりをしてテーブルの下にしゃがみ、スカートの中を見ようとしたことが何度かありましたが、成功したことはありませんでした。いま、大胆にそこに口をつけているのだと思うと、過去の自分に強い優越感も覚えたものでした。

川東さんの腰に両手をやり、ストッキングを脱がせていきました。

白い裸体に白いパンティだけです。パンティの上からも、股間に口をつけました。

そして驚きました。じっとりと濡れていたのです。口を強く押しつけ、金魚のようにハムハムさせながら、パンティにしみついたエッチなお汁を懸命に舐め、喉に送りつづけました。パンティに吸わせてはもったいないと思ったのです。

川東さんは顔を横にそらせ、眉をハの字に寄せていました。「恥ずかしい……」とすねたような口調で繰り返しました。

「川東さん、脱がしますよ」

ゴクリと喉を鳴らし、両手をパンティの腰ゴムにかけ、脱がしていきました。川東さんがお尻を浮かせ、協力してくれたのがうれしかったのを覚えています。

白い股間に、逆さ向きの黒い炎のような恥毛が生えていました。ＡＶを除けば、女性の恥毛を見るのは、幼少のころいっしょにお風呂に入っていた母以来です。

エッチなお汁にまみれ、恥毛が肌に張りつき、性器周辺はテラテラと光っていました。顔を近づけると、香水でも汗でもおしっこでもない、なんとも妖しい匂いがただよっていました。これが牝の匂いというものか、と思ったものです。

大きく息をし、濃厚な匂いを嗅ぎながら、舌を出して性器を舐め上げました。

「ああっ！　いやああっ、ダメッ……あああんっ」

川東さんの嬌声に、おかしな話ですが感動で泣きそうになってしまいました。

少しトロみのあるエッチなお汁は、妖しい匂いのほか味らしい味などありませんでした。おしっこなのか薄い塩味がするだけです。

エッチなお汁を犬のように舐めほじってから、私は上半身を上げました。

勃起したペニスを川東さんの開いた性器に向けましたが、正直、どこに突き刺せばいいのか判断がつきませんでした。

「俊介さん、もしかして初めて……？」

ゆるりと私を見た川東さんは、そんなことを聞いてきました。

「そうです」

ものの三秒ほども見つめ合ったでしょうか。

「こんなおばさんで、ほんとにいいの……？」

「川東さんでなきゃ、ダメなんです」

川東さんはかすかに失笑らしいもの浮かべ、私のペニスをつかみました。

「ここよ……」

ペニスの先が膣口にあてがわれると、「うっ」とうめいてしまいました。

「ゆっくり、入れていくの。あとは、わかるわね」

生命保険の説明ではなく、性行為の指南、中学生のころから秘かに夢見て、かなわないだろうと諦めていたことが、現実になっていたのです。オーバーでもなんでもなく、もう死んでもいいと思ったものでした。

亀頭がわずかに入った性器を見つつ、ゆっくりペニスを入れていきました。

「あああ、入っていく……ぼくのチ〇ポ、川東さんのオマ〇コに、入っていく」

感極まり、喉の奥から声が出ました。「川東さんのオマ〇コ」、自分が口にした言葉に、天罰が当たりそうな寒気と快感を覚えました。

挿入が完了し、腰がぶつかっても、なおも私は強く押しつけていました。

二十年の人生を振り返っても、何度もなかったような大きな感動を覚えました。

ゆっくりとピストン運動を始めました。ＡＶで知っていたというより本能的な動きだったと思います。

「ああ、そう、そうよ……あああ」

川東さんの中は温かく湿っていて、ペニスを全方位から強く包んでいました。しだいに無意識に、ピストンは速くなっていきました。

「ああっ、いいっ……すごく、硬いわっ！　しゅん……俊介さんっ」

自分の見ているものが信じられませんでした。ずっとあこがれていた川東さんが、私の腰の突き上げで顔をゆがませ、頬を染め、剝き出しの白い巨乳を揺らし、エッチ動画のような声をあげているのです。

射精まで一直線でした。

ところが、川東さんはわずかに上半身を起こし、両手で力なく私の腕をつかんできたのです。

「待って、俊介さん。今度は、後ろから……」

そう言って私の腰を押し、抜くように言いました。

もう少しで射精だったのに、なぜ？　強くそう思いましたが、私は言われるままに無言でせっかくのペニスを抜きました。

川東さんはゆるゆるとうつ伏せにひっくり返りました。そうして、白いお尻を少しだけ持ち上げたのです。

私は両手で腰をとり、お尻を高く上げました。

「そうよ。あとは、同じ……」

私は返事も忘れて、川東さんの白いお尻を見つめていました。小柄で年齢のわりにスタイルのいい川東さんですが、この姿勢だとお尻が大きく見えるということを初めて知りました。

新たな発見はそれだけではありませんでした。

「川東さんのお尻の穴……」

中学生のころから川東さんにエッチな妄想はしていましたが、そんなものまでマジマジと見るのは想像もしたことがありませんでした。

「川東さん、お尻の穴も、かわいいですね」

かすれた声で、そんな変態的なことを口にしていました。

「あん、恥ずかしい……ダメよ、そんなとこ見つめちゃ……」

川東さんはキュッとお尻の穴をすぼめました。

私はお尻の穴に顔を寄せ、おそるおそる匂いを嗅ぎました。語るも不思議な話ですが、危険な匂いはまったくありませんでした。ばかげた想像ですが、朝トイレで用を足してからシャワーを浴びたのではないかと勝手に推理していました。

唾液を満たした舌を伸ばし、縦長の集中線のようなお尻の穴をベロリと舐め上げました。

「あああっ……どこ舐めてるのっ？　ダメよっ、きっ……きたな——」

川東さんは悲鳴をあげ、その姿勢のまま片手を後ろに伸ばしてお尻の穴を隠そうとしました。その仕草が滑稽でかわいいと思ったのを覚えています。

「大丈夫です。川東さんの体に汚いところなんてないんだ」

私は川東さんの白い手をやさしくどけ、執拗に肛門を舐めほじりました。あの驚きようからして、それなりに性体験もあるだろう川東さんでも、これはされたことがなかったのだろうと思うと、別種の征服欲が満たされ、ニンマリと笑みが洩れました。

膝を広げて踏ん張り、ペニスの根元をつかみました。

「お尻じゃないわよ。わかってるわね……」

「わかってます。それは、今度」

余裕もないのに、そんな言葉が出ました。

毛むくじゃらの性器は、お尻の下のもう一つの小さなお尻のようでした。そこにペニスを当て、ゆっくりと押し込んでいきました。

「ああっ、これ、すごく締めつけます……！」

ペニスの半分も入らないうちに、私は腹から声を絞り出していました。

「んあぁっ……ゆっくり、奥まで来て。それで……」

それで、射精してもいい、という意味だとわかりました。

最奥を突くと、私は歯の根を食いしばってピストンを開始しました。白くて大きなお尻をしっかり両手でつかみ、動きそのものは安定していました。

ほどなく、ほんとうにほどなくして、射精の反射が起きました。

「あああっ！　川東さん、出るっ……！」

安物のベッドがぎしぎしと悲鳴をあげるなか、私は川東さんに万感の思いを込めて射精しました。


あれから半年がたちました。川東さんは月に二度ほど私の部屋に訪れ、セックスをしています。お尻で試してみたいと言うと、あいまいな返事だったので、ローションというのをネットで購入し、ちょっと強く迫ってみたいと思っています。

結婚を口にしてもやはりあいまいに逃げるのですが、私は川東さんと一生をともにしたいと考えています。まだ大学生ですが、本人と双方の両親の説得をシミュレーションしているのです。

amateur confession

バイト先の居酒屋の奥さんとサシ飲みし目の前でオナニーさせられ昂ったモノを

沼田栄太　大学生・二十一歳

私は大学四年生で、来年からは社会人です。就職先も決まり、卒業旅行の資金を稼ぐために個人経営の居酒屋の厨房のバイトに明け暮れていました。

そこは狭い店なので、オーナー夫婦だけで十分切り盛りできる忙しさなのですが、オーナーはお酒が大好きで、それを知っている常連客が「まあ一杯いこうよ」と飲ませるんです。

そのためオーナーはだいたいいつも泥酔状態で、その分バイトががんばらないといけないんです。

仕事はたいへんですが、ホール担当の奥さんがすごく色っぽくて、彼女の笑顔を見ると私は元気になってしまうんです。

お金のために始めたバイトでしたが、途中からは奥さんと会いたくてバイトに行くという感じになっていました。

その日も開店と同時に常連客がやってきて、「俺のおごりだ」と言ってオーナーにお酒を飲ませはじめたんです。

もう仕事などそっちのけで飲みまくりのオーナーは、閉店時間を待たずに酔いつぶれてしまいました。

「ちょっとぉ、こんなところで寝ないでよ。寝るなら寝室へ行きましょ」

店の奥はオーナーと奥さんの居住スペースになっています。奥さんはオーナーを無理やり起こして抱えるようにして奥へと行きました。

その間に私は食器を片づけたりしていました。すると戻ってきた奥さんが、扉を開けて外を見て言うんです。

「今日はもう閉めちゃおうか。雨だし、いまからお客さんが来ることはないだろうしね」

「あ、はい。ぼくは大丈夫です」

奥さんは暖簾(のれん)をしまうと、テーブルを拭いて回りました。私も厨房の後片づけをして、帰り支度をしていると、奥さんがふと思いついたように言いました。

「そうだ。沼田(ぬまた)君、いっしょに飲まない？　まだ終電までには時間があるでしょ？」

いつもよりかなり早い閉店なので、時間的にはまだまだ余裕があります。しかも、美人の奥さんからのお誘いなのですから、断る理由は何もありません。

「いいですね！　飲みましょう」

閉店の作業を終わらせてしまうと、私と奥さんは座敷席に腰かけ、店の残り物を肴に差し向かいで飲みはじめました。

といっても、あこがれの奥さんを目の前にして、私はうまく話せません。バイトをしはじめてだいぶたちますが、サシで話をしたことなど一度もなかったのです。

必然的に奥さんが話題をリードするようになりました。すると奥さんの口からは、けっこう愚痴が出てくるんです。いつも笑顔の奥さんだったので、少し意外でしたが、逆に笑顔でいるためにそういったストレスを溜め込んでいたようです。

愚痴の内容は、一人でホールを担当しているので毎日くたくたになるとかいったものから、お客さんのセクハラがひどいといったものもありました。

奥さんはかなりの巨乳なので、ホールを移動するときも乳房がゆさゆさ揺れてしまうんです。男ならどうしてもそこに目がいってしまいます。さらにはお尻も大きくて魅力的なので、酔っ払ったお客さんがときどきさわったりするんです。

「だけど、そういうのは別にいいのよ。私に魅力を感じてくれているってことだから、四十路にもなれば、そういうのは逆にうれしかったりするの」

かなり酔いが回ってきたのか、奥さんは少しろれつが回らなくなりながら、そんなことを言うのでした。

そして奥さんはテーブルに頬杖をつき、私の顔をうるんだ瞳でじっと見つめるんです。

「我慢ならないのは夫よ。あの人、毎日酔いつぶれて眠っちゃうから、もう一年以上もしてないのよ」

奥さんはテーブルにオッパイをのせるような体勢で、そんなことを言うんです。むにゅむにゅとやわらかそうにつぶれるオッパイと「エッチしてない」という言葉が、私を猛烈に興奮させるのでした。

私は大学一年生のころは恋人がいましたが、彼女に振られてからは、ずっと一人です。はっきり言って女に飢えていました。そんな私には奥さんの姿と言葉は刺激が強すぎるんです。

どんな反応をしていいかわからずに、黙って聞いていると、奥さんはさらに赤裸々な話をしはじめました。

「お店でお客さんにさわられた日なんかはムラムラして、酔いつぶれた旦那のパンツを脱がしてオチ○チンをしゃぶったりしたこともあるのよ。それで勃起させて騎乗位で入れちゃおうと思って。だけど旦那ももう五十だから、全然硬くならないの。仕方ないから自分で慰めたけど、なんだかむなしくって……」

奥さんはじっと私の目を見つめながら話しつづけるんです。それでも私は「はあ」とか「へえ」と相づちを打つことしかできませんでした。

そしたら奥さんが不意に怒ったように言うんです。

「ねえ、ちゃんと聞いてる？」

「き……聞いてますよ」

「そう。沼田君はなんだか余裕な顔をしてるから……でも、彼女はいるんでしょ？」

上目づかいに私を見つめ、奥さんがたずねました。

「いませんよ。そんなの。だからぼくもいつも自分でしてるんです」

奥さんに共感していることを示したくて、私はとっさにそんなことを口走ってしまいました。

「え？　そうなんだ。沼田君もオナニーしてるんだ？　おかずは何？　やっぱりＡＶとか観ながらするの？」

奥さんは身を乗り出すようにしてたずねました。奥さんのほてった顔が私のほうに突き出されて、まるでキスをねだられているような気分になるんです。

話題もかなり際どいものなので、若い私の股間はもうカチンコチンになってました。

「え……ええ、まあ、たまに観たりするかな」

私はなんとかそう答えました。確かにＡＶを観ながらオナニーをすることがいちばん多かったですが、たまに奥さんの姿を思い浮かべながらすることもあったんです。

もちろんそんなことは言えません。言ったら軽蔑されるはず。でも、いまの話の流れからいくと、ひょっとしたらよろこんでくれるかもと、そんなことを考えていると、不意に股間に何かがふれました。

驚いてテーブルの下をのぞき込むと、あぐらをかいて座っている私の股間に、奥さんの足がふれているんです。しかも、まちがってふれてしまったといった感じではなく、足の指で私の股間をグリグリしてくるんです。

奥さんはそうやって私の股間を刺激しながらも、知らん顔してビールを口に運んでいます。そして、足指の刺激を徐々に強くしてくるんです。

「あっ、うう……」

気持ちよすぎて、私の口から変な声が洩れてしまいました。

「あら、どうしたの？」

奥さんはとぼけ顔です。そのくせ、足の指でペニスをグリグリしつづけているんです。

これは絶対に誘われていると思いながらも、私は何もすることができませんでした。ひょっとしたら、ただ酔っ払ってるだけか、私をからかっているだけかもしれないと思ったからです。

だけど、何もしてこない私にじれたように奥さんが言いました。

「私みたいなオバサンには興味ない？」

「そんなことありません！」

間髪入れずに私は否定していました。すると奥さんはうれしそうに微笑みました。

「そうよね。こんなに硬くなってるんだもの。ねえ、じかに見せて。若い男の子が元気いっぱいになってる様子を見てみたいの」

奥さんは私の返事を待たずに、四つん這いでテーブルの横を移動してきました。そして私のズボンのジッパーをおろすんです。

「だ、ダメですよ、奥さん。オーナーに気づかれたらたいへんです」

「大丈夫よ、心配しないで。あの人は酔いつぶれて寝たら、朝まで絶対に目を覚まさないから。さあ、脱がしやすいように立ち上がってくれないかしら」

「は……はい……奥さんがそう言うなら……」

私は素直に立ち上がりました。あこがれの奥さんがぼくのペニスが見たいと言ってくれているのです。それに話の流れから、それだけで終わりそうにはありません。こんなラッキーなことがあるでしょうか？　私は流れに身をまかせることにしたのです。

「さあ、脱がすわよ」

奥さんは私の前に膝立ちになってズボンをおろしました。ボクサーパンツをはいた私の股間が露(あらわ)になりました。そこはもう勃起したペニスの形に伸びきっているんです。

「はあぁぁぁ……すごいじゃないの！」

奥さんはため息をつきました。そして、すぐにボクサーパンツのウエストに手をかけ、そのまま引っぱりおろそうとするんです。

「あっ、ダメです、奥さん……ううう……」

ペニスの先端が引っかかっているのに無理やり引っぱりおろされたものだから、勢いよく亀頭が跳ね上がり、その勢いに奥さんは驚いて体をのけぞらせました。

「す……すごいわ！　やっぱり若いって素敵ね」

「いや……奥さんがエロいから、ぼく、興奮しちゃって……」

「あら、私のせいなのね。じゃあ、いっぱいかわいがってあげなきゃ」

奥さんはペニスを右手でつかむと、先端を自分のほうに引き倒し、亀頭をぺろぺろと舐めはじめました。

「ううう……奥さん……それ……気持ちいいです……」

「こんなのはまだ序の口よ。欲求不満の人妻のエロさを思い知りなさい」

そう言ってパクッと咥えたと思うと、奥さんは口の中の粘膜でペニスを締めつけながら首を前後に動かしはじめました。

しかも、上目づかいに私の目を見つめたまましゃぶるんです。

その様子はいやらしすぎて、私は猛烈に興奮していきました。ペニスもいままでにないぐらい硬くなっていきます。

「うう……奥さん……あああ……ダメです、気持ちよすぎます」

私が体をくねらせると、その反応がうれしかったのか、奥さんはジュパジュパと唾液を鳴らしながら、さらに激しくしゃぶるんです。

「だ……ダメです。そんなにされたらぼく……やめてください……うう……」

やめてと言いながらも、ほんとうはやめてほしくはありません。そんな私の気持ちがわかるのでしょう、奥さんはさらに激しく、さらにいやらしくフェラチオを続けました。

するとすぐに射精の予感が体の奥から込み上げてくるんです。

「ああっ……もう……もう出そうです」

私が苦しげな声で言うと、奥さんはいったんしゃぶるのをやめて口からペニスを出し、亀頭に軽く唇をふれさせたまま言うんです。

「お口に出してもいいわよ。だけど、それで終わりじゃいや。もう一回ぐらいできるわよね？」

私は力強くうなずき、即答しました。

「はい！　できます！」

奥さんはにっこりと微笑むと再びペニスを口に含み、さっきよりもさらに激しくしゃぶりはじめました。

これはつまり口の中に出してもいいということです。そのことをイメージしたら、射精の瞬間はすぐにやってきました。

「あっ……もう……もう出そうです。ううう……ああ、奥さん、で……出る！」

私は両手の拳をぎゅっときつく握り締めました。

腕の筋肉が硬くなるのと連動しているかのように、ペニスもさらに硬くなり、次の瞬間、ビクンと脈動して、その先端から精液が勢いよく迸(ほとばし)り出ました。

「うっぐぐ……」

予想以上の勢いで喉の奥まで飛び散ってしまったのか、奥さんはむせ返りそうになりながらも、射精が完全に終わるまで口に含みつづけてくれました。

ドピュンドピュンと断続的に射精を繰り返し、ようやく私のペニスはおとなしくなりました。

「奥さん……出ちゃいました。すごく気持ちよかったです」

満足げに息を吐いて私が腰を引くと、ペニスがずるんと抜け出て、唾液と精液が混じり合った粘液が長く糸をひきました。

すると奥さんは私を見上げて口を閉じ、眉間にしわを寄せて、ゴクンと喉を鳴らして精液を全部飲んでしまったんです。

「お……奥さん……飲んでくれたんですね？」

まさか飲んでくれるとは思わなかったので、私は感動で鳥肌が立ってしまいました。と同時に、大量に射精して萎(しぼ)みかけていたペニスが、またすぐにまっすぐ天井を向いてそそり立ってしまいました。

「え？　どうして？」

「いやぁ……すみません。奥さんに飲んでもらったら興奮して、なんか、また勃(た)っちゃいました」

「うふっ。うれしいわ。今度は沼田君のしたいようにしていいわよ」

「じゃあ、遠慮なく」

私は奥さんに襲いかかり、座敷席の畳の上に押し倒しました。そして服を脱がしながら全身を愛撫していきました。

奥さんの胸はかなりの大きさで、ものすごくやわらかいんです。それをこね回すようにもむと、手のひらに乳首が硬く感じられました。

「乳首が勃起してきましたよ」

「あっ、いや……恥ずかしいわ」

私は乳首を指でつまみ、グリグリと刺激してあげました。すると奥さんは体をピクピクふるわせて悩ましい声を出すんです。

「ああぁん……気持ちいい……はあぁぁ……」

「もっと気持ちよくしてあげますね」

私は乳首を口に含み、舌先で転がすように舐め回しました。そして、赤ん坊のように吸い、前歯で甘噛みしてあげたんです。

「あっ……あああん……じょうずよ。あああん、沼田君、はあああん……」

奥さんは私の頭を抱き締めるようにして喘ぎ声を洩らします。

「奥さんは乳首が敏感なんですね。でも、もっと感じる場所があるでしょ？」

私は奥さんの顔をのぞき込んでたずねました。

「さあ、そんなところ、あったかしら？」

ほてった顔で奥さんはとぼけます。その顔を間近で見つめながら、私はスカートをたくし上げて、下着の中に手をねじ込みました。

「あっはあああん……」

奥さんのきれいな顔が官能にゆがみました。

「ここですよ。ほら、気持ちいいんでしょ？」

割れ目の間に指をすべらせ、愛液をまぶしたその指先で小さな突起物をなでると、奥さんの体がビクンと震えました。と同時に悩ましい声が迸り出るんです。

「あっはああん……そ……そこは優しくして」

「いいですよ。こういうさわり方のほうがいいのかな？」

私は愛液をまぶした指先で円を描くようにしてクリトリスをなで回しました。

「そ……そう……それ……ああああん……気持ちいい……沼田君、すごくじょうずよ」

ほめられたうれしさから、私は乳首を舌で舐め転がしながらクリトリスをなで回すという二点責めで奥さんを責めつづけました。

するとすぐに奥さんの呼吸が荒くなってきたんです。

「あああ……ダメだわ、もう……あああん、イッちゃいそうよ。はあああん……」

「いいですよ。イッちゃってください。ほら、遠慮しないで」

私は乳首を吸ったり噛んだりしながら、クリトリスをなで回す勢いを強めました。

すると奥さんは、私の手首を握り締めて全身の筋肉を硬くしました。

「あああっ……イク……イクイクイク……あっはあああん！」

そして私の指から逃れて胎児のように体を丸めてしまいました。

「奥さん……ぼくにクリをいじられながらイッちゃったんですね？」

「はあぁぁ……そんな露骨な言い方しないで。恥ずかしいわ」

「何言ってるんですか？　これからもっと恥ずかしいことをしてあげますよ。さあ、イッたばかりのアソコを見せてください」

私は奥さんの足下に移動しました。そして、スカートと下着を剝ぎとってしまうと、奥さんの両膝の裏に手を添えて、そのままグイッと押しつけました。

「ああん、いやぁぁん……」

奥さんはマングリ返しの格好になりました。

「す……すげえ……」

私は思わず声を洩らしてしまいました。いつもあこがれの視線を向けていた奥さんが、いま、全裸でオマ○コを天井に向けているんです。

上品そうな美しい顔と、大きなオッパイと、オマ○コと、さらにはきゅっとすぼまったお尻の穴まで、全部丸見えです。しかも、クリなぶりでイッたばかりのオマ○コは、愛液にまみれてヌラヌラ光っているのです。

「ああ、ダメよ、この格好は恥ずかしすぎるわ。やめて、沼田君。あああん」

そう言いながらも、奥さんの体には全然力が入ってないんです。私をはね除けて、この卑猥すぎる体勢から逃れたいという思いはまったく感じられません。

それどころか、さらなる愛撫を催促するように、膣口がヒクヒク動いて愛液を溢れさせているんです。

「マン汁がどんどんわき出てますよ。これって舐めてほしいってことですよね？」

「そ……そんなことないわ」

「じゃあ、見てるだけでいいんですか？」

「ダメよ！　あああん……舐めてぇ……沼田君、オマ○コをいっぱい舐めてぇ」

欲求不満だと自ら口にするだけあって、奥さんはすごく貪欲なんです。もちろん私はこれ以上じらしたりはしません。私もあこがれの奥さんのオマ○コを味わいたくてたまらなかったのです。

ぺろりと割れ目を舐め、膣口からズズズと音をさせて愛液をすすり、さらにはクリトリスを口に含んで、さっき乳首にしたのと同じように舐め転がしたり、吸ったり、甘噛みしたりしてあげました。

「あっ……いい……あああん……気持ちいい……あああん、もっと……もっと……」

私はクリトリスを責めながら、指を膣の中にねじ込みました。そして膣壁のざらざらした部分を曲げた指先でこすってあげたんです。

そのとたん、奥さんはヒクヒクと腰をふるわせました。

「あ、ダメ、またイク！　あっ……イク〜！」

そして奥さんは私をはね除け、畳の上にぐったりと体を横たわらせました。

「奥さん、またイッちゃったんですね？　もう満足しちゃいましたか？」

「あぁぁん、まだ……まだ満足してないわ。だって奥のほうがムズムズしてて」

奥さんは私に向かって大きく股を開いてみせました。二回もイッたオマ○コはどろどろにとろけていて、その真ん中で膣口が物欲しそうにパクパクしてるんです。

「わかりました。じゃあ、これで奥のほうまで気持ちよくしてあげますよ」

奥さんの口の中に射精したときよりもさらに力をみなぎらせているペニスを右手で

つかみ、私は奥さんにおおい被さっていきました。

そして亀頭を膣口に押し当てると、なんの抵抗もなく、というよりもまるでイソギンチャクが獲物を捕らえるときのようにペニスが呑み込まれていくのでした。

「あああ、入ってくるぅ……あああん、すっごく奥まで……あああん……」

奥さんは体をのけぞらせて白い喉をさらします。私はそこに舌を這わせながら、さらに奥までペニスを挿入しました。

「あああ、奥さんのオマ○コ……すごく狭くて、温かくて、最高に気持ちいいです」

「動かしてぇ。奥のほうをいっぱいかき回してぇ」

もちろん私は奥さんの願いどおりペニスを抜き差しし、奥を重点的にかき回してあげました。温かな膣粘膜が吸いつくように締めつけてきて、最高に気持ちいいんです。

しかもそれはあこがれの奥さんのオマ○コだと思うと、ペニスに受ける快感はいままで経験したことがないほどのものでした。

「あああ、奥さん……ぼ……ぼくもう……また出ちゃいそうです」

「いいわ。あああん、今度はオマ○コの中にいっぱいちょうだい。はああん……」

「い……いいんですか？」

「今日は大丈夫な日なの。だから……中に……中にちょうだい。ああああん」

中出しの経験は一度もありませんでした。そのことを考えたらもう私はすぐに限界を超えてしまうんです。

「あああっ……奥さん……もう……もう出る……あああ、出る！　ううう！」

ペニスを根元まで突き刺したまま私は腰の動きを止めました。ペニスがぶわっと膨張し、尿道を精液が駆け抜けていき、奥さんの子宮目がけて迸りました。

その熱い迸りを受けて、奥さんもまたエクスタシーへと上り詰めていきました。

「あああっ……イク……またイッちゃうううう！　あっはあああん！」

翌日もバイトだったので、また奥さんに会えるよろこびと、オーナーに対する罪悪感を抱えて店に行ったのですが、奥さんはいつもどおりで、まるで昨夜のことは夢だったのかという気がしてしまいました。

でも、開店前の掃除をしていると、座敷席の畳に小さな汚れを見つけてしまいました。それは、中出ししたあと、奥さんのオマ◯コからどろりと溢れ出た私の精液のあとです。

と、そのとき、奥さんが濡れ雑巾でその汚れをさっと拭きとり、私を横目で見て艶然と微笑んだのでした。

amateur confession

大好きだった親友の母親と再会した私は豊満な体を貪り、筆下ろししてもらって

三浦和希　フリーター・二十一歳

ぼくが親友の母親にひかれるようになったのは、いつのごろからだったでしょうか。親友の祐介（ゆうすけ）は同じ町内で同い年、それこそ幼稚園のころから遊ぶ関係でした。ぼくたちはしょっちゅうおたがいの家を行き来していましたが、ぼくはほんとうに祐介の家に行くのが好きでした。

いちばんの理由は、祐介のママです。

祐介の母親、佐緒里（さおり）さんはおっとりした上品な美人です。いつも優しくて、家庭的で、しかもちょっと歩くだけでも豊満なおっぱいがぷるぷるっと揺れて、ガサツなうちの母ちゃんとは何もかも正反対でした。

スキンシップも激しめで、小さいころはぼくにもよくふざけて抱きついたりしてきました。二つの大きなおっぱいの重みと、ふんわりした甘い香りに、当時小学生だっ

たぼくはひそかに小さなち○こをカチカチにしていたものでした。

　ぼくたちは高校も同じところに入りました。しかし頭のいい祐介は進学コースに、成績のふるわないぼくは就職コースに分かれることになりました。

　そのころから、ぼくと祐介はなんとなく疎遠になり、ぼくは佐緒里さんのいる家に寄りつくこともなくなりました。

　やがて祐介は東京の大学に進学しました。一方、ぼくはといえば進学も就職もできずフリーター暮らしです。バイト先も転々として手に職もつかず、だらだらと冴えない毎日を過ごしていました。

　こんな男に彼女ができるわけもなく、うだつの上がらない自分が恥ずかしくて、自転車でほんの数分のところにある親友の家にも次第に近づかなくなっていきました。美しい佐緒里さんの顔を見なくなって、いつしか数年がたっていました。

　二十二歳の初夏、ぼくは配送業のバイトをしていました。仕事はきついけど実入りは割りとよく、あまり人としゃべらないでいいのも自分に向いていました。

　ある日、送り状を見たぼくはハッとしました。宛て名はあの佐緒里さんでした。

　長いこと不義理をしたせいで気まずさもひとしおでしたけれど、仕事ですのでパスするわけにもいきません。

行くしかないよな……。

ぼくは開き直って、親友の家のドアベルを鳴らしました。

ドアを開けた佐緒里さんは、相変わらずきれいでした。歳は四十代になってるはずですが、印象は子どものときのまま変わりません。いや、子どもの世話がなくなって生活に余裕があるせいか、むしろ女として色気が増してさえいるように感じました。

佐緒里さんは、ぼくの顔を見るなりぱっと微笑みました。

「あら、やだ！ 和希くんじゃない！ 久しぶりねえ！ 元気？」

「こ、こんちは。ご無沙汰してます。あの、お荷物お届けに……」

きまりの悪いぼくは、もごもご挨拶をして、手に持った段ボール箱を差し出しました。荷物を置いたら、さっさと立ち去るつもりでした。

そんなぼくを、佐緒里さんは引き止めます。

「いつ以来かしら。ずいぶん背が伸びたのねえ。すっかり大人になって……全然顔見せてくれないから、おばさんさびしかったわ。せっかくご近所なんだから、たまには寄ってちょうだい。ね？」

正直、佐緒里さんがこんなに喜んでくれるとは思っていませんでした。「ウチの子と較べて、デキが悪くていやねえ」なんてバカにしているとさえ考えていたのです。

ぼくは卑屈な自分が恥ずかしくなって、耳が熱くなりました。

佐緒里さんはエプロンのポケットから、携帯電話をとり出しました。

「ねえ、和希くん携帯変えたでしょ。いまの番号教えて。いいでしょ？」

女性に電話番号を聞かれるのも、初めてのことでした。ほんとは勤務中にそんなことしちゃいけないんですが、気がつくとぼくは、佐緒里さんと番号の交換をしていました。

もっとも、社交辞令的なものなので連絡がくることなんかないだろう。ぼくはそう決め込んでいたのですが……驚いたことにその週末、佐緒里さんからメッセージが入りました。

「明日、忙しいかしら？　ちょっと男の人の手を借りたくて……お礼に好きなものごちそうするから、ちょっと来てくれない？　ほかに頼める人がいないの」

どうせ休日もスロットに行くくらいしか楽しみはありません。それに、ずっとあこがれだった美人ママに頼られたというのがうれしくて、ぼくは翌日、内心うきうきで佐緒里さんの家に出かけました。

用事というのは、通販で買った棚を組み立てるだけのものでした。

「来てくれてほんとにありがとう。うち、主人が日曜も出勤だし、祐介はめったに帰ってこないし、ほんとに男手がないからこういうとき困っちゃうの。それでつい、和希くんに甘えちゃった」

作業をするぼくの横に膝をついて、佐緒里さんはキラキラした目でじっとぼくを見つめます。その愛らしくも色っぽい顔つきに、ぼくは動悸が早まるのを抑えきれません。

それに、着ているサマーニットは胸元がゆるく開いていて、前屈みになると真っ白な巨乳の谷間がくっきりと見えてしまうのです。

思わずそこに目を奪われては視線をそらす、そんなことをぼくは何度も何度も繰り返しました。ぼくのそんな不審な挙動に気づかないのか、佐緒里さんは胸元を隠す様子もなく、ときには息がかかりそうなほど体を寄せてくるのです。

正直、ズボンの中は終始半勃ち状態でした。

緊張と興奮で何度も手元を狂わせながら、どうにかぼくは棚を完成させました。

大した作業ではないのですが、佐緒里さんは手を叩いて喜んでくれました。

「すごーい！　やっぱり男の子は頼りになるわあ。うれしい！」

「いや、そんな……」

恐縮するぼくの膝に、佐緒里さんは突然、手を置きました。

「お礼……しなきゃね。約束だから、なんでもしてあげる。ごはん作ってあげよっか？

それとも……もっと、ほかのことする？」

じっとぼくの目をのぞき込みながら、佐緒里さんは、やけに意味ありげに言うのです。

これって……そういうことだよな。ぼくはごくっと生唾を飲み込み、聞き返します。

「ほ、ほんとうに、なんでもいいんですか？」

「いいよ。和希くん、何したいの？」

もう佐緒里さんの声は、ほとんどささやきでした。ぼくはあるだけの勇気を振り絞って、子どものころからの願望を口にしました。

「ぼ、ぼく、女の人と、したこと、なくて……だから、その、おばさんと……」

佐緒里さんは驚きも怒りもせず、ただ柔らかく笑ってくれました。

「ふふっ。気づいてたわ。和希くん、ずっと子どものころから、おばさんのことエッチな目で見てたもんね。おばさんもね、和希くんのこと、ずっとかわいいなって思ってたの……和希くんの初体験、ほんとにこんな年上のおばさんでいい？」

「は、はいっ……！」

ぼくにぴったりと体を密着させて、佐緒里さんはまたささやきます。

「わかった……じゃあ、和希くんのしたいこと、なんでも好きにしていいわ」

次の瞬間、ぼくはもう夢中で、サマーニットの上から佐緒里さんの豊かな胸をわしづかみにしていました。ずっとさわってみたかった、親友のママのあこがれのおっぱいです。

手の中から溢れそうな乳肉の重みと柔らかさに、ぼくはただ感動していました。

「あっ、ああんっ。そ、そんなに力いっぱいもんじゃだめぇ。もっとにソフトにさわらないと」

「は、はい……すみません」

甘くぼくをたしなめると、佐緒里さんはゆっくりと、サマーニットを脱いでくれました。それから、ロングスカートも。

たちまち佐緒里さんは、藤色のおしゃれなブラジャーとパンティだけの格好です。こぼれんばかりのバストに、もっちりしながらそれでいてほどよくくびれたウエスト、そしてまだぷりっと張りのあるお尻。ぶくぶく太ったウチの母親と同世代とはとても信じられない、ものすごいプロポーションでした。

佐緒里さんは、ちょっと照れくさそうに身じろぎします。

「やだ……こんな明るい時間に、人様に裸を見せるなんて、十何年ぶりかしら。あんまりじっと見ないで、和希くん。恥ずかしいわ」

「おばさんの体、すごくきれいです。それに、めっちゃいやらしい」

ゆっくりと、佐緒里さんはぼくのほうに腕を伸ばしました。

「和希くんも脱いで……見せて、和希くんの……」

棒立ちになっているぼくのズボンを、佐緒里さんは慣れた手つきで脱がせてしまいます。パンツの中で、ぼくのそれはもうはちきれそうになって、クッキリとその形を浮かび上がらせていました。

それを見た佐緒里さんは、びっくりして目を丸くしました。

「まあすごい！　大きいのねぇ。こんなに立派なモノを持ってて、ほんとうに女性と……したことないの？」

ぼくは小さくうなずきました。実は、高校生のとき、このデカすぎるモノを友人たちにからかわれたのが軽いトラウマで、逆にコンプレックスになっていたのです。ぼくが女性に積極的になれなかった一因でもありました。

佐緒里さんはくすっと笑って、ぼくのパンツのゴムに手をかけました。

「うふっ、おばさんは大好きよ、大きいおち○ちん。さあ、おばさんに見せて……」

パンツがずり下げられると、ビンッと上を向いていきり立つぼくのそれが露になりました。佐緒里さんは、それをうっとりと見上げます。

「あーん、すっごいじゃない、和希くん。長くて太くてズル剝けで……こんなに先走りも垂らしちゃって。きっと精液もパンパンに詰まってるのね。おばさん見てるだけでドキドキしちゃう」

「そ、そんなに見られると、ぼ、ぼくもコーフンします……ううっ！」

佐緒里さんがいきなり、両手でぼくの股間にふれました。右手でサオを、左でタマを、くすぐるような淡いタッチでした。しかし初めて自分の手以外でアソコをさわられたぼくには、それだけでも飛び上がるような刺激でした。

ため息交じりに、佐緒里さんはささやきます。

「ああ、硬さもすごいわあ。こんなの入れられたら、おばさんどうかなっちゃいそう」

「うっ、くっ、おばさん……そ、そんなにさわられたら、ぼく……」

ゴリゴリ童貞のぼくにとっては、あこがれの熟女にアソコをなでなでされているだけでも途方もない経験でした。猛烈な射精欲求がタマ袋の奥からたちまち噴き上がってきてしまいます。

それでも佐緒里さんは慈母のような笑顔のまま、両手で楽器を奏でるように、ぼくの硬直したアレをいじりつづけるのです。

「あん、ダメよ、まだ出しちゃ。これからもっともっと気持ちいいこと教えてあげるんだから」

ダメと言われても、昂りきったぼくの欲望はどうやっても止めることができません。

「む、無理だよおっ！　あーっ、で、出ちゃうっ！」

悲鳴とともに、ぼくはだらしなく精子をおもらししてしまいました。

佐緒里さんはぼくのその部分をホースみたいに握って、もう一方の手のひらでビュッビュッと噴射される白濁を受け止めてくれました。

「あっ、あっ、すごい勢い……それに量もこんなに……あん、まだ出るの？　若い子ってやっぱりケタ違いねえ」

「ご、ごめんなさい……」

情けなさそうに言うぼくに、佐緒里さんは微笑みかけてくれました。

「いいのよ。初めてだもんね。それに、おばさんにこんなに興奮してくれたなんて、すっごくうれしい。はあ……こんなに精液がいっぱい。このニオイも久しぶり……」

佐緒里さんは目を輝かせて、手のひらにこってり乗った白いかたまりを眺め、大きく息を吸ってその香りを楽しんでいました。そしておもむろに、それを自分の舌に乗せて、口の中で転がして味わうのです。

「おいしい……おいしいわ、和希くんの精子。とっても濃い」

いったん射精していくぶん落ち着いたものの、ぼくの発情と好奇心はもちろん収まるものではありませんでした。

「つ、次は、ぼくがおばさんの体、さわりたい」

ぼくがねだると、佐緒里さんはいたずらっぽく笑って立ち上がりました。

「いいわよ。じゃあ、次はベッドに行きましょうね」

佐緒里さんがぼくを連れていったのは、寝室でした。きれいにととのえられたベッドの脇で、佐緒里さんは自らブラジャーとパンティを脱ぎ去りました。

「さあ、いらっしゃい」

全裸になった佐緒里さんはベッドに横たわり、なまめかしい目つきでぼくを誘います。

おお……ぼくはしばらく息を詰めて、親友のママの裸身を凝視していました。シミも黒ずみもほとんど目につかないすべすべの肌、腕の間から溢れんばかりの大きな乳房、豊満に張り出したお尻……そしてお股の間を清楚(せいそ)に飾っている黒い陰毛……なんて美しい裸体だったでしょうか。

ぼくは引き寄せられるようにベッドに上がり、佐緒里さんの体にふるいつきました。両手で巨乳を持ち上げてその心地よい重みを楽しみ、ピンピンに硬くなっている大粒乳首を舐めしゃぶります。

「ああ、おばさんのおっぱい……子どものころからずっとこうしてみたかったんだ」

「はあ、はあ、じょうず……じょうずよ、和希くん。でも、いまはおばさんはイヤ。佐緒里って呼びながら犯して……お願い、ね？」

ぼくは十数年思いつづけた乳房をもてあそびながら、うなずきました。

「わ、わかったよ、佐緒里……さん」

「あーん、和希くんに名前で呼ばれると、ますますジュンてしちゃう。ねえ見て、和希くん、私のおま○こ。さっきから和希くんとエッチなことしてるから、私のも欲情してすっごくおつゆが出ちゃってるの。ほら、もうぐっちょり……」

佐緒里さんは顔を真っ赤にほてらせて、ゆっくりと左右の脚を開きました。

私はおっぱいを責めるのをやめて、生まれて初めて見る本物の女性器へと視線を移します。

はしたなく佐緒里さんがお股を広げると、ねっちょりとマン汁が糸を引きます。

佐緒里さんの割れ目からはとろりとした愛液がとめどなく溢れ、内ももまでもうべたべたです。

「こ、これが、佐緒里さんの……」

ぼくは目を皿のようにして、秘密の部分を観察します。

「そうよ。オンナのいちばん、気持ちいいところ……ほおら、よおく見てお勉強するのよ。こうやってビラビラを開くと、ここにお豆みたいのがあるでしょう。ここが女の人のおち○ちんなの。ああ、もうコリコリに勃起しちゃった。和希くん、ここ、舐めてくれる？」

「は、はいっ」

ぼくは無我夢中で、硬くとがっている佐緒里さんの肉豆をしゃぶります。えもいわれない濃密な愛液の匂いと、コク深い塩味が舌に広がりました。

「あっあぁ――っ！　いいわあ、とってもじょうずね和希くん。お口でしてもらうのなんて、ほんとに久しぶりで……はああん、だめぇ、すぐイッちゃいそ……ああ、そうよ、お豆もいいけど、穴のほうもべろでほじってぇ。いやらしいおつゆすすってぇ。どう、和希くん、初めてのおま○この味。おいしい？」

「うん、すごく、おいしいよ」

ねぶるほどに佐緒里さんが「ああああんっ！」と悲鳴のような声をあげて感じてくれるのがうれしかったし、ぼく自身、佐緒里さんのこのいやらしい穴の奥を知りたい欲求に駆り立てられて、指でビラビラを引っぱったり、奥でヒクついている小さな壺口に指を差し込んでみたり、いたずらの限りを尽くしました。

何をしても、佐緒里さんはスケベな声を声をあげ、汗ばんだ全身を波のようにうねらせて悦んでくれるのです。

「はあ……はあぁ……もうたまんないわ。ねえ和希くん、和希くんの大きいの、そこに入れてほしいな……ねえお願い。硬くなるまで私もお口でしてあげるから」

やにわに佐緒里さんは体を起こすと、ぼくの股間に顔を突っ込んできます。

実を言えば、ぼくのそこはさっきから二度目のフル勃起しっぱなしで、佐緒里さんに刺激してもらうまでもありませんでしたが、とはいえフェラチオの快感はまた別格です。

「おお……っ、さ、佐緒里さんっ……！　気持ちいいよおっ。も、もっとチ○ポしゃぶってっ」

「ああ、もうとっくにギンギンなのね、和希くん。うーん、お口に入れてるだけで私もイッちゃいそうだけど、ねえ、和希くんもしたいでしょ？　ほんとうのセックス……」

ぼくは息せき切って答えました。

「も、もちろん、したいよっ。佐緒里さんの、中に入れたいっ！」

佐緒里さんはぼくのブツを握りしめたまま、ベッドにあおむけになりました。

「いい子ね……じゃあ、おま○こに挿入しようね……ああ、ほんとに立派なおち○ちん。私、息子の親友とエッチしちゃういけないママね……」

ほ、ほんとうに、子どものころから遊んでいた友だちの母親と、セックスするんだ、ぼく。

高揚感と背徳感とで、ぼくはもうほとんど思考力がなくなり、股間のものはこれ以上ないほど熱く硬くなっていました。

佐緒里さんの手で導かれるままに、ぼくは大きく開かれたお股の中心部に、自分のデカブツをゆっくりと沈めていきました。

「あっ、あああ……入ってきたあ……あーん、すっごおい。こ、こんな大きいの最後まで入れたら壊れちゃいそう……」

ぎゅっと目を閉じた佐緒里さんは、感に堪えない表情でうめきました。

一方ぼくはといえば、初めて濡れそぼった膣にアソコを包まれる快楽に、いまにも気絶しそうでした。

「うっ、うっ、さ、最高だよ、佐緒里さんっ。これがおま○こなんだね……ああ、もっと奥まで入れたいよ」

差し入れるほどに複雑に入り組んだ佐緒里さんの内部がぼくのソレに絡みつき、快感は増していく一方です。

「いっ、いいっ！　いいわあ、和希くんっ！　動いてっ！　いっぱい突いてぇっ！　ママの子宮まで、このデカチ〇ポでえぐってえっ！」

あの上品で優しいママだった佐緒里さんが、いまやただの淫らな痴女でした。

ぼくは本能に命じられるままに、ズンズンと腰を振りはじめました。ペニスが佐緒里さんの膣道を出入りするたびにぼくはしびれるような快感に喘ぎ、佐緒里さんは巨乳をぶるぶると弾ませて「あひっ！　んひぃん！」と獣じみたヨガリ声をあげます。

「す、すごいわぁ、和希くんっ！　和希くんのオチ〇ポ最高よおっ！　こんな元気でガッチガチのおち〇ちんに、ずっと犯されたかったのおっ！」

「気持ちいいっ。ぼくも気持ちいいよ、佐緒里さんっ！　ずっとこうして、佐緒里さんとつながってたいよっ！」

佐緒里さんはぼくの首に両腕を絡みつけ、ねっとりディープキスを求めてきました。

「あ、あ、ああ、こんなすごいの、もう離れられない……もう和希くんのチ〇ポはずっと私のものだから……やだ、こんな奥まで……おお……和希くん、明日から、チ〇ポ汁溜まったらすぐにママのところに来て、一滴残らずママの中に全部ひり出すのよ」

絶え間なく耳元にささやかれる佐緒里さんの淫語にせき立てられるように、ぼくのピストンはますます激しくなっていきます。ぼくの放出欲はもう限界寸前でした。

タマの奥が引きつりそうなほど昂って、ぼくの放出欲はもう限界寸前でした。


「ああ、イキそうだよ、佐緒里さんっ！」

「いいわ、和希くん！　ガマンしないで、ママのお腹にありったけのどろどろ濃厚精子出してちょうだいっ！　ママも、もう、限界なのっ……！」

ギリギリまで耐えていた欲望を、ぼくは一気に吐き出しました。佐緒里さんの奥深くまで埋められたぼくのナニから、とめどなく白いエッセンスが噴き出して熟れた子宮に注がれていきました……。


それからというもの、ぼくは週末を待ちきれず、仕事上がりにほとんど毎日のように佐緒里さんの家にお邪魔して、濃密なお楽しみを続けています。

一つ心配なことがあるとすれば、次のお盆に帰省するらしい親友と顔を合わせるのがかなり気まずくなりそうだということなんですが……。

第二章
若い男のエキスを搾り取る熟れ肉

amateur confession

イケメン新入社員のミスを逆手にとってマッサージにかこつけエッチなご奉仕を

長澤有希　会社員・四十五歳

今年新卒で入社してきたなかに、ものすごく好みの男性を見つけてしまいました。

残念ながら彼が配属されたのは私が去年までいた部署で、同じビルでもフロアが違います。

そんなイケメンを周囲が放っておくはずもなく、彼と同じ部署の年配女性たちはかわるがわる飲みに連れ回しているようでした。

私はと言えば、ときおり廊下ですれ違ったときや、ランチタイムの休憩室でいっしょになったときなどに、その姿を遠目に拝んで喜ぶのがせいぜいでした。

そんなある日、彼の上司から突然呼び出されたのです。

上司といっても私より年下で、今春から役職に就いたばかりでした。何ごとかと駆けつけてみると、厳しい表情をした上司の前にはあこがれの彼が立っていて、神妙な面持ちでうなだれていました。

「ああ、忙しいところ申しわけない。実はちょっと頼みがあって」

上司は私の顔を見るなり、すがりつくような目で話しはじめました。あこがれの彼が大事な取引先との間でミスを犯してしまい、先方がカンカンに怒ってしまっているとのことでした。

その取引先は、部署を移動するまで私が担当していたところです。

「私の力不足で、きみに頼らざるを得ない。社長に顔がきくよね？」

私の顔色をうかがうように上司が尋ねてきました。

社長は気難しい人で有名でしたが、長年懇意にさせていただくなかで、私は特別気に入られていました。それには周囲も一目置いてくれていて、私に白羽の矢が立ったというわけです。

実は、相手方がスケベな爺さんであるのをいいことに、色仕かけギリギリの接待をしたこともあるのです。それくらい、会社にとって重要な取引先でした。

ミスを犯した彼を連れて、謝罪に行くことになりました。

「わかりました」とうなずくと、隣りでうなだれていた彼がようやく顔を上げて、私を見つめてきました。よほど切羽詰まっていたのでしょう。涙目で何度もお辞儀をしてきました。

地方にある取引先まであこがれの彼と二人きりの出張なんて、この先そんな機会はもうないかもしれません。

初めて彼の顔を間近に見て、年がいもなく胸が高鳴ってしまい、とっさに大胆なことを思いついてしまいました。

「せっかく足を延ばすなら、ほかにも数社挨拶させておきたいところがあります」

取引先まで新幹線で二時間ほどなので、それだけだと日帰り出張になってしまいます。そこで、無理やり予定を詰め込んで一泊できるようにしたのです。

わらにもすがる思いだった彼の上司は、私の提案をすぐに飲みました。

「じゃあ、さっそくアポをとります。新人くん、よろしくね！」

ポンと肩を叩くと、彼はようやく笑みを浮かべました。さりげなくふれた彼の肩は、意外にもがっちりしていてドキドキしました。

当日、ムチッとしたお尻のラインが目立つタイトスカートをはいて出かけました。先方の社長の好みを考慮したものでもあったし、同行する彼の目を意識したものでもありました。

まるでデートにでも出かけるような気分でしたが、浮かれてしまう心を隠すために、移動の車内では厳しい口調で彼にレクチャーしていました。

お土産の選び方から基本作法、長年の経験で培ったコツなどを話すと、熱心に耳を傾けてメモをとる様子にますます好感を持ちました。

現地に着いて問題の取引先を片づけると、怒濤の勢いで数件の得意先を回り、任務を終えたのは夕方過ぎでした。

彼との自由時間を確保するために必死だったのです。念願かなって、夜は居酒屋で彼と差し向かいのお酒を楽しむことができました。

「今日はたいへん勉強になりました。すごいですね、あの社長がすぐ笑顔になるなんて」

お気に入りの若手から尊敬の眼差しで見つめられると、気分が高揚しました。ふだん彼を連れ回している女たちとの違いを見せつけることができたのです。

「また困ったら内緒で助け舟を出してあげるわ。それより、もうメモをしまったら？あなたはまじめすぎるのよ。息抜きも大事よ」

そう言ってお酒を注いであげると、ようやく彼の顔がほころびました。いっしょに面倒な仕事を片づけた達成感も手伝って、時間の経過とともに親密度が増していくのがわかりました。

「あなたも今日はずいぶんがんばったと思うわ。あらためて乾杯」

「はい！　ありがとうございます。あぁ、今日はいい日だな」

正面からまじまじ見ても、やっぱり好みの顔です。ついうっとり見とれてしまい、そうしているうちに顔や体がほてってってきました。

お酒の勢いもあって、彼ともっと近づきたくなったのです。

「いけない、報告書も書かないとね。続きは部屋で飲みましょうか」

彼と二人きりになる最後のチャンスだったし、久しぶりに家庭から解放された喜びもあり、我ながらいつになく積極的な行動に出ていました。

ホテルに着くと、そのまま彼を自分の部屋に招き入れました。

買って来たお酒で再び飲みはじめると、ビジネスホテルの狭い空間がひどくエッチに思えてきました。

「あは〜、さすがに疲れたわね、脚がパンパン。あなたもネクタイはずしなさいよ」

ブラウスの胸元を開きながらベッドに腰かけ、ずり上がったスカートからのぞく太腿を見せつけるように脚を組みました。二十歳以上離れているけれど、まだ女として見てもらえるのか、試してみたくなったのです。

「ぼくのせいですね、ほんとうにすみません！　これ、急いで片づけますね」

一瞬こちらを見た彼は、あわてたように視線をずらして報告書を作成しはじめました。

「そうだわ……マッサージしてくれたらチャラにしてあげてもいいわよ」

なんでも言うことを聞いてくれそうな彼の受け答えに気分がよくなり、高圧的な態度で言い放っていました。

彼は一瞬驚いたような顔をしましたが、すぐにまたよいお返事をしてくれました。

「は、はい！　今日助けていただいたことに比べれば、それくらいなんでもないです」

やった！　と心の中で小躍りしながら、ベッドの上にうつ伏せになりました。まるでイケメンを従える女帝になった気分です。

彼の指は、遠慮がちに肩甲骨のあたりから這い回りはじめました。

ブラウス越しに、緊張しているような指の熱が伝わってきました。恋人はいないと言っていたから、女の体にふれるのも久しぶりだったのかもしれません。

「もっと強く」と要求すると、その指が背中の贅肉に食い込んできました。思わず声をあげてしまいそうになるほど、体じゅうが敏感になっていきました。

「アハン、まだ物足りないわ。上に跨って体重をかけてくれる？　腰のほうもお願い」

お尻を振りながら催促すると、「失礼します」と断ってから馬乗りになってきました。

彼の長い脚がおおいかぶさってきた感触に、陰部がジュワンと湿りはじめて、体はどんどん昂っていきました。

「あっ、そこ、いいわぁ。気持ちいい、きくぅ、ンフ～」

腰のあたりをもまれると、いよいよ性的な興奮を覚えてしまいました。

ムズムズする下半身を動かしているうちに、持ち上げたお尻が彼の股間に密着していました。

そのとき、硬いものが当たる感触があり、心臓がドクンと高鳴りました。

気のせいでないことを確かめるために、なおもお尻を突き出すと、硬いものは、お尻の割れ目ラインに埋まりそうな勢いで力強さを増してきました。

勃起していることを確信すると、アソコはますます激しく濡れて、体じゅうが熱を持って疼きました。

「ねぇ、脚もお願い。ついでに、ストッキングも脱がせてもらおうかな」

最初はほんのイタズラ心でしたが、若い彼が自分の体に興奮してくれたことで自信を持ってしまい、欲望はさらに高まったのです。

「え？　あ、はい！　えっと……じゃあ、失礼します」

少しとまどったように答えた彼の手が、タイトスカートをまくり上げながら、その奥に伸びてきました。

彼は、ストッキングを破らないように細心の注意を払っている様子で、そのゆっくりとした動きに、じらされているような気分になりました。

ずりおろされたストッキングから、お尻がプルンと飛び出すと、「あっ」と声をあげて手を止めていました。

「あら。お尻見られちゃったわね。いやだわ、大きくて恥ずかしいのよ」

「いえいえ、素敵です。お尻の大きい女性って魅力的ですよ」

何もかも思いどおりの反応をしてくれる彼がかわいくておもしろくて、私はますます調子に乗っていきました。

「あなた、もしかして勃起してる？　さっきお尻に当たったような気がしたけど」

わざと咎めるような口調で言って振り向くと、私の脚をもみながら顔を真っ赤にしてうつむいていました。

「怒らないから正直に答えなさい」

と言うと、観念したようにうなずきました。

「は、はい！　大先輩なのに、スケベな目で見てしまいました。ごめんなさい！」

ふくらはぎをもんでいた彼の手のひらは、じっとり汗ばんでいました。

「素直でよろしい。じゃあ、罰としてもっと私を気持ちよくしなさい」

あおむけに寝直してそう言うと、彼はパッと明るい表情になって顔を上げました。その顔を見ながら、私は自分でブラウスのボタンをはずしはじめたのです。ブラの奥の乳首が疼いてしまって、ふれられてもいないのに硬くすぼまっていました。

「こっちに来て、ブラをはずしてくれる？　今度は前をマッサージしてほしいの」

足元で縮こまっていた彼を呼びつけると、鼻息を荒くしながら上半身に手を伸ばしてきました。

ブラのホックがはずされて、Ｅカップの乳房がこぼれ出すと、彼はぎらついた目で乳房を凝視してきました。見つめられているだけでゾクゾクしてしまい、疼く体を抑えきれなくなっていました。

「おっぱいもマッサージしてちょうだい。うふ、このことは誰にも内緒よ」

秘密を増やしてより親密な関係を築きながら、ほかの女たちよりも先に手なずけてしまいたいという願望に衝き動かされていました。

「え、え、はい。じゃあ、遠慮なく！　うわぁ、すごく柔らかい」

せきを切ったように乳房をもみはじめた彼の頭を抱きかかえ、胸もとに手繰り寄せていました。

「ンン、もっと強くもんで。舐めたり吸ったりしてもいいのよ、アッ、ハン！」

短く切り揃えられた髪からは、男の子らしい汗の匂いがただよってきました。

その髪をもみくちゃにしながら、乳房に吸いつく端正な顔立ちを見つめていると、気持ちはさらに昂っていきました。

ジュクジュクに湿っている陰部を、彼の硬い股間に押しつけながら悶えてしまったのです。

「ムフ～ン、すごく、いいわ。ああ、そんな顔でおっぱい吸うのね、エッチだわ」

硬くなった乳首は彼の唾液でべとべとにされていきました。

「先輩、気持ちよくなりましたか？　あと、どうすればいいですか？　教えてくださ い」

息を弾ませながら聞いてくる彼の言葉にこたえるように、腰をくねらせました。

「ハァ……ンフゥ、じゃあ、今度はあなたが寝てみて。じっくり教えるわ」

起き上がってベッドを指すと、彼は素直に寝そべりました。

彼はまだ服を着たままでしたが、それがさらに私を興奮させたのです。

遠くから眺めるだけだったワイシャツ姿の彼を、自由にできる喜びがわき上がってきました。抱きついて体をなで回しながら、ワイシャツにしみついた匂いをくんくん嗅ぎまくったのです。

「あぁ、男の匂いね、たまらないわ。さぁ、中身を見せてもらおうかしら」

ワイシャツを剝ぎとると、引き締まった上半身が出てきました。夫とはまるで違う、少年ぽさの残るみずみずしい肌でした。薄い筋肉におおわれたその胸板に、唾液まみれの乳房をユサユサ揺すりながら押しつけました。

乳首がこすれて、くすぐったいような刺激が走りました。

「アハ、ハァ〜ン、気持ちがよすぎて乳首が溶けそうっ……」

彼はじっと口をつぐんだまま、私の顔を見上げていましたが、やがて小刻みに下半身を動かしはじめました。

「まぁ、腰なんか動かして、いやらしい。うふ、さわってほしいのね」

乳房をこすりつけながら、彼の下半身に手を伸ばして股間部分をまさぐりました。ペニスはかっちりと硬さを維持したまま、ズボンを押し上げていました。

ファスナーをおろして、汗で湿ったトランクスの中に手を入れていくと、彼の体が一瞬のけぞりました。

「すごいわ、もうギンギンね。いまにも爆発しそうだわ」

細身の外見からは想像できないほど、ずっしりとした大きなペニスの感触に、思わずにやけてしまいました。

「こすってほしい？　でも、その前に私をもっと気持ちよくさせてちょうだい」

スカートとショーツを脱ぎ捨てて、彼の顔に跨りました。シックスナインではなく、あえて彼の顔のほうに向いて跨ったのは、自分のアソコを舐めるイケメンの顔をじっくり眺めるためでした。

一瞬彼は驚いたような表情を浮かべましたが、充血した目を見開きながら、陰部に手を伸ばしてきました。

「わぁ、ビショビショじゃないですか！　クリちゃんが、ぷっくりふくらんでますよ」

陰毛を押し広げながら、顔を出したクリトリスを指先でコチョコチョといじりはじめました。

「ウッ！　あぁ、そこよ、そこがいいの、もっと責めてぇ！」

彼はじっと私の顔を見上げたまま、クリトリスに舌を伸ばしてきました。ザラザラした分厚い舌でクリトリスを転がされると、子宮がキュキュッと痙攣して腰の力が抜けていきました。

彼の顔面を太腿で圧迫しながら、夢中で腰を振っていました。

あこがれの彼のきれいな顔が、みるみるうちに私の愛液でべっとり汚れていきました。ほかの女に盗られる前に、マーキングしたような気分でした。

そうしているうちに、強烈な快感に襲われたのです。体がぐらぐら揺れはじめ、全身の毛穴から汗が噴き出しました。

「あっ、あっ、待って。イヤ、だめよだめ、おかしくなるぅ！ ハァ、ハァ〜！」

コントロールの利かなくなった自分の体にとまどいを覚えてあせりました。彼を誘導してじっくり楽しむつもりだったのに、頭の中が真っ白になってしまったのです。揺れていた乳房はがっちりとつかまれて、痛いほど激しくもまれていました。喘げば喘ぐほど、彼は舌の動きを速めました。

「エッチなおつゆが、いっぱい出てきました。気持ちよさそうなので続けますね」

彼はニヤッと笑って、アソコに刺激を与えつづけました。

主導権を握っていたはずが、情けない声をあげながら彼に翻弄されはじめていたのです。

「ぼくの同期はみな、あなたを恐れていますよ。それなのに、なんて格好ですか」

会社での自分を思い出させられて、急に恥ずかしさが込み上げてきました。恥ずかしいのに腰は勝手に動いてしまいます。

「イ、イクッ、イクーっ！ ハヒッ、だ……めぇ、アハァ……ッ！」

あまりの気持ちよさに、体の震えが止まりませんでした。それほど激しく、あっけなくイッてしまったことに自分でも驚いたほどです。

そのときフワッと体が宙に浮き、ベッドの上に押し倒されました。

「言われたとおり、気持ちよくしてさしあげましたよ。どうします？　止めますか？」

彼は意地悪くささやきながら、そそり立ったペニスをわざと目の前でこすりはじめたのです。

「いや、止めないで。欲しいの、もっと欲しいの」

クンニでイカされたあとはなおさら疼きが激しくなって、穴の奥が刺激を求めます。硬い異物を埋め込んでもらうまで、その疼きは治まりません。

「じゃあ、今度はぼくにご褒美ください。ぼくだって今日はがんばりましたよね？」

彼は満足げな表情を浮かべると、ペニスを私の口元に運んできました。答える間もなく、口の中いっぱいにペニスを押し込まれていました。

かっちりとした幹に舌を巻きつけながら吸いつき、夢中で舐め回しました。

「ううっ、気持ちがいい。仕事のできる女性はフェラもうまいんですね」

前髪をつかまれて、無理やり上げさせられた顔は、どれほどだらしなかったかわかりません。

「会社で見るのとは別人みたいですね。ああ、出ちゃいそうです」

彼の言葉に、私はあわててペニスを口から吐き出しました。体の奥で味わうまでは、イカせるわけにはいきません。

「ンンッ！　入れて……お願いよ。硬いやつを、突っ込んで」

すがりつくように言うと、彼は私のお尻をぺちぺちと叩きました。

「さっきまでの強気な態度はどうしました？　どんな体位がいいのか教えてくださ い」

挿入を待ちわびて溢れ出た愛液は、ヌルヌルと太腿にまで伝い落ちていました。節操のないアソコも、締まりのない顔も何もかも見られてしまったことで、彼への執着はますます激しくなっていきました。

「アアッ、どうぞあなたの好きなようにして。言われたとおりにするわ」

そんなふうに言ってみると、思いのほか新鮮な感覚を覚えました。

この歳になると、職場でも家でも人を思いどおりに動かすことが少なくなります。いつの間にか、部下や後輩ばかりが増えて、指示を受けることが少なくなっていましたが、相手の言いなりになって身をまかせることは、少なくともベッドの上では心地のよいものだと気づかされたのです。

「そうですか。じゃあ、その大きなお尻を見ながら入れてみたいな」

言われるまま四つん這いになって、お尻を彼のほうへ向けました。

「今日は朝からこのお尻が気になって仕方ありませんでした。いい眺めですね」

彼は言いながら、お尻のほっぺをなで回してきました。そうしながら、割れ目の上に熱いかたまりを押しつけてきたのです。

私の唾液にまみれたペニスは、膣やアナルの表面を何往復もこすり上げたあと、ようやく頭を突っ込んできました。

体に入ってくると、見ていたものの数倍大きく感じられ、アソコの中が壊れてしまいそうなほどの激しい快感が押し寄せてきました。

「ムフッ、ハウ～ン！　すごくおっきくて、気持ちがいいわ。もっと奥まで突いて！」

激しいピストン運動に全身を揺すりながら再び達したとき、彼のものも私の中で一気にふくらんで果てていました。

翌日も興奮は冷めず、帰りの新幹線では人目を盗んで彼の股間をいじっていました。

会社でも、「ぼくがその気にならなかったらセクハラになるところでしたね」なんて、恩着せがましくささやいてきて、書庫や給湯室でこっそりフェラをねだってきます。

最近は仕事も手につかないほど、かわいい後輩にメロメロです。

amateur confession

近所の公園の風紀を糺す見回りのはずがアパートの熟女大家との野外セックスに

立花恭介　会社員・二十八歳

その公園のことは、じつはぼくも前々から知っていました。

普通の町中の児童公園というよりも広くて、売店や公衆トイレはもちろん、森といっていいほどの木立（こだち）や東屋（あずまや）なんかもあって、深夜カップルがぶらぶらするにはちょうどいい場所なのです。

仕事が遅くなって終電で帰ってきたり、夜遅くにコンビニに行ったりするときは、たまにその公園の真ん中を突っ切ることもあるのですが、ベンチでキスしてるカップルがいたり、それ以上によからぬことをしている男女を見かけることもあって、ちょっとヤバイんじゃないか？　と思ってはいました。

昼間はふつうに親子連れがやってきて、子どもたちが遊具で遊んでるのですが、夜になると雰囲気が一転、そんなあやしげなムードになってしまう。

しかも最近、「隠れた露出プレイスポット」とか「野外セックスの穴場」とかいう感じでどこかのサイトに書かれているらしく、それっぽいマニアが集まるようになりました。そして、そういう人たちが集まると、さらにそれを目当てにノゾキをする人たちが集まり、風紀上かなり問題の多いスポットになっているのです。

昼間遊びにきた親子連れが、使用ずみのコンドームやティッシュや下着などを見つけることもあるらしく、周辺の住民の間に、公園を守ろうというムードが高まってくるのも当然といえば当然なのでしょう。

二十八歳、彼女いない歴ン十年のぼくとしても、ときどきノゾキ目当てで散歩することがある、なんて口が裂けても言えません。近所の人たちが集まって、なんとかしてあの公園を守ろうなどと話し合ってるのを聞いたりすると、表向きは「いや、まったくそのとおり」なんて顔をしています。

しかし不届き者は増える一方で、風紀はどんどん乱れていき、うちの近所の町内会でもついに真剣に話し合いがもたれたようです。その結果、近所の住民が交代で夜の見回りをすることになりました。自治会長がとてもまじめな人らしく、ともかく公園から変態どもを追放しよう！　ということらしいのです。

とはいえ、ぼくはアパートの住人なので、そういう見回りの仕事は回ってきません。

他人事だなと思って、事の成り行きをじっと見守っていたのです。

ところが、まったく思いがけないことになりました。

先月のある晩のこと、うちのアパートの大家の奥さんがやってきて、その見回りに誘われてしまったのです。

「今夜はうちが公園の見回り当番なんだけど、うちのが風邪で寝込んでるのよ。いっしょに行ってくれない？　一人じゃ心細いから」

まさかぼくもときどきノゾキにいくんです、なんて言えるはずもありません。それに、たまに家賃を滞納しても何も言わずに笑って許してくれる奥さんの頼みを断れるはずもなく、仕方なくいっしょに公園に行くことになりました。

大家さんは、おそらくもう五十代の半ばだと思いますが、若いころはきっと美人だったろうなと思わせる妖艶な女性です。じつはこのアパートに引っ越してきたとき、大家さんの家に挨拶にいったことがあります。

昼間だったので奥さんしかいなかったのですが、最初は世間話や近所のお店のことなどあたりさわりのない話をしていたのが、いつの間にか奥さんの若いころの話になり、生まれ育った東北のほうで「ミスなんとか」に選ばれたこともあるのよ、なんて言いながら二十代のころの写真を見せてくれたことがあります。

確かに、すごい美貌でした。ロングヘアの清楚な顔なのに、体のほうはムチムチで、そのアンバランスな感じがたまらない。いまもその面影を残しています。

そんなことがあったせいか、大家さんと二人きりで深夜にそんな公園に行くことになり、ちょっと興奮している自分に気がつきました。といっても、もちろん何もやましい気持ちはありませんでした。ほんとうです。

いよいよ公園に着くと、とても静かで人影はありませんでした。今日はエッチなカップルもノゾキも休みなのかなと思いました。

「今日は平日だし、わざわざ公園でエッチする人もいないよね」

「はあ、まあ、そうですよね」

それでもいちおうは見回りをしなければならないので、二人で奥へ向かって歩きました。そのうち暗闇に目が慣れてきて驚きました。

よく見ると、草むらや木立の中や公衆トイレで、あやしい動きをしている男女がいるのです。最初はなんとなく誰かいるなあくらいだったのですが、目をこらしてよく見てみると、ベンチでは男女は抱き合って濃厚なディープキスをしているし、売店が閉まってるのをいいことに店の影でスカートをまくり上げてる女性がいるし、公衆トイレからはあやしい声が聞こえていました。

「やだ、いっぱいいるじゃないの」

大家さんの声は上擦っていました。もしかしたら、この人、興奮してるんじゃないかなと思いました。そうなると、ぼくのほうもドキドキしてきました。

「大家さん、注意しないんですか？」

「そうだけど、でも、注意できる？　みんな夢中だよ」

「そうなんですよね、せっかく盛り上がってるのに申しわけないですよね」

「ねえねえ、キスしてるよ」

「そ、そうですね、キスくらいなら、まあ、いいんじゃないですか」

などと言いながら結局何もできずに歩いていると、公園の奥のほうにある木立の中で、男が一人で突っ立っているのに気がつきました。何をしているのだろうと思ってよく見たら、木にもたれかかった男の足元に跪（ひざまず）いた女性がいて、頭を揺らしながらおしゃぶりをしていたのです。

「お、大家さん、あれ、注意したほうがいいんじゃないですか？」

「そ、そうね、あなた、注意しなさいよ」

「でも、なんか声かけにくい雰囲気ですよね」

小声でささやきながら見ていると、男はかすかに喘ぎはじめました。女性の頭は激しく前後に動いています。その部分は見えませんが、その動きを見ているだけでぼくの股間はビンビンにいきり立ってきました。

そのうち男のほうが女性を立たせました。そして今度は女性を木につかまらせると、お尻を突き出すような格好をさせました。短いスカートがめくれ上がって白いパンティが丸見えになりました。男はそのパンティを一気にずりおろしました。夜なのに白くて大きなお尻が輝いているように見えました。男はそそり立っている男性自身を女性のアソコに押しつけたかと思うと、一気に挿入しました。AVでしか見たことのない場面がいま、目の前で繰り広げられている。そう思うと、ぼくは自分の役目も忘れて、じっと見入ってしまいました。もし横に大家さんがいなかったら、ぼくはその場でオナニーしていたと思います。でも、さすがにそれだけは我慢しました。

ところがふと気がつくと、横にいた大家さんがハアハアと荒い息づかいです。

「お、大家さん、大丈夫ですか？」

もしかしたら引き返したほうがいいのかなと思いました。大家さんが倒れでもしたら大事件です。どうしたものだろうと考えていると、

「ねえ、あんた、興奮してるんじゃない？」

「え？　い、いや、そんな……」

「いま、おち○ちんさわってなかった？　ねえ、もしかして勃起してるの？」

「いや、だって、男なんだから仕方ないじゃないですか」

「何が仕方ないのよ」

なんだか腹が立ったので、思いきって言ってみました。

「だって見てくださいよ、いくら夜とはいっても公園の木立の中で、女の人がお尻丸出しになってるんですよ。しかもバックから男が勃起したアレを突っ込んでるし。こんなのナマで見せられたら、誰だって興奮しますよ」

「や、やめなさいよ、声が大きいって」

ぼくが卑猥な言葉を並べるのを大家さんはあわてて止めようとしますが、ぼくは逆にますます興奮してきました。

「ほら、男が女の人のお尻を両手で抱えて、後ろからあんなに激しく突きまくってますよ。アソコに太いのが出たり入ったりしてるのが見えるでしょう!?」

「わ、わかってるよ、私だって」

ふと気がつくと、見ているのはぼくたちだけではありませんでした。周りの木立の中にはいくつか黒い人影が見えます。ノゾキがいるのです。しかも、暗くてはっきりとはわかりませんが、みんな覗きながら手を動かしているようです。

「大家さん、気づいてますか？　周りに覗いてる人が何人かいますよ。しかも、みんな我慢できなくてシコシコしてるみたい」

「き、気づいてるよ。みんなほんとにいやらしい！　毎晩こんなことやってるんだね。ほんとうに許せない、こんなこと早く止めなきゃ」

口ではそう言いながら大家さんは全然動こうとせず、むしろ立ちバックでセックスしてる二人を真剣に見入っています。

女の人は必死になって声を我慢しているようですが、そのうち「あん、あん、あん……」と声を洩らしはじめました。それを見て明らかに興奮している大家さんを見て、ぼくも舞い上がってしまいました。そして、ほんの一瞬の出来心というか、イタズラ心が芽生えてしまって、大家さんの乳首のあたりにちょっとだけふれてみたのです。

「な、何よ!?」

大家さんはちょっと怒ってみせましたが、全然抵抗する気はありません。

「もしかして、大家さんも興奮してるんじゃないかと思って」

「バカなこと言わないで！」

「でも、服の上からでも乳首が立ってるの、わかりましたよ」

「た、立ってないよ、もう……」

今度はお尻に手を回してスカートの上からお尻の間をまさぐってみました。

「あん、やめてよ」

でもやっぱり怒らないので、ぼくはすっかりその気になってしまい、そのまま大きなお尻をなで回しました。丸くてプリプリで重量感のあるお尻でした。布地越しにお尻の割れ目をなぞり、そのまま太腿の奥にすべり込ませた指でアソコを刺激すると、

「ダメ、そんなことしないで」と言いながらも、だんだんぼくに体を預けてきます。

こうなったら、何もしないほうが失礼です。ぼくは大家さんにキスしました。すると厚ぼったい舌がいきなり口に入ってきて、ぼくの舌を刺激してきました。やばい。ぼくのペニスはますますいきり立ってきました。スカートの上からアソコをなでている指先もすっかり熱くなっています。完全に火がついてしまったようです。

「大家さんも我慢できないんでしょう？　アソコがうずいてるんでしょう？」

「だって、外なのにあんな大きいの丸出しにして、バックからズンズンしてるんだもん。こんなのナマで見たの初めて」

「もしかして濡れてるんですか？」

「言わないで。旦那がもう役立たずで、私もう最近してないから、こういう刺激に弱いのよ。もうヘンな気分になっちゃう」

ぼくは思いきって大家さんの手をとってズボンの前をさわらせてみました。拒絶されるかと思いきや、指がいやらしく動いてチャックをおろし、中からビンビンのイチモツを引っぱり出してしまいました。

「やだ、あなたのこんなになってるの!? すごいね、若いのね。こんな硬いの久しぶり」

大家さんの指がせわしなくしごきはじめました。まったく予想もしていなかった展開に、ぼくもすっかり舞い上がってしまいました。熟女のテクニックはさすがです。先端からカリからサオのほうまで微妙な力加減で刺激してくるので、思わず声が出そうになりました。尿道をいじられたときには腰から力が抜けそうでした。

「彼女いないんでしょ？　いつもこれ自分でしごいてるの？」

「は、はい、そうです」

「自分でするより気持ちいいでしょ？　こんなおばさんでもセンズリより感じるでしょう？　ほら、これ、どう？」

握りしめて上下にこすり上げられて、ぼくは一気に昂ってしまいました。確かに自分でするより何百倍もの快感でした。

「大家さん、やばいです、このまま出ちゃいます」

「だめよ、まだ我慢して。もっといいことしてあげる」

大家さんはしゃがみ込むと、ペニスに舌を這わせて舐め回してきました。その大胆な行動にさすがに驚きました。

すぐ目の前でバックで盛り上がってるカップルは、気がつくと今度は女性のほうが地面に四つん這いになっています。男が後ろから突くたびに、もう完全に遠慮のない喘ぎ声をあげています。周りのノゾキの人たちの手の動きも明らかに速くなっています。なんかもう、あたりは異様な熱気に包まれていました。

この公園では毎晩こんなことが行われているのだろうか？　噂どおりなんだな、などと感心しながらも、大家さんのほうももう夢中になっておしゃぶりしています。欲求不満の熟女のフェラチオはこんなにすごいのかと思うほどの激しさで、思わずぼくも恥ずかしい声を洩らしそうになりました。

「気持ちいいの？　こんなおばさんの尺八でも感じてくれるの？」

「おばさんだなんて思ってないです。大家さんにこんなことされてうれしいです」

どうやら、バックでやってるカップルもぼくたちに気づいたようです。ぼくたちが何をしているかに気がついて向こうは向こうで興奮しているようです。そうなると人間というのは不思議なもので、かえって開き直ってしまい、楽しんでやろうという気になってきました。

さらにはノゾキの人たちも、この異常な状況に気がついたようで、カップルとぼくたちの両方を見比べながら手を動かしています。

こうなると「負けてられない」という気になってきました。大家さんも同じ気分のようで、どんどんしゃぶり方が激しくなってきました。んぐ、んふ……なんて卑猥な声を洩らしながら、夢中でしゃぶり回してきます。このままでは口の中に発射してしまうと思ったぼくは、大家さんを立たせました。

「今度はぼくが舐めてあげますよ。いいでしょ？」

「え？　わ、私はいいよ、遠慮しとく」

「何言ってるんですか、興奮してるくせに」

そばの木に大家さんをつかまらせて、背後からスカートをまくりました。思った以上に大きなお尻に濃い色のパンツが包まれています。思いきりずり下げると、真っ白い重量感のあるお尻が現れました。ちょっと太めな大家さんですが、そのお尻はすごくボリュームがあって、まさにぼくの……好みでした。

「やめて、恥ずかしいよ、外でこんな」

「大丈夫ですよ、ここはこういう場所なんだから」

ぼくはお尻に頬ずりをしてその弾力を味わいました。硬くもなく柔らかくもなく、ちょうどいい感じでぼくの顔を押し返してくる尻肉にぼくはすっかり舞い上がってしまいました。大家さんの唾液がたっぷりまぶされたペニスが夜風に当たってスースーしていたのですが、あっという間に熱くなってきました。

いきなりお尻の割れ目に顔を埋めて思いきり舐めました。「ヒッ」という大家さんの声が響きました。舌先でアナルを探してそこを刺激すると「あああ……」と切ない声を洩らしてきました。さらに舌先を割れ目のほうに移動させて穴の入り口を舐めると、大家さんの声はますます大きくなりました。

いくら夜とはいってもこの声はまずいんじゃないかと思いましたが、ぼくもその声にあおられてしまい、ムチムチの太腿の間に顔を押し込めるようにしてそこを舐め回していました。もう欲望全開で止められなかったのです。

「ねえ、そんなに激しくしないで。私、ダメになっちゃう」

「こんなに濡らしといて何言ってるんですか。もう完全にダメになってますよ」

ぼくの舌は濡れぬれの割れ目にどんどん入っていきます。口の中に生ぐさいメスの匂いが広がりました。五十歳を過ぎると女性はこんな匂いがするのだろうかと思いましたが、若い女性のアソコの匂いも最近は嗅いだことがなくて比較できないのでわかりません。ともかく、その匂いでますます興奮してしまったのは確かです。

大家さんのほうも口ではいろいろ言いながら完全に感じまくってるらしくて、いつの間にかお尻を思いきり突き出し、ぼくが舐めやすいようにガニ股になって女性器を全開にしています。

「奥さん、すごくエロい格好してますよ。ノゾキの人たちがお尻丸出しにしてアソコを突き出してる姿を、じーっと見てますよ」

「え？　いや、だめ、そんなのだめよ」

「だめって言ったって、大家さんはいま、みんなのズリネタになってるんですよ」

「そ、そんなつもりで来たんじゃないのに」

こういうのをミイラとりがミイラになったというのでしょうか。変態野外プレイを取り締まるつもりが、逆に自分たちがそんなことをしているなんて、なんかもう恥ずかしいけどうれしくなってしまいます。ぼくは覗いてる人たちがよく見えるように、ときどき顔を離して、お尻をじっくりさらしました。周りの木立に隠れている人たちとの連帯感のようなものを感じて、なんだか感動さえしていました。

さっきバックでやっていたカップルもどんどん盛り上がってきたのか、女性のほうは必死で声を我慢しながら、今度は正常位でがんばっています。

「大家さん、ぼくたちもいいですよね!?　このまま入れさせてください」

「え、それはいけない。ねえ、私たちが今夜ここに何しに来たか思い出して」

「何言ってるんですか、さんざん濡らしてるくせに。ほら、入れますよ」

「ああ、そんなあ」

ペニスの先端をあてがいました。そこはもうビッショリで、どこが入り口かよくわかりません。先端で探っていると、それが刺激になったのか、

「だめ、意地悪しないで。入れるなら、すぐ入れて。ズブッて来てよ」

「やっと本音が出ましたね。やっぱり欲しいんでしょう?」

「欲しい、欲しいよ、あなたのカチカチのアレ、早く入れて」

ようやく入り口を見つけたぼくは、そのまま一気にズッポシ挿入しました。「あん!」というカン高い声が響き、カップルもノゾキの人たちもハッと息を飲むのがわかりました。自分たちがみんなを興奮させてると思うと、こちらもさらに熱くなってきました。

「やだ、ほんとに入れちゃった!? 公園で私、あなたのアレを突っ込まれてる」

「そうですよ、ぼくたちいま、外でスケベなことしてるんですよ」

大きなお尻を両手で抱えるようにしてズンズン突き上げると、大家さんのほうも夢中で腰を振ってきます。アソコからは白っぽい本気汁が垂れてきて、かなり感じまく

ってるのがわかります。

気がつくと、さっきまでセックスしていたカップルも、いつの間にか終わっていたらしく、じっとこちらを見ています。

そのとき、ふっとここにいる人たちに襲われるんじゃないかと思いました。いっせいに飛びかかられてしまったら、ぼく一人で大家さんを守ることができるだろうかと不安になりました。

しかし、そのうちそんな不安はなくなりました。その場には暗黙のルールがあるのだと感じたのです。覗く者と覗かれる者の関係みたいなものがはっきりしていて、絶対にだれも手出ししてこない。そんなルールがあるからこそ、この公園は秘密の場所として大勢の人に利用されているのです。

そのことに気づくと、ますます楽しく、気持ちよくなってきました。他人の視線を意識しながらセックスするのがそんなに興奮するとは思いませんでした。

「みんな見てますよ。大家さんが大きなお尻を振ってぼくのアレを味わってる姿を見ながら、みんなシコシコしてますよ」

「やだ、言わないで。恥ずかしいよおお」

恥ずかしいと言いながら、大家さんはもっと大胆にお尻を振りながら、自分でシャッをまくり上げて、大きな乳房を丸出しにしました。立ちバックの格好なので、そのエロい巨乳がまさに乳牛のように揺れまくっています。思わず両手でそれをわしづかみにしました。なんかもうそれはセックスというよりも交尾って感じで、すごく動物的でした。周りの木立からは、ノゾキの人たちのハアハアという荒い息が聞こえてきます。みんなが盛り上がってると思うと、ぼくもすごくうれしくなりました。

「あああ、気持ちいい、私、ほんとに変態になりそう」

「変態ですよ、もう十分に変態です。みんなに見られながらこんなにお尻を振って感じまくって、大家さんは完全にド変態ですよ」

「見てほしい、みんな私を見てシコシコして、センズリぶっこいて。ねえ、私を見ながら精液をいっぱい飛ばして」

次々と下品な言葉を口にしながら、大家さんは全身で感じまくっていました。それを見ているうちに、ぼくのほうも我慢できなくなりました。

「ぼく、もう出そうです。イってもいいですか？」

「あん、出すの？　あなたの白い液を出しちゃうの？」

「そうです、もう我慢できないです」

「いいよ、出して。私もイク。いっしょにイこう。私もイクから、ねえ、イって！」

次の瞬間、ぼくは思いきりそれを引き離すと、大家さんの大きなお尻にどぴゅっと何度も精液を飛び散らせました。自分でオナニーするときの何倍もの量でした。大家さんもその熱い液を感じながらお尻をブルブルふるわせて達してしまったようです。大家必死で声を押し殺していましたが、それでも洩れてしまううめき声が、なんともエロく聞こえました。

そしてそれと同時に、周りからも、うっという声がいくつか聞こえました。ノゾキの人たちもいいタイミングで出したようです。

「信じられない」

その場にへたり込んで、大家さんがつぶやきました。

「このことは秘密にしましょうね」

「もちろんよ。こんなことが知られたら、私、何言われるかわからない」

帰り道は、まるで恋人のように手をつないで歩きました。ぼくたちにとって、公園は特別な場所になりました。その夜以来、ぼくたちは何日かに一度、公園の見回りに出かけるようになりました。でもほんとうは見回りなんかしません。なるべくギャラリーがたくさんいそうな場所を見つけて、エッチなことをするようになりました。

ぼくたちにとって、公園はなによりも大切な場所なのです。

厳しい女性上司を強引に責め立てた私は三十路女の巧みな口戯に骨抜きにされて

藤倉昌平　家具職人・三十四歳

九年前に、私がおいしい思いをした話を聞いてください。

当時、東京の大学を卒業した私は地元に戻らず、そのまま都内にある教育関係の出版社に就職しました。

入社したあと、直属の上司となったのが佐伯（さえき）課長で、女性ながらとても厳しい人でした。

当時の彼女の年齢は、三十八歳。男を男とも思わない物言いに毛嫌いしている男性社員はけっこういて、「あんな性格だから離婚したんだ」という陰口もかなり耳にしました。

それでも私はもともと年上好みで、ハキハキした女性がタイプだったので、けっして悪い印象は抱いておらず、カッコいいとさえ思っていました。

忘れもしません、入社三年目の出来事になります。

私が教材の発注数をまちがえてしまい、課長とともに地方の学校へ謝罪しにいったときのことです。

その帰りの車中、彼女から叱責されて落ち込んでいると、突然土砂降りの雨が降りだし、課長は路肩に車を停めて溜め息をつきました。

「もう……最悪だわ」

「重ねがさね、すみません」

「雨は、あなたのせいじゃないわ」

「はあ、でも……」

「もう終わったことだし、いつまでもぐちぐち言わない。よけい、イライラするから」

田園風景が広がる側道で、十分ほどは停車していたでしょうか。

雨はいつまでたってもやまず、車内の空気は最悪で、重苦しい雰囲気がただよっていました。

困惑する一方、甘い香水の匂いが鼻先をかすめ、二人だけの密室状態という事実に気づいたときに胸がときめきはじめたんです。

横目で様子を探ると、ふっくらした唇とドンと突き出た胸に性欲のスイッチが入ってしまい、自分の意思とは無関係にペニスが膨張しました。

「あの……課長って、つきあってる人いるんですか？」

「はあ？」

いまにして思えば、とんでもないことを聞いてしまったものですが、若気の至りというか、毅然とした態度を崩さない彼女がとても魅力的に見え、内から迸る気持ちを抑えられませんでした。

「何言ってるの⁉　あなたには、関係ないことでしょ」

「すみません……でも、気になっちゃって」

「そういうあなたは、どうなの？」

「いません！　もっぱら自家発電です！」

「バカなこと言わないで！」

ピシャリと叱責されたとたん、またもや胸の奥が甘く疼き、思いきって課長のような女性がタイプだと告白してしまったんです。そのときの彼女のあわてた様子、頬を染めた表情がかわいくて、男の血が騒ぎました。

「いい加減にしないと、ほんとうに怒るわよ」

「でも、まじめにそう思ってるんです」

「大人をからかうもんじゃないわ」

美しい弧を描く細眉、切れ長の目、スッと通った鼻筋と、端正な顔立ちは確かに気が強そうに見えましたが、女らしいボディラインが異性を強烈に意識させました。

あろうことか、私は身を乗り出し、彼女の唇に自分の唇を近づけたんです。

「あ、ちょっ……やめ……ンっ」

彼女は胸を押し返そうとしたのですが、私は強く抱き締め、唇をぐいぐい押しつけました。

スーツの胸元に手のひらを被せ、ゆったりもみしだくと、頑なに閉じていた口が開き、ここぞとばかりに舌を差し入れたんです。

「ン、ンふぅ」

舌を絡めて唾液をすすり上げると、体からみるみる力が抜け落ちました。

調子に乗った私はスカートの下に手をくぐらせ、ショーツの中心に指先を押し当てたんです。

「ンっ!?」

さすがに強い力で手首を押さえつけられたのですが、あのときはクビになってもいいという気持ちでした。

中指を上下させ、性感ポイントに刺激を与えていると、クロッチが湿ってきて、私は心の中でガッツポーズを作りました。

車の外は相変わらずの土砂降りで視界は煙っており、人っ子一人通りません。ひょっとして、このまま男女の関係を結べるのではないか。

大いなる期待に打ち震え、ショーツの脇から指をすべらせると、肉びらは外側にめくれ、狭間の粘膜は大量の愛液でぬめり返っていました。

「く、くふぅ」

一心不乱に指先をスライドさせれば、今度は小さな肉突起をとらえ、課長は鼻から色っぽい喘ぎ声を洩らしました。

私は集中的にクリトリスを責め立て、ぷるんとした唇をむさぼり味わいました。

彼女の手が股間に伸びたときは、どれほど昂奮したことか。

勃起をギュッと握られ、射精欲求を懸命にこらえたのですが、私自身も極限まで昂奮しており、下着の裏地は前ぶれの液でぬるぬるの状態でした。

「ンっ、ンっ、ンっ」

切羽詰まった声が聞こえてくると、唇をほどき、彼女の顔をじっと見つめながら指の動きを速めました。

うるんだ瞳、ねっとり紅潮した目元、唾液に濡れた唇。あのときの課長のあだっぽい表情は、いまだに忘れられません。

私はとうとう、うるわしの美熟女を指だけでエクスタシーに導きました。

「あっ、やっ、ンっ、くふぅっ！」

うっとりした表情に満足げな笑みを浮かべ、口元にキスしたとたん、頰を平手で軽く叩かれました。

「……最っ低ね」

キッとにらみつけられ、あわてて服装の乱れをととのえる彼女を目にし、とんでもないことをしてしまったと後悔しました。

会社に報告されたら、クビになるのは火を見るより明らかです。

いつの間にか雨は小降りになっており、課長はすぐさま発車させ、私は肩をすぼめて謝罪しました。

「す、すみませんでした」

怒りが収まらないのか、彼女は前方を見つめたまま何も答えず、車内はまたもや重苦しい雰囲気に包まれました。

国道に出て、十五分ほど走ったころだったでしょうか。

「時間は……まだ大丈夫ね」

「……は？」

「ちゃんと、責任はとってもらうから」

「あ、あの……」

言葉の意味が理解できずに首を傾げていると、やがてラブホテルの看板が見えてきました。彼女はこちらの返答を待たず、ハンドルを切ってホテルの駐車場に車を乗り入れたんです。

「降りて」

「あ、あ……」

「早く！」

「は、はいっ！」

言われるがまま車から降りると、課長は一人でズンズンと出入り口に向かい、私も従うしかありませんでした。

まさかとは思ったのですが、不安は徐々に消し飛び、すっかり収まっていた性欲が息を吹き返しました。

ズボンの前が派手に突っ張り、なんと歩きにくかったことか。

部屋に入ると、課長は振り向きざま抱きついてきて、情熱的なキスで私の舌を吸い立てました。

「あ、うっ！」

あまりの積極的な行為に面食らったのですが、ペニスはビンビンになり、躊躇する気持ちは遙かかなたへと吹き飛びました。

私も彼女を強く抱き締め、豊満なヒップをなでさすりながら柔らかい下腹に勃起をぐいぐい押しつけたんです。

「はあはあっ、はあぁ」

キスが途切れ、顔を離したときの課長はエロスの象徴にしか見えませんでした。

瞳はしっとり濡れ、頬はりんごのように真っ赤、半開きの口から喘ぎ声を絶え間なく放ち、日ごろの毅然とした態度は微塵もなかったんです。

手のひらで股間のふくらみをなでられ、背筋に快感が走ると、獣じみた性欲がせきを切って溢れ出ました。

そのまま無理やり上着を脱がせ、手首をつかんで乱暴にベッドに倒したんです。

「きゃっ」

私も上着を脱ぎ捨てるや、ネクタイをほどき、上からおおい被さるように抱きつきました。

「ちょっ……シャ、シャワーを」

「だめです！　いますぐ課長が欲しいです！」

「そんな、待って……あ」

私はスカートの下に手をくぐらせ、ヒップのほうからショーツを剝きおろしました。

布地面積の少ないレース地はとてもセクシーで、困った表情が男心をさらにあおりました。

おそらく、ふだんとのギャップが多大な昂奮を与えたのだと思います。

「藤倉くん！　いい加減にしないと、ホントに怒るから！」

甲高い声でたしなめられたものの、そのときは怖くもなんともありませんでした。

私は聞く耳を持たず、ショーツを足首から抜きとるや、スカートの中に顔を突っ込んだんです。

「あ、やっ」

足で頰を挟まれたものの、怯むことなく、私は舌を伸ばして花園をペロペロ舐め上げました。

「いやぁあっ」

甘ずっぱい味覚が口の中に広がると同時に、蒸れた女の匂いが鼻から脳天を突き刺し、睾丸の中の精液が暴れ回りました。

彼女は身をズリ上げたものの、むちむちの太腿に指を食い込ませ、無我夢中で女陰をしゃぶりました。

「ひ、ひぃ」

クリトリスはすっかり厚みを増し、小陰唇の間からとろとろの愛液が途切れなく溢れこぼれました。

私は頰をすぼめて粘液をすすり、舌先で肉のとがりを上下左右にあやしたんです。

「ふっ、やっ、ン、はっ」

次第に足の力が弱まり、頭上から甘い声が洩れ聞こえました。

あとで聞いた話によると、離婚してから二年近く、異性との接触は一度もなかったそうです。

三十八歳という年齢を考えれば、熟れた肉体は男を欲していたのかもしれません。

当時の私はそんな事情を考える余裕もなく、ただ魅力的な熟女を抱きたいという本能だけに衝き動かされていました。

「あ、あ、くっ、くふぅ」

両足の震えが大きくなり、恥骨が前後に振られると、さらに吸引力を上げてクリトリスに刺激を与えました。

やがて課長はヒップをわななかせ、絶頂へと駆けのぼっていったんです。

「ン、ンふわぁ」

いっさいの反応がなくなったところで、私は上体を起こし、スカートのホックをはずしました。

ダークグレイの布地を引きおろし、続いてブラウスのボタンをはずしていく最中、課長は目をうっすら開けてじっと見つめました。

「……あ」

「あ、じゃないでしょ？　ひどい人ね」

「だって、課長がすごくかわいかったから……お？」

美熟女も身を起こし、攻守交代とばかりに私を押し倒しました。そしてズボンのベルトをゆるめ、ホックをはずしてチャックを引きおろしたんです。

「ま、待ってください！　シャワーを浴びてから……あっ」

困惑顔で拒否したのですが、もちろんそんな都合のいい言い分が通るはずもありません。課長はズボンをトランクスごと引きおろし、隆々とみなぎるペニスを剝き出しにしました。

反動で勃起が揺れ、我慢汁が扇状にひるがえったときはほんとうに恥ずかしかったです。

「まあ……こんなになって」

「か、勘弁してください」

「隠しちゃ、だめ！　これは上司の命令よ」

「そ、そんなぁ」

「私だって恥ずかしかったんだから、あなただって同じ思いをしてもらわないと」

熟女はペニスを穴の開くほど見つめ、唇のすき間で舌先をスッとすべらせました。

色っぽい仕草にドキリとした瞬間、細長い指が胴体に巻きつき、シュッシュッとしごかれました。

「お、おふっ」

あまりの気持ちよさに身をよじると、彼女は身を屈め、根元からカリ首までベロンと舐め上げました。

「あ、おおっ」

「あぁ……いやらしい匂い」

溜め息混じりの言葉が耳に届いた直後、課長は縫い目とカリ首、鈴口にソフトなキスを浴びせ、ペニスを真上からがっぽり咥え込みました。

そのままズズッと根元まで呑み込まれたときは、驚きに目を剝いたほどです。

彼女は顔をゆったり引き上げ、本格的なスライドで快感を吹き込んできました。

じゅっじゅっ、じゅぱっ、じゅぽっ、ぶぷぷぷっ！

いやらしい音を響かせながら顔を打ち振り、柔らかい上下の唇が胴体を何度も往復しました。

実は私、三十代の熟女と行為に及ぶのは初めてのことだったんです。

もちろん、人妻だった女性と肌を合わせた機会もありません。

課長が経験豊富なのはあたりまえで、私はＡＶ女優ばりのバキュームフェラに目を白黒させるばかりでした。

「あ、あ、あ……」

「ンっ！　ンっ！　ンっ！」

「くうっ、そ、そんなに激しくしたら……イッちゃいますよ」

我慢の限界を訴えると、課長はペニスを口から抜きとり、唾液をだらりと滴らせました。

「だめよ……こんなんでイッちゃ。言ったでしょ？　責任はとってもらうって」

彼女はそう言いながらブラウスを脱ぎ捨て、ショーツとお揃いのブラジャーをはずしました。

ぶるんと弾け出た乳房は、まさにロケット乳。まろやかなふくらみに目がぎらつき、性感がのっぴきならぬ状況に追いつめられました。

私もワイシャツとインナーを脱ぎ捨て、一も二もなく豊満な女体にかぶりついたんです。

「あ、ンっ！」

ベッドに押し倒すや、胸の谷間で揺らめく甘い匂いに誘われ、乳房を手のひらで練り、しこり勃った乳首を口に含んでは舐め転がしました。

「か、課長、好き、好きです！」

あのときの私は、心の底から恋していたと思います。

冷静になれば、彼女はひと回り以上も年上なのですが、本気で交際したいと考えていたんです。

しなやかな指で再びペニスを握られたときは、危うく洩らしそうになりました。

「あ、ぐ、おおっ、そ、そんなにしごいたら……」

「だめって、言ったでしょ？　我慢して」

「も、もう……ここに入れたいです」

「あ、やっ、ンふぅ」

お返しとばかりに女の入り口へ指を添えると、そこはとろとろにぬめり返り、熱い液体が指に絡みつきました。

自制心はまったく働かず、私は足の間に腰を割り入れ、滾るペニスを陰唇の狭間にあてがったんです。

「あ、あ、あ……」

「ぐっ、くうっ」

カリ首が膣内に埋め込まれたときの気持ちよさは、いまでもはっきり覚えています。強くも弱くもなく、しっぽり包み込んでくるような感触でした。

「あンっ！」

根元まで差し入れたとたん、彼女は私の背中をパチンと叩き、やたら細い声でつぶやきました。

「あなたの……おっきくて硬いわ」

「課長の中も、すごくぬくぬくしてて最高です。動いても、いいですか？」

「え、ええ……あ、ンふっ」

軽いスライドを繰り出すと、課長は赤ん坊のように手足を縮めました。

ふだんの威風堂々とした態度からは想像もつかない格好が愛くるしく、性衝動が一気に高みへ押し上げられました。

突けば突くほど快感が増し、収縮した膣肉がペニスにべったり絡みついてくるのですから、意識せずともピストンのピッチが上がり、私はいつしか腰をガンガン打ち振っていました。

「あ、ああ、いい、いいっ」

声もやたら舌っ足らずになり、喘ぎ声が耳に届くたびに、こちらの昂奮も上昇の一途をたどりました。

できる限り我慢するつもりだったのですが、うねりくねる膣壁が若い女の子とは次元の違う快感を吹き込んできたんです。

「あ、ぐ、ぐうっ」

もうだめだと思った瞬間、課長はひと足先に絶頂の波に呑み込まれました。

おそらく、かなり欲求が溜まっていたのだと思います。

「ああ、いやっ、イッちゃう、イキそう!」

「イッてください！」

マシンガンピストンで責め立てると、彼女は顔をくしゃりとゆがめ、身をのけぞらせました。

「ああ、イクっ、イッちゃう！　イクイクゥぅっ！」

「ぼくもイキます！」

「イッて！　中に出してぇ!!」

こうして私は膣の中に大量の精液を吐き出し、シャワーを浴びたあとは二回戦に挑戦したんです。

その後、彼女との関係は二年ほど続いたでしょうか。

私の父が倒れ、実家の家業を継がなければならなくなり、会社を辞めると同時に二人の関係も終わりを迎えました。

第三章

予想外の展開で溢れる淫らな欲望

amateur confession

スーパーのレジ打ち熟女と仲良くなって手料理だけでなく熟れた体までいただき

仲本武志　会社員・二十五歳

社会人になって三年。

ひとり暮らしには慣れましたが、毎日、仕事でクタクタです。

会社帰りにスーツのまま、近所のスーパーで買い物をして帰るのが日課です。

なるべく自炊をしようと思っているので、食材が多いんですけど、疲れて何もしたくないときは、出来合いのお惣菜に缶チューハイとか、そんな感じです。

私が行く時間帯にだいたい毎日、レジをしている女性がいます。年のころはアラフィフじゃないかと思います。私の母親よりちょっと若いぐらいでしょうか。

その女性の動作や仕草が女らしくて、いやし系の笑顔も魅力的なんです。ニコッと笑って、「ありがとうございました」と言われると、少し元気になれるんです。

それまで私は、熟女好きだという自覚なんてなかったんですが、彼女にはそそられるというか、そういう目で見てしまう自分がいました。できればエッチしたいと思うほど、どこか若い女性にはないなまめかしさも感じていたんです。

だからといって、それが実現するなどとは、夢にも思っていませんでした。

ところが、彼女の存在が気になりだして半年ぐらいたったときでした。日曜日の昼間に近所の道を歩いていたら、偶然にも正面から彼女がやってきたんです。

スーパーの制服じゃなくてスカートをはいていたので、最初は気づかなかったのですが、まちがいありませんでした。すごく女っぽくて、気づいた瞬間からドキドキしました。そのまますれ違ってしまえば何事も起こらなかったでしょう。

でも、そんな千載一遇のチャンスはありません。一メートルほどの距離になったとき、私は思いきって「こんにちは」と言ってみました。

彼女は「え?」と驚いた表情で私を見つめました。私もスーツじゃなかったのでわからなかったのでしょう。でも、すぐにニコッと笑って、「ああ、いつもありがとうございます。外で会うと、ちょっと恥ずかしいですね」と言ってくれました。

私の感覚としては、それをきっかけに彼女とちょっと距離が近づいた感じがしました。彼女も少し意識してくれているようで、ほかの客に対するのとは違う表情で、「今日もお疲れさまでした」なんて言ってくれるようになったんです。

たまに一言二言、世間話というか、私の買った食材を「こうするとおいしいですよ」って教えてくれたりもしました。なので私は、それからしばらくして、いつものように買い物をしたとき、レジの前にも後ろにも客がいなかったので、思いきってポケットに忍ばせていた私の電話番号を書いたメモを渡したんです。

すると、なんと次の日曜日に電話がかかってきたんです。久々に胸がときめくというか、うれしくなって、一所懸命話をしました。お互いに自己紹介して、彼女の名前が「美里さん」だと知りました。彼女はバツイチで、私よりも少し若い娘さんと二人暮らしだということもわかりました。

それから私たちは、平日はメールをやりとりして、休みの日には電話で話す。そんな間柄になりました。他愛のないやりとりですが、メールの文面や言葉の端々に、彼女のやさしさを感じて、私の思いはどんどん募っていきました。

そんなことが一カ月くらい続いたでしょうか。その間に、私は彼女のことを「美里さん」、彼女は私のことを「武志くん」と呼ぶようになっていました。

「ねえ美里さん、今度の休み、ご飯でもどうですか?」

電話しているときに、いま思いついたように言ってみました。

電話するたびに誘いたいと思っていたので、ほんとうは心臓がバクバクしていたんですけど、願ってもない返事が返ってきました。

「そうねえ、でも、このへんは地元だから知ってる人に会うかもしれないし……よかったら、私が武志くんの部屋に行って、ご飯作ってあげようか？」

いきなり部屋で二人きり！　そんなラッキーなことがあるでしょうか。まあ、娘と同い年ぐらいの私のことなど、はなから男としては見ていなかったのかもしれませんが、いずれにせようれしかったんです。

そして土曜日の夕方、美里さんがほんとうに私の部屋にやってきました。

「いらっしゃい。散らかってますけど、入ってください」

もちろん私は、その日朝から、一所懸命に掃除していました。

「おじゃましまーす。ひとり暮らしの男の子の部屋なんて、私、初めてよ」

美里さんは興味津々といった顔で、少し恥ずかしそうに言いました。それがまたかわいらしくて、私はさらにドキドキしてしまいました。

「昨日の仕事終わりに、店で材料を買ってきたの」

私の住んでいるワンルームマンションには、小さいキッチンに一口のＩＨコンロしかありません。それは伝えてあったのでメニューを考えてきてくれたようでした。

「結局、普通の家庭料理になっちゃったけど、いいかな？」

「もちろんです。逆にいつもはそういうの食べられないんで、うれしいです」

「じゃ、始めるね。武志くんは、座って待ってて」

そう言って美里さんは、持ってきた自前のエプロンに手を通しました。花柄のエプロンで、味気ない自分の部屋が急に華やいだようでした。

部屋自体かなり狭いのですが、ロフトがついてるので、夜はそこで寝ています。小さいデスク、パソコン、座りテーブルに座椅子。家財道具と呼べるのはそんなものです。私は座椅子に座って、料理する美里さんの後ろ姿に視線を向けました。

彼女はニットのワンピースを着ていました。色は落ち着いたグレーです。

背後から見ると、熟れた体にニットが張りついていました。女らしいなで肩、なだらかな曲線を描く肩から背中のラインが浮かび、くびれたウエストに結んだエプロンの紐で、むっちりと豊かなヒップがさらに強調されていました。

いけないと思いつつ、舐めるように視線を這わせてしまいました。

恋人同士なら、後ろからぴったり寄り添い、まるまるとしたヒップをなで回しながら、耳にいやらしい言葉を吹き入れるのに、ぴったりのシチュエーションじゃないか。

そんなことを考えたら、勃起してムキッと皮が剝けてしまいました。

「さあ、出来たわよ」

テーブルの上に、肉じゃが、味噌汁、冷やっこ、炊き立てのご飯が並びました。

「いただきます！」

いつもの自炊や出来合いのものと違い、美里さんの料理した食事は、お世辞抜きでおいしかったんです。私はしばしエッチな妄想を忘れてバクバクと平らげました。

「ごちそうさまでした。すごくおいしかったです」

「ふふ、よかった。洗い物しちゃうね」

また、あの後ろ姿が迫ってきて、また、どうしようもないほどエッチな気持ちが大きくなっていきました。ここで我慢して、ずっと悶々とするくらいなら、行動を起こして後悔したほうがいい。そう思って私の心臓は早鐘のように鳴っていました。

よし！　私は洗い物をする美里さんの背後に、近づいていきました。

「さ、終わった」とエプロンをはずしながら振り返った美里さんが、至近距離にいた私に気づいて、「キャッ」と声をあげました。それからしばらくの間、二人は見つめ合ったまま、ストップモーションのように止まっていました。

「あの、俺……美里さん」

そっと彼女の両肩に手を添えて、唇に唇を重ねてしまいました。

ピクッと美里さんの肩が弾んで、「はぅ」と甘い鼻息が洩れました。プックリと肉づきのいい唇は、感触も湿り気も熟れた果実のようでした。ゆっくりとお互いの唇が開いたり閉じたりして、半開きの唇の間で、遠慮がちに舌と舌が舐み合いました。やがてチュッと音を立てて、彼女の唇が離れていったんです。

「もお、いけない子ね、こんなことして」

美里さんはやさしい笑顔を浮かべて、そう言いました。

「おばさんをからかうもんじゃないわよ」

言い聞かせるような口調でしたが、頬が桜色に染まっていました。

「今日は私、ご飯を作りにきたの。そんなつもりないから」

恥ずかしそうに目を伏せた美里さんの言葉を、甘んじて受け入れられるほど、私は冷静ではありませんでした。胸をかきむしるように激しい劣情が渦巻いていました。思いのままにグイッと美里さんの腕を引っぱり、抱き締めたんです。

「ちょ、ちょっと……武志くん」

力任せに抱き締めて、その首筋に顔を埋めました。

「いや、そんなこと……」

甘い熟女のフェロモンが、鼻の奥まで充満してきました。

「あ、あぁっ、ダメダメ、やめて」

首筋、喉元に舌を這わせ、耳を舐め回しました。

「あッ、あッ……はうぅ、ん」

美里さんの切なげな吐息に、激しく胸をかき乱されました。

「い、いや……ヒッ、そんなに、あぁぅ」

彼女の全身が小刻みに痙攣するまで耳を舐め回した私は、ゆっくりと口を離して、美里さんの両頬に手を添えました。その瞳は澄んだ湖面のようにうるんでいました。

「な、何を……ん、んぐぐ、むぐ」

再び重ねた唇はしっとりと温かく、甘いローションでコーティングされているようでした。美里さんの狂おしい表情、息遣いに、私の全身が震えていました。

「あん、はぅ……うぐむぅ……クチュッ」

私は舌先を美里さんの唇の内側に忍ばせ、唇と歯茎の間に這い回らせました。

「チュッ、クチュクチュッ、んんむ」

彼女の前歯が開くと、すかさず舌を口の中に突き入れました。とまどい、アタフタする美里さんの舌を追いかけ回すと、二人の唾液が混じって唇が泡立ちました。

「ジュッ、ジュジュ……ジュルル」

執拗に口の中をかき回すと、やがて美里さんの舌は、観念したように私の舌に絡みついてきました。お互いの口の中を唾液まみれの舌が行ったり来たりしました。

私はさらに興奮して、美里さんの背中を両手でまさぐったんです。

「ンンッ、んぐ、はうふぅ」

私の胸板に大きい水風船のような乳房が密着して、ウネウネとうごめいていました。

絡み合う舌のリズムが激しさを増していきました。「はあぅ」「んむぅん」と色っぽい鼻息が洩れてきました。フェロモンが濃厚さを増してただよってきました。

思いきって腕を伸ばせば、むっちりとしたヒップに手が届くはずです。さわりたい。あのエッチなお尻を思うがままにもみしだきたい。我慢できませんでした。

ままよ！　と両手でまるまると豊かなヒップを包み込んだんです。

「んッ、ううっ……んむぅ」

ニットの生地越しだというのに、指先にマシュマロのような柔らかさが、ムニュッとまとわりついてきました。指の半分以上がお尻の肉に埋まっていました。

「むぅ、はあぅ」と、美里さんが舌を絡めてきました。

私は夢中になって、十本の指を曲げ伸ばしました。もめばもむほど、柔らかい肉が指にまとわりついてきて、その奥には心地いい弾力がうごめいていました。

指を埋めたままスナップを利かせて、二つに割れたヒップをもみくちゃにしました。

興奮で全身の毛穴が開き、汗が噴き出しました。

美里さんは、「はぅう」「あぁん」と切ない吐息を洩らしながら、クネクネと狂おしく腰を動かしていました。私はすでに痛いほど勃起していました。

向かい合って美里さんのヒップに両手を回し、お尻の肉をもめばもむほど、股間が密着しました。テントのようにズボンを持ち上げる亀頭が、ワンピース越しの恥骨と太腿の際、女のYゾーンにムニュッと当たっていたんです。

美里さんが腰を動かすたびに、亀頭がマン土手の柔らかい感触にこすりつけられました。ムニュムニュとうごめく淫蕩な肉感が、はっきりと伝わってきました。

すると美里さんが、チュプッと口を離してささやきました。

「武志くん……ビクビクしてるよ」

頬を紅潮させた彼女は、あからさまに腰の動きを大きくさせました。

ぷっくりと柔らかい恥骨の肉を亀頭にこねつけるように、ウエストから下をしゃくり上げてきました。まるで私のペニスをマン土手で愛撫しているようでした。

「ど、どうしよう……すごくエッチ」

いつもスーパーのレジにいる美里さんとは、別人としか思えないほどの腰つきでした。淫蕩な土手肉にこすり立てられ、ヌルヌルするほど我慢汁が溢れ出しました。

「あ、あんッ……硬いのが、見えるみたい」

自分の言葉をごまかすように、美里さんが唇を重ねてきました。私は激しいキスともみしだくヒップ、ひしめき合う股間の快感で、気が遠くなりそうでした。

そのとき私の指先は、ワンピース越しにショーツのラインを感じていました。妙にエロティックなそれを、手探りでヒップの中心に寄せていったんです。

「ん、んぐ……な、何をしてるの？」

まるまるとした左右の肉がプルンと弾け、ショーツがお尻の割れ目にハマりました。伸縮性の高いニットの生地ごと、細くまとまったショーツを指に引っかけました。

「あぁっ、ダメ、食い込ませちゃダメッ」

何度も、何度も、引っぱり上げました。

「いやッ……あ、あッ、すごく食い込んでるぅ」

引っぱるたびに、美里さんの全身が伸び上がりました。背筋をそり返らせて、いやし系の顔が天井を仰ぎました。ヴァギナの割れ目にひも状のショーツが食い込み、ヌルッ、ヌルッと粘膜をえぐる様子が、目に見えるように指に伝わってきました。

「うぅっ、ハゥ、そんなに動かさないで」

美里さんの下半身が、ヒクヒクと痙攣しはじめました。とがめるような視線を向けてきた黒目がちのつぶらな瞳は、いまにもこぼれんばかりにうるんでいました。

私は左手でヒップ側のショーツを握ったまま、右手を前からワンピースのすそに侵入させて、フロントの生地もギュッと握り込んだんです。

「ああうっ！　そ、そんなことしちゃ」

もっと細いひも状になったショーツを、前後から交互に引っぱり、ヴァギナにこすりつけました。とたんに美里さんの下半身がガクガクと震えだしました。

「ダメダメ、すごく奥まで、くるぅ」

しとどに濡れて、大きく開いたヴァギナの割れ目に、埋没するほどショーツが食い込んで、クリトリスからアナルまでを摩擦していたのでしょう。

私は隠していた感情をぶつけるように、ワンピースの中で、ショーツの後ろと前の布地を互い違いに引っぱり、速く、強く、激しく、こすりつけつづけました。

やがて美里さんが、狂おしくささやきました。

「そんなにされたら、私……感じちゃうよぉ」

すると、私の首に回していた両手をすべらせて、大きくふくらんだズボンの股間をおおったんです。そして、勃起を確かめるようにやさしくていねいにさわりはじめました。

「あぁ、こんなに大きいのね」

右手でズボンの上から亀頭を包み込んで、玉を磨くようにこね回してきました。同時に左手でペニスの裏筋を、何度も何度もなで上げてきました。

「あぁぅっ、美里さん、気持ちいぃッ」

私の指はワンピースの中で、前後から這うように進み、ほとんどヴァギナに食い込んだショーツのクロッチ部分に達していました。美里さんの指も、さらに大胆になって、ズボンごとペニスを握り込んで、グイッ、グイッとしごいていました。

「ハッ、ハッ、ハアゥ……」

荒い息遣いが間近で交錯していました。ずっと、お互いの目を見つめたままでした。どちらからともなく、また、唇を重ねました。開いた唇をむさぼり合い、伸ばした舌を吸い合って、混じり合った二人の唾液が口角から顎まで濡らしていきました。

「ハァ、ハァ、ハァ、ジュルルル」

そのまま私は、指先でショーツをずらし、直接ヴァギナをさわりはじめました。

「んッ、んむぐ、ううぐ」

髪を振り乱す美里さんの陰部は、指が溺れそうなほど濡れていました。蜂蜜のような愛液がたっぷりと溢れ、入り組んだ粘膜が生貝のようにうごめいていたんです。ぬかるみの中で存在を主張するように、クリトリスがこり固まっていました。指先でこね回すと、ニットに包まれた肢体がビクビクッとはぜました。

「ここですか？　ここが気持ちいいんですか？」

「やめて、そんなこと聞かないで。感じちゃって……恥ずかしい」

熟女の恥じらい、そして貪欲さにクラクラしました。

クリトリスをいじっていた中指を、ヴァギナの割れ目に沿って進ませていくと、膣口が呼吸をするように息づいていました。指先を押し当てると、そのままヌルッと埋まってしまいました。美里さんが激しく髪を振り乱しました。

「……ど、どうして入れちゃうの？」

熱い愛液が満ちた膣の中には、何か生き物のようなものがウネウネとうごめいていました。私は興奮して、中指だけでは飽き足らず薬指も入れていきました。

「イヤ、ダメ、そんなに入れちゃッ」

二本の指を根元まで入れてかき混ぜると、膣口と中の粘膜が指を締めつけて、エッチな生き物がまとわりついてきました。

私は名器の感触をもっと味わいたくて、二本の指を膣の中で交差させたり、V字に広げたり、生き物をかき分けるようにグルグルと回転させたりしました。

「ダ、ダメだって……そんなことしちゃッ」

私の指入れにウエストから下を躍らせながら、美里さんが私のベルトをはずし、ズボンとボクサーパンツを脱がせてしまいました。ビンッと二人の間にペニスがそそり立ちました。すぐさま美里さんの指が握り込んできました。

「すごい、武志くん……あぁ、太いのに硬い」

美里さんの指は、螺旋（らせん）を描くような手つきで、何度もペニスをこすり上げました。

「欲しいんですか？」

「や、やめて、そんな言い方」

つい口にしてしまった私は、後に引けなくなってしまいました。

「美里さん、入れたいんですよね？」

「どうして、そんなこと聞くの」

「じゃあ、入れなくてもいいんですか？」

すると美里さんは、泣きそうなほど瞳をうるませて、ポツリと言ったんです。

「武志くん、イジワルだったんだね」

それから意を決したように、静かだけど強い口調で言いました。

「ねえ、指を抜いて。あっちに座って」

「は、はい」と私は指を抜いて、座椅子に腰をおろしました。

ワンピースのすそに両手を忍ばせ、スルスルとショーツを脱ぎ去った美里さんが、私の脚を跨（また）いで正面に立つと、ゆっくりと腰を落としてきました。

「エッチするの、久しぶりだから……ちょっと怖いの」

シングルマザーで自分が働き子育てしてきた美里さんは、ずっとセックスする相手も時間もなかったのかもしれません。

「私が入れるから、武志くんは動かないで」

対面座位のスタイルで膝を着き、ヒップを浮かした美里さんが、手を伸ばしてペニスを握りました。ワンピースを着たままなのが、逆にエロティックでした。

美里さんは大きく息をしながら、握ったペニスをコントロールして、ヴァギナに亀頭を近づけていきました。亀頭が熱いぬかるみに包まれていきました。

「あぁ、とうとう私、武志くんと……」

亀頭と膣口を密着させて、美里さんが少しずつヒップを沈めてきました。

「……あ、あぁ、入っちゃう」

ペニスの根元を握る美里さんが、深呼吸のリズムでヒップを上げ下げすると、亀頭だけがヌルッ、ヌルッと小陰唇をかき分け、小刻みな挿入を繰り返しました。

「ハッ、ハッ、もう全部、入れちゃうよ」

口走った美里さんが、握っていたペニスを離し、両腕で首に抱きついてきました。そのままグッと腰を入れると、亀頭がヌルヌルッと膣口に呑み込まれていきました。

「あぁっ、入ってきたぁっ」

美里さんが髪を振り上げ、顔が背中に届きそうなほど上半身をそり返らせると、その反動でヒップが沈み込んで、ペニスは一気に根元まで入ってしまいました。

「ひっ、ぐうぅっ！」

淫らなぬくもりに満ちた膣粘膜の中に、深々とペニスが突き刺さり、無数の生き物のようなものが亀頭に群がってきました。

「はうぅっ、武志くん……わかる？」

「は、はい、美里さんの中、気持ちいいです」

私がそう言うと、美里さんがヒップを上下に動かしはじめました。私の腰の両側に足を踏ん張り、小さいスクワットのように膝を曲げ伸ばして、何度も出し入れを繰り返したんです。グチャッ、グチャッ、グチャッと淫らな音が響きました。

たまらず私は、座位で挿入したまま、両手を美里さんのお尻に回し、マシュマロのような肉をわしづかみにして、下から腰を突き上げました。

「ああっ、ううっ、武志くん！」

続けざまに腰を突き上げて、ヴァギナの奥まで貫いたんです。

「ダメダメ、そんなに奥まで、あッ、あうッ！」

スベスベのお尻の肌に、びっしりと汗が浮いて、ヌルヌルにすべりました。私は柔らかい肉に十本の指を食い込ませて、もみくちゃにしながら腰を使いました。

「あっ、あっ、あっ……ね、ちょっと待って」

美里さんが私を制止させるように、首にしがみついてきました。

「今度は、武志くんがして！　いっぱい感じさせて」

耳元でそうささやくと、立ち上がって私に背を向けました。私が荒い息をしながら見ていると、ロフトに上るための梯子に両手でつかまって、ヒップを突き出しました。しかも後ろ手でワンピースのすそをまくり上げて、むっちりと淫蕩に熟れたお尻を丸出しにしたんです。私はフラフラと立ち上がって、彼女の背後に近づきました。

「いやらしい格好でしょ!?　このまま入れて」

こめかみが痛くなるほど興奮した私は、両手で美里さんのウエストをつかんで、ヌチャッ、ブチャッと一気にペニスを出し入れしました。

「す、すごい、奥まで、感じちゃうぅッ」

ここぞとばかりに、私は全身の筋肉を使って、乱暴なほどの突き入れを繰り返しました。大胆な立ちバックで、汗みどろの美里さんのヒップと私の下腹部がぶつかり、湿った破裂音が鳴り響きました。

まさか自分が住んでるワンルームの部屋で、こんなに淫らなことが体験できるなんて、今日の今日まで思ってもいませんでした。

「ほんとうは私、バックから激しく突かれるのが、いちばん好きなの」

美里さんがカミングアウトするように、いやらしい本音を告白してくれました。

「ああっ、もっと……いっぱいして！」

私の突き入れるリズムに合わせて、彼女も膝を曲げたり伸ばしたりして、激しいピストンを受け止めていました。レジの美里さんとは別人にしか思えませんでした。

「気持ちいいんですね、美里さん」

「どうしよう、どんどん……エッチになっちゃう」

快感と興奮で私の下腹部には精液が沸騰していました。このまま激しい挿入を続ければ、そう長くはもたないと思いました。でも、変な間はとりたくなかったんです。そのまま射精してしまうつもりで、汗もかまわず全身を躍動させました。

「武志くん、これからは、いつでもセックスしてね」

発した言葉が恥ずかしいのか、膣の中がギューッと締まりました。亀頭を絞り上げてくる淫らな生き物のうごめきも大きくなって、驚くべき快感でした。

「うぐぅ、もう出そうです、美里さん！」

荒い息遣いが交錯し、二人の股間から響く粘着音が部屋の空気をふるわせました。

「私もイク、アッ、アッ、イッちゃう！」

私と美里さんの下半身は競い合うように、ラストスパートの躍動を始めました。量感たっぷりのお尻が、ムチッ、ムチッと打ち当たってきました。

「あ、イッ……イク！　イクッ！」

美里さんが弓のように上半身をそり返らせて、ビクビクと何度も痙攣しました。

「ぐうっ、ハッ、出る！」

収縮する膣粘膜の中で、何度もペニスがはぜ返りました――。

もちろん私は、それからも何食わぬ顔で会社帰りにスーパーに寄っています。

ただ、お会計をすませると、ときどき美里さんが、いつもの笑顔で「ありがとうございました」と言ってから、「後で行くね」とエッチにささやくんです。

amateur confession

M字開脚ポーズでオマ○コ丸出しにする予備校マドンナ講師のエッチな課外授業

小松浩志　予備校生・二十歳

私は二浪目の予備校生です。去年はほとんどやる気もなく、親の目を気にして予備校に通っていただけでした。だから当然、成績は上がらず、受験は全滅。今年こそどこかに合格しないと、もう就職させるからと親から言われてしまいました。

でも、そんなこととは関係なく、私は急にやる気を出して勉強するようになったんです。それは今年から予備校の数学講師になった杉山絵里花（すぎやまえりか）先生の影響です。

絵里花先生は出産と育児のために休んでいたのですが、子どもを保育園に預けられるようになったからと予備校講師に復帰してきたんです。

ホームページに出ている講師プロフィールによると年齢は三十七歳と、私よりもかなり年上ですが、そんなことは関係ありません。

母親だけあって包容力のある優しい女性で、それでいて顔もかわいくて、むっちりとした体つきもすばらしくて、同世代の女にはない魅力に溢れてるんです。

特にいつもタイトなスカートをはいていて、少し大きめのお尻がなんとも言えないぐらいエロティックなんです。講義中に黒板に数式などを書いているときの絵里花先生の後ろ姿を見るたびに、私は股間が硬くなってしまうのでした。

そんな絵里花先生に気に入られたくて猛勉強した結果、私は自分でも驚くぐらい成績が急上昇しました。それで思いきって、講義を終えて教室を出ていく絵里花先生を追いかけて、声をかけてみたんです。

「先生、お話があります」

「君は確か、小松(こまつ)君だったわよね。最近、成績が上がってきてるみたいね。この調子でがんばってね」

私が通う予備校は小規模で生徒数も少ないので、名前を覚えてくれていたようです。そのことがうれしくて、勇気を与えられた思いでした。

「ありがとうございます。ぼくの成績が上がってきたのは先生のおかげです。授業がすごくわかりやすくて、ぼく、数学がおもしろくなってきちゃったんです」

「あら、うれしいことを言ってくれるのね。何か狙いがあるんじゃないの?」

そう言って絵里花先生は疑わしげな目で私を見ました。もちろん半分冗談といった感じで笑みを浮かべながらです。でも、私にはほんとうに狙いがありました。

「狙いってことではないですけど……今度の全国模試の数学で百番以内に入ったらデートしてください！」

事前に考えていた言葉を私が口から発すると、絵里花先生は少し驚いたように真顔になりましたが、すぐにまたいつもの優しい笑みを浮かべて言ってくれました。

「いいわよ。でも、全国で百番以内ってかなりのものよ」

「大丈夫です！　ぼくは目の前にニンジンがぶら下がってたらがんばるタイプなんで。じゃあ、失礼します！」

私はその場から逃げるように立ち去りました。心臓がバクバクしていて、このまま倒れるんじゃないかと思ったほどでした。

でも、なんとか約束をとりつけたわけですから、あとは勉強をがんばるだけです。

私は睡眠時間を削っていままでにしたことがないぐらい猛勉強し、なんと見事全国で六十二位になったんです。

絵里花先生に報告すると、「すごいじゃないの！」と自分のことのようによろこんでくれました。

「じゃあ、デートしなきゃね。どこに行く？　私、小さな子どもがいるから夕方までには帰らなきゃいけないの」

「遊園地はどうですか？　先生といっしょだったら最高に楽しいと思うんです！」

実は私はいままで恋人がいたことがなく、同級生たちが遊園地デートをした話を聞いてうらやましく思っていたのでした。

「健全でいいわね。じゃあ、遊園地にしましょ。楽しみにしてるわね」

絵里花先生もそう言ってくれました。

そして、数日後の平日、絵里花先生の講義がない日に、二人で遊園地に出かけたんです。しかも、絵里花先生の運転する車でです。

「すみません、ぼく、免許を持ってなくて」

「いいのよ。大学に合格したら恋人とドライブするために免許をとらなきゃね」

暗に自分はあなたの恋人じゃないのよと言われているようで少し凹みましたが、遊園地に着くと、そんなことは忘れて、童心に返って遊びまくりました。

絵里花先生も子どもがまだ小さくて乗り物に乗れないため、遊園地に来るのは久しぶりだということで、とても楽しそうにしていました。

でも、楽しい時間は早く過ぎていきます。

「保育園に迎えに行かなきゃいけないから」と言う絵里花先生の言葉でデートは終わ

りになりました。

そして、絵里花先生の運転する車で地元に帰る途中のことです。

「今日は楽しかったです。デートしていただいて、どうもありがとうございました」

私がお礼を言うと、絵里花先生はまっすぐ前を向いたまま言うんです。

「楽しかったけど、やっぱり少し物足りないわね。ちょっと寄り道していかない？」

私の返事も待たずに絵里花先生はハンドルを左に切りました。そして、そのままモーテルの中に入っていくんです。

「え？　先生……これは？」

まったく予想もしていなかった展開に、私は惚けたように絵里花先生の横顔を見つめました。

「実は私、子どもを産んでから夫と一度もエッチしてなくて……もう女としては終わって、これからは母親として生きていくんだって思ってたんだけど、小松君とデートして久しぶりにときめいて、ついでにムラムラしてきちゃったの。ダメかな？」

エンジンを切ってサイドブレーキを引いてから、絵里花先生は私のほうを向きました。

もちろん、私が拒否するわけがありません。その顔はもうすでに興奮しているのか、ほんのりとほてっているんです。

「全然大丈夫です！　ぼくでよかったら、いくらでも相手をさせていただきます！」

「ありがとう。でも、そんなに力まなくてもいいのよ。リラックスしてね」

絵里花先生に肩をポンと叩かれて、私はリラックスするどころか、ますます硬くなってしまいました。特にペニスはもう石のように硬くなっていました。

部屋に入ると、遊園地デートで汗をかいたからと、まずシャワーを浴びることになりました。

私が先にシャワーを浴びてソファに座って待っていると、髪をアップにした絵里花先生が体にバスタオルを巻いて出てきました。

まるで超ミニのチューブトップドレスを着ているかのようです。肩と太腿が剝き出しなんです。それはいつも予備校で見ている絵里花先生とは全然違いました。もちろん、いい意味でです。

スーツ姿の絵里花先生も素敵でしたが、肌の露出が多い絵里花先生はすごく色っぽくて、私は大袈裟ではなく鼻血が出そうになってしまったのでした。

興奮のあまり私が思わず立ち上がると、腰に巻いていたバスタオルがはらりと落ちました。すると勃起したペニスが剝き出しになりました。それはもうバナナのようにそり返り、先端がヘソの下に食い込みそうになっているんです。

「まあ……まだなんにもしてないのに、もうそんなになってるのね」

絵里花先生があきれたように言いました。

「先生の裸も見せてください」

「子どもを産んで太っちゃったから恥ずかしいけど、小松君が見たいって言ってくれるなら見せてあげるわ」

そして、自分もバスタオルをはずしてみせました。私はため息をつきました。絵里花先生の裸は乳房がすごく大きくて、全身に適度に脂肪がついていて、むっちりとしたその体つきは、ふだんの知的な印象とのギャップがあってたまらないんです。

「ああ、すごいです。すごくきれいです」

「ありがとう。お世辞でもうれしいわ。お礼にこの体、好きにしていいわよ」

「先生！　大好きです！」

私は絵里花先生に抱きつき、キスをしながら胸をもみました。それはやわらかくて、適度に弾力があって、いつまでももんでいたいぐらいのさわり心地のよさなんです。

さらに私はお尻をなで回し、その手を絵里花先生の陰毛の奥へとすべり込ませました。

「あっはあああん……」

指先がぬかるみの中に埋まった瞬間、絵里花先生の体がピクンと震えました。

「ここ、気持ちいいんですか？」

「ええ、そうよ。すごく感じちゃうの。もっとさわってちょうだい」

絵里花先生は私がさわりやすいようにと、ガニ股気味に少し脚を開いてくれました。

私はただがむしゃらにぬかるみの中に指をすべらせつづけましたが、最初のような反応は見られません。気持ちばかりがどんどんあせっていきます。すると絵里花先生は私の顔をのぞき込んでたずねました。

「小松君、ひょっとして初めてなの？」

私は正直にうなずくしかありませんでした。

「……そうなんです。いままでそういう機会がなくて……」

二十歳になって童貞なんて気持ち悪い、とバカにされるかもと思いましたが、絵里花先生の反応はまったく違うものでした。

「な～んだ、早く言ってよ。だったら私が教えてあげるわ。私、予備校講師になるぐらいだから、教えるのは得意なのよ。でも、セックスの仕方を教えたことはまだないけどね。なんだか緊張しちゃうな」

照れたような笑みを浮かべながら絵里花先生はベッドにあおむけに横たわりました。両手を体の横に置き、脚をまっすぐ伸ばしてて、まるで気をつけのような姿勢です。

乳房が呼吸に合わせてぷるぷると揺れていたり、股間に茂った陰毛が丸見えだったりして、エロいことはエロいのですが、そこにはすきがなくて、どうしていいかわからないのは変わりません。

もちろん予備校講師である絵里花先生が、デキの悪い生徒を突き放すようなことをするわけがありません。

「あああん、やっぱり恥ずかしいわ。でも、女の体をじっくり観察させてあげないと上達しないわよね」

そう言うと絵里花先生は両膝を立て、そのまま股を開いてくれました。そして私を手招きするのです。

「さあ、そこに座って」

私は言われるまま絵里花先生の股の正面に正座しました。

「どう？　見える？」

「いえ……あんまり……」

股間は見えるのですが、縦に一本の線が入っているだけで、いやらしさはそれほど伝わってきません。

「しょうがないなあ。これならどう？」

絵里花先生は両膝裏を抱えるように持ち、さらに膝を自分の腋のほうへと引き寄せました。すると、それまで張りついていた二枚の小陰唇が、ぴちゅっという音とともに剝がれ、割れ目の奥まで丸見えになりました。

そこはすでに愛液にまみれているんです。膣口がヒクヒクとうごめき、オシッコの穴まではっきりとわかります。

それはネットで観る無修正動画とはわけが違います。いつも教室でその姿を目で追っていたあこがれの女性講師のオマ○コなのです。

私は全身がビリビリしびれるほど興奮してしまいました。

「す……すごい……あああ、ものすごくいやらしい眺めですよ。ああ、最高だ」

「はあああぁぁん……恥ずかしい……でも、見られると興奮しちゃうの」

そう言うとM字開脚ポーズのまま、絵里花先生はお尻のほうから手を回し、指先で割れ目をなで上げました。それだけでもう指先は愛液にまみれてしまいます。

今度は、割れ目の端でぷっくりとその存在を誇示しているクリトリスをその指先でなではじめました。

「あっ、あああん……はははあん……」

指先がぬるんぬるんとクリトリスをなでるたびに、絵里花先生の体がピクンピクンと動くんです。

「そこ……そんなに気持ちいいんですか？」

「そうよ。ときどき自分でさわったりするんだけど、やっぱり指より舌で舐められるほうが気持ちいいの。小松君、舐めてくれる？」

「もちろんです！　ぜひ、舐めさせてください！」

「やる気満々ね。よろしい。じゃあ、いっぱい舐めてちょうだい」

絵里花先生はまた両膝を抱えるように持ちました。私はベッドにうつぶせになり、無防備な絵里花先生の股間に顔を近づけました。そして割れ目の間をぺろりと舐めました。愛液はどんな味がするのか、AVを観ながらいつも気になっていたんです。

初めて味わう愛液は特に味はしませんでしたが、それが絵里花先生の秘められた場所からわき出てきた液体だと思うと、すごっくおいしく感じられるんです。

だけど、そんな感慨にひたっている間もなく、私は絵里花先生のクリトリスに舌愛撫を移動させました。クリトリスを舐めてとお願いされたのにグズグズしていたら「もう今日はこれでおしまい」と宣言されてしまうのではないかと思ったからでした。

私がぬるんとクリトリスを舐め上げると、絵里花先生は悩ましい声を出しながら体をピクンとふるわせました。

「ああっ……いい……やっぱり指とは比べものにならないわ。舐められるのって最高よ。夫なんて、もともとクンニがあんまり好きじゃないから、結婚してからはほとんど舐めてくれなかったのよ。だから、舐められるのはほんとうに久しぶりなの。さあ、小松君、もっと舐めて。舐めて私を気持ちよくして」

もちろん私は素直に絵里花先生の願いを聞き入れ、クリトリスを舐めまくりました。ぺろぺろと犬が飼い主の顔を舐めるように舐めたり、舌先でチロチロくすぐるように舐めたり、口に含んでチューチュー吸ったり……。

それはAVを観て覚えたテクでした。それでほんとうに気持ちよくなってくれるのかと不安でしたが、絵里花先生はこちらが驚くほど激しく悶えるんです。

「あっ、すごい。ああん……じょうずよ、小松君。あああっ……もっと……もっと……」

「これでいいんですね？　あああ、絵里花先生、いっぱい気持ちよくなってください」

私は夢中になってクリトリスを舐めつづけました。

「あっ、ダメ、イク～！」

そう叫ぶと絵里花先生は私を押しのけて、ぐったりと四肢を伸ばしました。そして、乳房を大きく上下させながら、苦しげな呼吸を繰り返すんです。

「先生、イッたんですか？」

「はあぁぁ……そうよ。小松君に舐められてイッちゃったわ。すごくじょうずね。初めてだとは思えないわ」

成績が上がってほめられたときもうれしかったですが、そのときよりもクンニがじょうずだとほめられたほうが、すごく誇らしい気持ちになってしまいました。

「先生、ぼく……もう我慢できないです」

私は体を起こしてペニスを握り締めました。それはもうはち切れそうなほど力をみなぎらせているんです。

「いいわ。このまま入れてちょうだい。どこに入れればいいかはわかるでしょ？」

絵里花先生はまた両膝を抱え込みました。膣口が誘うようにヒクヒク動いています。童貞でしたが、場所をまちがうなんてことはありえません。

「でも……」

私が不安そうな顔をしただけで、絵里花先生は何が不安なのか察してくれました。

「大丈夫よ。生理不順でピルを飲んでるの。中に出しても平気だから、遠慮なく気持ちよくなって。これはあなたが全国模試で六十二位になったお祝いでもあるんだから」

「先生、ありがとうございます！」

私はもう躊躇することなく、パンパンにふくらんだ亀頭を絵里花先生のぬかるみに押し当てました。でも、そこは思っていた以上に狭くて、なかなか入っていかないんです。想像ではぬるんと簡単にすべり込むはずだったのに……

「あれ？　おかしいな」

私が困っていると、絵里花先生がいつもの講義のときのようにアドバイスをしてくれました。

「大丈夫。そこで合ってるわ。小刻みに前後に動かしてみて。私もゆるめてあげるから」

言われたとおり、私は亀頭を押しつける力を強めたり弱めたりしました。すると徐々に亀頭が埋まっていき、ある瞬間、いきなり奥まですべり込んだんです。

「あっはあああん……」

絵里花先生がオッパイを揺らしながら体をのけぞらせました。それに少し遅れて、温かい膣粘膜がペニスをヌルヌルと締めつけてきました。

「ああ、先生……オマ○コって、こんなに気持ちいいんですね？」

「あああん、動かして。いっぱい抜き差ししてみて」

「こう？　こうですか？」

私は腰を動かしてペニスを引き抜いていき、抜けきれる手前で今度はまた挿入していき、さらにまた引き抜いていき、という動きを繰り返しました。

ただ挿入しているだけでも気持ちいいのに、そうやって抜き差しするとゾクゾクするぐらい気持ちいいんです。それは絵里花先生も同じようでした。

「あああ、いい～。気持ちいい～。あああん、もっとぉ……もっと激しくぅ」

私は絵里花先生をよろこばせたい一心で、腰の動きを激しくしていきました。二人の体がぶつかり合い、パンパンパン……と大きな音が響きます。

その音に絵里花先生の喘ぎ声が重なり、私は肉体的にも視覚的にも聴覚的にも大興奮していき、すぐに我慢の限界を超えてしまいました。

「あっ、ダメだ。もうイク！」

そう言ったときには、すでに絵里花先生の中に射精してしまっていたんです。

「あっ、すごい……熱いのがドクドク出てるのがわかるわ。あああ……はあああん」

絵里花先生は下から私を抱き締め、まるで精液をしぼりとろうとするかのようにキュッキュッとオマ○コを締めるのでした。

そして射精を終えたあと、私がペニスを引き抜くと、ぽっかり空いた穴からどろりと精液が溢れ出ました。その光景に感動していると、絵里花先生が体を起こし、私のペニスに食らいついてきました。

「お掃除してあげるわ」

根元から先端までぺろぺろと舐め回し、管の中に残った分まで絞り出して精液をおいしそうに飲むんです。そんなことをされたら、私はまたすぐにフル勃起状態になってしまいました。それを見た絵里花先生が少し考え込むようにしてから言いました。

「ちょっと静かにしててね」

そしてバッグの中からスマホをとり出すと電話をかけて『特別講義の時間が延びちゃって保育園に迎えに行けないから、代わりにお願い』と告げるんです。

相手はおそらく旦那さんです。その電話を切ると絵里花先生は「さあ、特別講義の続きをしましょ」と言い、私をあおむけにして今度は騎乗位で腰を振りはじめました。

結局その日、私は四回射精して、絵里花先生は数え切れないぐらいイキまくったのでした。だけど、特別講義はその日だけでした。

いまは毎日、受験本番に向けて猛勉強中です。もちろん合格したら、またセックスさせてもらえる約束になってるんです。

絵里花先生が旦那さんとセックスレスで、ほんとうにラッキーでした。

amateur confession

思いを寄せる叔母と試着室で二人きりにペニスをしゃぶられ気持ちよすぎて……

成宮慶　大学生・二十歳

ぼくには小さなころからすごくかわいがってくれる叔母さんがいます。朋美(ともみ)という、母の妹にあたる人で、母とはいまも変わらずずっと仲がよく、家も同じ市内です。

当然、つきあいも家族ぐるみでごく親密です。朋美おばさんの娘二人、つまりぼくの従妹にあたる女の子たちも、ぼくと歳が近いこともあって、小さなころからいままでもよく遊びにいく関係です。

二人ともかわいくて気立てもよく、周囲からは「つきあってんの?」なんてからかわれることもときどきあります。

もっとも、ぼくがひそかにいちばん異性を感じていたのは、同世代の従妹たちではなく、母親と二歳しか違わない、四十六歳の朋美おばさんでした。

叔母は小柄ですが、昔からぱっと華やぎのある美人でした。地元の大きなデパートのブランド売り場で働いていて、人に見られる職場だからでしょう、若いころから少しも老けることのない美しさです。

性格も明るくて優しくて、ほんとうに人好きのする女性です。

子どものころのぼくが抱いていたのは、美しい大人の女性への漠然としたあこがれみたいな感情でしたけれど、大人になったいまでは、小柄なくせにぷりぷりとよく目立つおっぱいやお尻のラインにもつい目が行ってしまいます。

ええ、いつしか叔母はぼくにとって、はっきりと性の対象になっていました。

もちろんそんな下卑た思いを口にするわけにもいかず。ぼくは叔母への禁じられた欲望を胸に隠したまま、大学生になっていました。

都会の大学に進学したぼくは、実家に戻るのは春夏冬の長期休暇の間だけです。最初は特に予定もなく実家でゴロゴロしているつもりだったのですが、そこへやってきたのが、朋美おばさんでした。

「いい若いもんが何週間も遊んでちゃダメよ。あたしのところでバイトしなさいよ」

「あたしのところ」というのは、地方都市によくある地元密着型の老舗高級デパートでした。予定がみっちり詰まっているわけでもなく、遊びにいく軍資金にもなるし、なにより大好きな朋美おばさんの近くにいられるという下心から、ぼくは迷うことなく話に乗ることにしました。思っていたより居心地のよい職場で、ぼくはろくな面接もなくデパートに採用されました。叔母さんの口利きで、ぼくは毎年帰省のたびにそこで短期バイトをするようになっていました。売り場のパートのおばさまたちにもすっかり顔を覚えられて、「もうこっちに就職しちゃいなさいよ」なんて言われることもしょっちゅうでした。

それになにより、職場への行き帰り、毎日のように叔母さんの車でいっしょにいられるのが、ぼくにとってはなによりのご褒美でした。

もっとも、朋美おばさんと男女の関係になれることなんて、ないんだろうな……。彼女への思いと欲望は募る一方でしたが、ぼくはそれを表に出すことはできないままでした。

そんなぼくたちの関係が突然進展したのは、三年目の春休みでした。

「慶(けい)くん、そろそろ就活でしょ。スーツ買ってあげる」

いきなり、朋美おばさんがそんなことを言い出しました。ぼくは「そんなの悪いよ」と遠慮しましたが、叔母さんは有無を言わせません。

「グズグズ言わないの。ほら、ついてきて」

バイトの休憩時間、ぼくは半ば強引に紳士服売り場に連れていかれました。

天気の悪い平日の午後でしたから、売り場にお客様は一人もいません。朋美おばさんは何を思ったのか、ぼくといっしょに試着室に入ってきました。

ポケットからメジャーをとり出し、叔母さんは言いました。

「ついでだから、あたしが採寸してあげる」

高級デパートですから、試着室も多少ゆったりしてはいるものの、やはり密室に叔母さんと二人きり、しかもかなり接近しています。

ふんわりと甘い体臭が鼻をくすぐり、一瞬ですが叔母さんの体がぼくに密着し、豊かなおっぱいの弾力がはっきりと感じられたりもします。

ヒップサイズを測るときには、なんと朋美おばさんが床に跪いて、ぼくの股間のすぐ前に顔が来るのです。

こ、このシチュエーション、ヤバいっ……マジでムラムラするっ。

抑えろ抑えろと思うほど、ぼくの下半身は勝手に熱くなり、ジュニアがギンギンに大きくなってきてしまいます。

とうとう朋美おばさんの手が、ぼくの股下を測るために下半身にふれます。

ぼくは思わず、「うっ！」と声を洩らしてしまいました。

はいていたのは薄手のスラックスでしたから、中でぼくのモノが思いきり勃起しているのはまるわかりでした。

怒られるか、それとも蔑まれるか。ぼくは叔母さんの最悪の反応を予想して身構えました。子どものころからずっと優しくしてくれた美しい叔母との関係も、一巻の終わりか。

しかし朋美おばさんは、一瞬驚いて目を見張っただけで、悲鳴も、罵声も発しませんでした。ただくすっと笑って、ぼくの硬くなった部分を指でつんつんするのです。

「こら。なにヘンなとこ大きくしてんの。溜めすぎじゃない？」

ああ、よかった。朋美おばさん、怒ってないんだ。ほっとすると同時に、何もかも受け入れてくれそうなあこがれのひとに、ぼくは反射的に、思いを打ち明けていました。

「叔母さん……ぼく、ずっと叔母さんのこと、好きだったんだ。つまり、その、女性として、ずっと見てた」

朋美おばさんは、柔和だけど、ちょっとエッチな感じの微笑を浮かべました。

「気づいてたわよ……あたしも、慶くんのことちょっぴりそういう目で見てたかな。こんな年上の女に、慶くんみたいなかわいい男の子が本気になってくれるなんて、けっこううれしいかも」

言いながら、朋美おばさんは、ぼくの股間の昂りをソフトになでさすります。

「ああ……叔母さん。ダメだよ、こんなところで」

「だって、こんなになっちゃったらお仕事できないでしょ。一回出しちゃお」

朋美おばさんは、ぼくのズボンのファスナーをおろし、カチカチになったぼくのバナナをつかみ出します。

「まあ。おちびちゃんのころにお風呂で見たおち○ちんとは大違いね。青筋立てちゃって、すっかり大人……」

「ヤバいよ叔母さん……人が来ちゃう……」

思いがけない朋美おばさんの大胆な行動に、ぼくはハラハラしていましたが、アソコはぼくの感情とは正反対に、ますますビンビンになっていくのです。

「だいじょうぶよ。この時間はガラガラの閑古鳥だから……ん……」

朋美おばさんは、舌を出してチロチロ、レロレロとぼくのバナナの先端を舐め回しはじめました。

ああ、嘘だろ……子どものころから大好きだった叔母さんが、ぼくのち○こを舐めてくれてる……き、気持ちよすぎるっ。

ぼくは自分の口を手で押さえて、喘ぎ声が洩れそうになるのを懸命にこらえました。

それほど、朋美おばさんのベロテクは巧みだったのです。さすが、経験豊かな熟女は違います。考えてみれば、若いころから美人でプロポーション抜群だったひとです。セックスの体験もテクニックも人一倍積んでいるのでしょう。

昼日中、しかもバイト先で叔母さんにフェラしてもらっている。それだけで、経験にとぼしいぼくは精子を吹きこぼしてしまいそうでした。

「お、叔母さん……ほ、ほんとに出ちゃうよ……」

ささやき声で訴えるぼくに、朋美おばさんはいままで見たこともないメス丸出しの淫らな目つきで答えました。

「ふふっ、出しちゃっていいわよ……お口の中にピュッピュッて。あちこち飛ばして試着室汚したらたいへんでしょ」

そう言うと朋美おばさんは、ぼくのモノを口いっぱいに頰張ると、すごい勢いで口ピストンしてくるのです。

ぬめぬめと舌を亀頭に絡ませながら、形のいい唇がサオ全体を激しく摩擦します。同時にしっとりした指先で、こしょこしょとタマタマをくすぐります。

こんな刺激に、長く耐えられるわけもありません。

「ううううっ！」

ぼくはたちまち、口の中で果ててしまいました。朋美おばさんはいやな顔もせず、ぶちまけられた大量の精液を最後まで受け止め、ごっくんしてくれました。

「うふふ、いっぱい出たねえ。男の子のミルク、ひさしぶりに飲んじゃった。さっぱりした？」

「は、はい……」

まだ少し余韻にぼんやりしているぼくの耳元に、朋美おばさんはなまめかしくささやきました。

「今日は帰りに、ちょっと寄り道しようね。もっと気持ちいいこと、してあげる」

その日、ぼくはいつものように朋美おばさんの運転する車に乗り込み、バイト先のデパートをあとにしました。

いつもと違っていたのは、叔母さんが車を少し変わった道に入れ、どんどん町はずれに走らせたことでした。

ど、どこに行くんだろう？　やっぱり、ラブホかな……。

ところが、叔母さんが車を止めたのは、山際にあるつぶれたラーメン屋の駐車場でした。すでにとっぷりと日は暮れ、周囲には民家一軒ないため真っ暗です。主要な街道からもはずれているので、通る車もほとんどありません。灯りといえば、一台だけとり残されたような自動販売機がぼんやりと放つ弱々しい光だけでした。

困惑して、ぼくは思わず尋ねました。

「あの……ここって……」

「ゴメンね、ムードのない場所で。でもホテルによるとすごく遠回りになって、帰りが遅くなっちゃうでしょ。うちの子たちにバレると……ね？　車の中で、しちゃお？それとも、こんな場所じゃ気分出ない？」

朋美おばさんはゆっくりとぼくに体を寄せて、唇を重ねてきました。

ぽってりした甘い唇がいやらしくうごめき、舌がぼくの口の中にぬるりと入ってきます。

「んん……んん……っ」

叔母さんのせつなげな鼻息がかすかに洩れて、ぼくもゾクゾクしてきます。

うう、朋美おばさんとディープキスしてるんだ、ぼく……キスってこんなに気持ちいいんだ……。

ぼくの手は勝手に、叔母さんの豊かな胸へと伸びていました。服の上からたわわな乳房をそっともみしだくと、絡め合っている唇のすき間から、悩ましい声がこぼれます。

「ん……あんっ……んふぅ……」

ぼくはもう我慢できませんでした。慣れない手つきで、叔母さんのブラウスのボタンをはずします。すぐに、クリーム色のブラジャーに包まれた、朋美おばさんの大きなおっぱいが眼前に現れます。

未経験のぼくに、器用にブラを脱がせるなんてまねはできるはずもなく、ぼくは力まかせにそのブラを上にずり上げ、ずっと前から見たかった裸の乳房を露出させました。

それこそムードもへったくれもない荒々しいやり方でしたが、朋美おばさんはむしろ興奮したように息を弾ませるのです。

「ああん、そんなに乱暴にして……でもいいわ。慶くんのしたいようにして……」

ぼくは欲望のおもむくまま、朋美おばさんのずっしりとたわわなバストを両手でもてあそびます。そしてすぐにツンと硬くなってくる乳首の先を、舌先でちろちろと味見してみます。

「ひゃ……あんっ。とってもいいわ、慶くん。あたしの体、好きにしていいのよ」

ひとしきり巨乳をおもちゃにすると、ぼくの関心はやがて下半身へと移っていきました。

ぼくはそろそろと叔母さんのスカートをまくり上げ、暗がりの中でむちむちの太腿をなで回します。

「あ……そこもいじってくれるの？　うれしいけど、ちょっと恥ずかしいわ」

少しはにかみながらも、朋美おばさんは運転席の背もたれを倒して、ゆっくりと脚を開いてくれました。

ぼくは固唾を呑んで、太腿の奥のショーツに手をふれます。そこはもうしっとりと湿って、熱を帯びていました。

「はあ……ああ、慶くん、じかに、じかにさわって……」

朋美おばさんは息を荒げながら、自分からショーツを脱いでしまいます。

いつも穏やかな叔母さんが、こんなに興奮して……ぼくもまた胸を高鳴らせて、朋美おばさんの股間へと手を差し入れました。

もじゃもじゃの陰毛から、手探りであの割れ目を探ります。ぬとっ、と粘液にまみれた柔らかな感触がありました。照明がないので目ではほとんど見えませんが、それが女のひとのアレだということはわかりました。

こ、これが……朋美おばさんのおま○こなんだ……。

おそるおそる、手探りでぼくは初めての女性自身をいじくります。ぷっくりした縦割れの唇をかき分けて、その奥へと指を差し込んでいくと、とろりと濡れた朋美おばさんのそこは、きゅっと指を締めつけてきます。

「あっああっ、そっ、そうよ……ああん、すごい、とってもいいっ。あんっ、そこっ。その奥、コリコリってしてっ……すっごく感じちゃうっ」

ぼくのおぼつかない指使いでも、叔母さんはすごく敏感に反応してくれます。狭い車内でできる限りお股を大きく開いて、全身をくねくねとうねらせていやらしい声をあげつづけます。

あの朋美おばさんが、こんなに乱れて、恥ずかしい様をさらして……その姿の日常とのギャップに、ぼくの股間は昼間以上にビッキビキに勃起していました。

叔母さんはすぐに、ぼくの様子に気づいたようです。

「慶くんも、もう大きくなっちゃってる……？　見せて」

とろんとした目つきのまま、叔母さんはぼくのズボンを脱がせます。

すでにヘソにくっつきそうな角度で隆起しきっているソレを、朋美おばさんは、頼もしそうに握ってきます。

「ああ、もうこんなにピンピン……苦しいよね。もう、入れちゃおっか……ね？」

ぼくの返事も待たず、朋美おばさんはぼくの上に跨ってきました。

「まかせてね……ほら、おま○こに入っちゃうよ。んっ……はぁあ……」

少しハミ出した陰唇が、ぬるん、とぼくのち○ちんを先っぽから呑み込んでいきます。手はもちろん、お口ともまるで違う、ぬめった熱い粘膜に包まれるあまりの心地よさに、ぼくはたまらず「うああっ」とだらしない声をあげてしまいました。

「うふ、おま○こ、気持ちいいでしょ？　ああ、どんどん入っちゃう……んんーっ！」

朋美おばさんも喘ぎながら、じっくりと腰を落としていくのです。痛いほど勃起して過敏になっているぼくのペニスは、ほどなく根元まで叔母さんの膣の中に埋まってしまいました。

「ああ、奥まで入っちゃった。慶くんの、カチカチですごい……ああ、いい気持ちぃ」

ぼくの下半身に跨った朋美おばさんは、ぎゅっと眉根を寄せて、淫らにささやきます。

「ぼ、ぼくも、ああ……ち○ちん気持ちよすぎてたまんないよ。うう……」

「こうすると、もっとイイから……ほら、ほらっ」

朋美おばさんは、シートの背もたれに手を突っ張りながら、ぐいぐいとお尻をうごめかせはじめました。

アソコの中で結合した粘膜と粘膜がこすれて、快感がさらに倍増します。

「ああ、あーっ、これ、すごいよお。ぼく、叔母さんとセックスしちゃってるんだね」

「んひぃぃーっ！　そっ、そうよ……これがセックスよ。あっ、あたしも、これ、とろけちゃうっ！　若くてビンビンのち○ちん、子宮の入り口まで届いてるうっ！　好きぃ……おま○こ大好きぃっ！」

ぼくの上で大股を開いてごりごり逆ピストンをしている朋美おばさん……今日だけでさまざまな痴態を見せてくれていますが、いまのこれは究極のいやらしさでした。口からヨダレの糸を垂らし、おっぱいをたぷたぷ揺らしながら、夢中で腰を動かしている姿は発情したメスそのものでした。

しかもここは、いつも通勤や買い物に使っている軽ワゴン車の助手席です。その場所で、叔母さんがこんなに我を忘れて……ぐちゅぐちゅと卑猥な音を立てて、その腰使いはますます加速します。

「あはぁっ！　あはぁっ！　やだ、どうしよ、ぐりぐり止まんない……ああイキそう……慶くんのち○ちんでイッちゃう……あぁ〜、イクぅ〜、イクぅ〜」

うわごとのようにつぶやきながら、朋美おばさんはますます髪を振り乱してお尻をぼくの下半身にこすりつけてきます。

同時に、ぼくのペニスを咥え込んでいる膣はどんどん圧迫を強めていくのです。絶え間なく加えられる刺激に、ただでさえ経験のないぼくのペニスも、限界が迫っていました。精液が、放出を求めて煮えたぎっています。

「お、おばさんっ……そんなにされたら、ぼくももう……っ！　出ちゃうっ！」

「うん、いいわっ。いっしょに……いっしょにイッて……おま○この奥にドクドク出して」

朋美おばさんはぼくにしがみつき、最後にひときわ膣を締め上げ、腰骨を荒々しく衝き動かしました。

この猛烈な快楽に、ぼくはもう耐えられませんでした。

「ああーっ、でっ、出るぅっ！」

「いいわぁっ！　イッて、慶くん！　中でイッてぇっ！　あたしも、あたしもイクからっ！　くうぅぅんっ！　イック……ぅうっ！」

朋美おばさんは小さく叫ぶと、がっくりと脱力しました。膣肉がわなわなと痙攣して、その最後の刺激が、ぼくの精液袋を開放してしまいます。白濁が噴水のように迸って、叔母さんの子宮をびたびたに満たしていきました……。


こうして、ぼくの禁断の初体験は終わりました。

その夜、ぼくたちは何事もなかったように叔母さんの家に戻りました。ぼくたちの関係を怪しむ人は誰もいませんでした。

でも、その夜以降、朋美おばさんは何かのタガがはずれたように、ぼくとの淫行を求めるようになりました。

さすがに家族が同居している家の中では控えていましたが、家を一歩出るや、バイト先のデパートにいく途中でおしゃぶりをしたがるし、デパートの倉庫でスカートをめくり上げて挿入をおねだりしてくることもありました。

ぼくも意志が弱く、求められるままに奮い立ったモノを差し出してしまいます。

もちろん休日ともなれば、お互いの家族の目を盗んでラブホテルにしけ込み、たっぷりとお互いの体を味わい尽くしました。

やがて休暇が終わって大学に戻ったぼくですが、いまは叔母さんとの快楽のために地元就職を真剣に考えています。

amateur confession

趣味仲間の息子にアプローチされた私はとまどいつつもアソコを濡らしてしまい

飯森頼子　主婦・四十八歳

娘が大学に入り、ひとり暮らしを始めたのを機に、私は地域の合唱サークルに参加しました。高校生のとき合唱部だったので、昔とった杵柄（きねづか）を狙ったのですが、声圧の衰えよりも、現代のテキストソングへのとまどいのほうが大きかったのが意外でした。

そこで近所に住む同い年の友だちができました。彼女も主婦で、大学生の息子さんが一人。年代的に共通の話題も多く、とても気が合って、練習が終わるとしょっちゅう互いの家に行き来するようになりました。

息子さんはときどき家にいて、よく顔を合わせたのですが、さわやかな笑顔で挨拶してくれる礼儀正しい男の子でした。息子ってこんなにかわいいんだ、と思ったものです。そんなまぶしい年齢の男の子に接することがなかったので、妙にドキドキするようになっていました。

ある日、街にお買い物に出ているとき、その息子さん、翔太君に声をかけられたのです。

「あら、どうしたの？」

「そこのお店でバイトしてるんです。シフトを書いてきたんですよ」

お互いに時間があったので、近くのコーヒーショップに寄り、そこでアドレスを交換しました。

「恥ずかしいから母には言わないでもらえますか」

いけない秘密を共有できたみたいで、年がいもなくときめきを覚えたものでした。メールで会話するうちに、自然と距離が縮まっていきました。話を仕かけるのは双方同じぐらいで、どちらかが一方的ということはありませんでした。

そのうち、ときどき食事もするようになりました。翔太君のお母さんやその知り合いに出会う可能性もあり、なんとなくびくびくと声をひそめ合う、そんな無邪気な関係がしばらく続きました。

結婚以来、こんな気持ちになったのは初めてで、内心で舞い上がっていました。寒い時期ではなかったので、翔太君と会える日はノースリーブなどの露出の多いものを着て、下着まで新しいものを身に着けるようになっていました。

ですがこの時点で、まだ男女の関係がどうこうとは考えていませんでした。

その日も、膝上丈の紺の薄手のワンピースを着ていました。

「ぼく、同い年ぐらいの女性にはあんまり興味がないんです」

駅地下のコーヒーショップでお茶をしながら、翔太君は思いつめた声でそんなことを言いました。人通りの多い場所柄でしたが、お店の隅の、前が壁になっている小さなカウンターに並んで腰かけていたので、どこからも死角になっていました。

そうして驚いたことに、テーブルの上の私の手に、翔太君は自分の手を重ねてきたのです。

「え、ちょっと、何するの」

年下の異性に注意する口調でしたが、私の心臓が跳ね上がったのも無理のないことです。非難の声ながら、私は手を引きませんでした。

「翔太君、冗談が過ぎるわよ。私はあなたのお母さんと同い年なのに」

苦笑交じりの声とは裏腹に、顔が熱くなるのがわかりました。

大学生の娘がいる歳なのに、まるで異性から告白を受けてとまどう女子中学生のようにドキドキしていました。

「おばさん……頼子さん……」

翔太君は初めて私を下の名前で呼び、下からも手を添えました。私の手をサンドイッチにして、下の指で、私の手のひらをそっとなでてきました。

顔だけでなく、全身の血が逆流したように熱くなっていました。恥ずかしいことに、もぞもぞ動いたときに股間がジュッと濡れているのを感じました。

「頼子さん……言っても怒らないですか?」

この状況で小さな子どものようなことを言い、本物の失笑が洩れました。

「なんなの?」

「ぼく、頼子さんのことが、女の子として、好きみたいなんです」

女の子などと言われたのは、それこそ三十年も前のことです。

カウンターの椅子は緩いカーブを描いた木製の一枚づくりで、私はそこに浅く腰かけていました。

なんと、翔太君は背もたれと私の間に手を入れ、私の背中とお尻に手をふれてきたのです。椅子に座っているのでお尻をわしづかみにされたわけではありませんが、お尻の三分の一ほどを、彼の手がなでてきました。

「ちょっ、ちょっと……誰かに見られたら……」

男の子のオイタを注意するのではなく、そんなことを口走っていました。誰かに見られたら、まして知り合いにでも見られたらとそれを先に思ったのです。

「大丈夫です。ここ、どこからも死角でしょ？　ここにカップルとかが座ったら店員が怪しむんだけど、ぼくたちは親子にしか見えないから」

おそるおそるレジカウンターを見ると、たしかに店員たちはこちらには注意を向けていませんでした。同時に、さきほどとは別種の失笑が洩れました。

「……親子に見えるほど年が離れてる女性に、何をしているのよ」

「だから、ぼくにはかわいい女の子なんです。頼子さん、ちょっとだけ、お尻を浮かせてください」

着座姿勢を直すように、ほんの少しだけお尻を浮かせました。するとすかさず、翔太君の手のひらが私のお尻の真下に来たのです。

「こらぁ、重くて手がつぶれちゃうわよ」

「でも、やわらかいです。ああ、頼子さんのお尻……」

上半身の重みを片手のひらに受けているのに、翔太君は自在に指を曲げ、私のお尻を真下からもんできました。そんなところを主人以外の男性にふれられるのは、結婚以来二十年ぶりでした。

「こっち、頼子さんのあそこですよね」

中指を伸ばしたらしく、長い指が私の股間近くまで届き、下からもぞもぞと動いてきました。

「ダメよ、もうダメ。いけないわ」

私は少々強めに言い、お尻の下から翔太君の手を出させました。大人の分別が働いたのではありません。おかしな声が出てしまいそうになったからです。

次に翔太君は私の胸にふれてきました。

ワンピースとブラジャーの上からですが、少年の大きな手が、私の乳房をしっぽりと包んできました。私は思わず、長く湿った息を洩らしてしまいました。そのまま実にソフトな動きで、私の乳房をもんできました。

「頼子さんのおっぱい、やわらかい。すごく大きいです」

翔太君はいつの間にか顔を近づけ、そんなことをささやきました。

乳房から手を離すと、ワンピースのすそから出たふとももに、手のひらをのせてきました。そのままゆっくりとワンピースの中に侵入していくのがわかりました。

「頼子さん、キスしてください」

耳元でささやかれ、ぶるっと震えが起きました。

「ダメよ、ほんとに誰かに見られたら——」

最後まで言えませんでした。翔太君の唇が、私の口をふさいだのです。一線を越えたと思い、緊張で息まで止まっていました。

かっこよくてさわやかな青年だとは思っていました。こんなオバサンにも親切で、デートらしいことをするようになる前から、憎からず思われているだろうことにも気づいてました。しかし、現実にまさかキスまでするとは思っていなかったのです。

重なった唇をもぞもぞ動かしていると、ワンピースのすそに入った翔太君の手が、私の下着に届きました。

下着の上から性器をふれられると、まちがいなく大きな声が洩れてしまう。そう思った私は、唇を離し、翔太君の手をつかんでワンピースから出させました。

「やめなさい」

レジを見ると、店員さんたちはやはり私たちに注意を払っていませんでした。

股間からは、おしっことは違う淫らなお汁が大量に洩れていました。外出先でこんなに下着を洩らしたのは、生まれて初めてだったかもしれません。

「……このあと、時間あるの？」

低い声で翔太君に聞きました。「はい」と翔太君は短く答えました。

「私の家に来る？」

と世間話のように問いかけ、そしてほとんど口の形だけで、「家には誰もいないわ」とつけ加えました。翔太君は小さく二度首を縦に振りました。大胆な痴漢ごっこをしたわりに、彼も緊張しているのがわかり、ちょっと安心したのを覚えています。

歩いて数分の距離でしたが、二人とも無言でした。主人と婚約していたころ、何度かラブホテルというものを使いましたが、そこに行く緊張感と淫らな期待を二十年ぶりに思い出していました。

「お邪魔します……」

私に続いて自宅の玄関を入ると、翔太君は小声で言いました。小さかった娘の友だちが遊びにきていたころを思い出し、なぜか、ふっと笑みがこぼれました。

外出先から帰宅すると、自宅の匂いで安心できるのに、私もひどく緊張していました。なんとなく、自分の家が私を歓迎してくれていないような気がしたものです。

まっすぐ寝室に向かいました。

主人とはほとんどレスでしたが、たまーに行為をすることがあったので、シングルのベッドを二つくっつけていました。

「こっちが、私のベッドよ――」

また言い終えることができませんでした。いきなり翔太君が抱きついてきたのです。

「ああっ！　頼子さんっ、大好きですっ。ずっと、抱いてみたかったんだ」

感極まった声で、翔太君が上から高くて大きな声を出しました。

それは私も同じでした。オバサン目線で「いいわね」と遠巻きにあこがれるだけだったイケメンの青年に、渾身の力で抱き締められているのです。それだけで頭の中が真っ白になっていました。昇天しそうな幸福感に満たされたのです。

全身からふっと力が抜け、膝から崩れそうになりました。

頼もしい腕に抱きかかえられ、そのまま顔をぶつけるようにキスをされました。

息を荒げたまま翔太君が私を一瞬離し、信じられないぐらいの速さで服を脱いでいきました。知り合いの男の子が目の前でみるみる裸になっていく様子が強烈に印象に残っています。

股間にまだ薄い陰毛の生えたペニスを見たとき、主人以外のそんなものを見たのが久しぶりだったので、それだけでなんだかすごく得をしたような気持ちになりました。

翔太君は襲いかかるように私の背中に手を回し、ワンピースのボタンをはずしていきました。

「ああ……頼子さんの服を脱がせる日が来るなんて」

翔太君も、思いつめた赤い顔に至福の表情を浮かべていました。

ワンピースがすとんと落ちると、ブラジャーとパンティだけになりました。レーシーでエレガントなものを選んでいましたが、今日こんなことになるのなら、もっともっとセクシーなものを身に着けていればよかったと思ったものです。

私は膝を重ねてX脚になり、肩もすくめて胸を両手でかばっていました。

翔太君はまた抱きつくように背中に手を回して、ブラジャーのホックをはずしました。カップは前に倒れ、翔太君は指でつまむと、ポイとベッドに捨てました。

「ああ、恥ずかしい……」

「頼子さん、ぼくのものになってください」

かすれた高い声で言い、おおいかぶさるように抱きついてきました。小さな声なのに妙なすごみがありました。

翔太君は掛けシーツをめくると、私をベッドに放り投げました。

一瞬の間もなく、上に翔太君がのしかかってきました。

「ああっ、頼子さんっ、頼子さんっ！」

息もできないほど強く抱き締められました。

また顔をぶつけるように激しくキスをされました。前歯が当たり、カチッと音がしたのを覚えています。

翔太君は体をずるずると下げ、飢えた動物のようにむしゃぶりついてきました。

「あああ、翔太君、激しすぎるわ……！」

ずるずるっ、ぴちゃぴちゃっ、ちゅぷっちゅぷっと、結婚前を含めても、乳房を舐められるときにこんなに浅ましい音は聞いたことがありませんでした。

見慣れている寝室の天井を見上げながら、非日常感に目がくらみそうになっていました。いつものベッドなのに、夫ではなく脂肪が少なく筋骨の逞しい青年が私にのしかかっているのです。

翔太君は体を下げ、白いパンティをはいたままの私の股間を見つめていました。

「ああ、見ないで……」

まだ脱がされてもいないのにそんな言葉が洩れました。アソコがじっとりと濡れているのが傍目にもわかったはずだからです。

「頼子さん、パンティ、べちょべちょ」

翔太君に言われると、誰よりも恥ずかしかったです。私は両手で顔をおおっていました。まるで初体験を前にした女子学生のような気分でした。

腰ゴムに手をかけられ、ゆっくりと脱がされていきました。心は恥ずかしさでいっぱいなのに、夫とのセックスの経験から、反射的にお尻を浮かせ、脱がすのに協力していました。

「これが、頼子さんのオマ〇コ……きれいです」

その日、いちばん恥ずかしかった言葉でした。顔が爆発するぐらい熱くなりました。

「頼子さん、もう少し、足を広げてください」

一秒も見られたくない気持ちと、ずっと見続けてほしい気持ちが混在していました。とっくに四十歳を過ぎているのに、乙女のような切ない気持ちでした。

「ああっ……ああんっ、しょ……翔太君！」

翔太君が私の性器に口をつけると、私は顎を出し、高い声をあげました。

また、ぴちゃぴちゃっ、じゅるじゅるっといやらしい音が私の股間から聞こえてきました。私は両手で翔太君の頭を包み、はしたない声をあげながらも、男子にしては艶(つや)やかな髪をそっとなでていました。

「おいしかった。頼子さんのアソコのエッチなお汁」

満足げな声で、わざわざそんなことを言い、再び上半身をかぶせてきました。

「ぼくがエッチなことを迫ったから、こんなに濡らしてくれてるの？」

そんなことを聞いてくるのです。私はすねたように顔をそらし、目を閉じて「そうよ」と短く答えました。

うっ、と私は声を洩らして、また顎を出しました。鋭敏になっている性器に、強い刺激が走ったのです。翔太君がペニスの先を、私に当てたのでした。

「頼子さん、入れます……」

来て、と私は目を閉じ、ほとんど口の形だけで答えました。

既婚者なのに、配偶者以外の性器を受け入れている、性器を貫いてくるなまなましい実感に、全身の毛穴が開くほど慄(おのの)いていました。

主人のモノではない男性器が入ってくるのが、膣の感覚でわかりました。

ずんと硬いペニスが子宮口を突くと、私は肩をすくめ、強く顎を出しました。

ゆっくり目を開けると、真上に翔太君の顔がありました。同い年の主婦の友だちに似たイケメンの青年の顔です。

不意に仲のいいその友だちの顔が浮かび、すさまじい背徳感にとらわれました。友だちを裏切り、大事な息子と合体していると思うと、文字どおり背筋がぶるっと震えました。

「頼子さん、ぼくたち、完全にくっついてる……」

翔太君の声も泣き出すのかと思うぐらい震えていました。

「ああ、こんなことになるなんて……」

と私が言うと、翔太君は不安そうに眉根を寄せました。

「ごめん、頼子さん……おばさん、後悔してる？」

「ううん」

私は小さく首を横に振り、控えめな笑みを浮かべました。

「逆よ。私も、すごくうれしいの。こんなに年が離れてるのに、かっこいい翔太君と愛し合えてるんだもの」

「ああ、頼子さん……！」

そのまま倒れ込むようにして翔太君は抱きついてきました。

性器を結合させたまま、私たちは激しく互いの裸体を両手でむさぼり合いました。

この家の寝室でこんなにも性的に燃えたのは初めてでした。

「ああ、翔太君、突いてるわ……もっと、もっと来て！　おばさん、大丈夫だから」

ピストン運動を始めると、私は年上女性としての口調も混ざり、おかしな言い方になっていました。

「これ、想像じゃないんだね。おばさんと……頼子さんと、セックスしてるんだね」

上下に揺れながら、翔太君も声をかすれさせつつ、不思議そうに言いました。

「そうよ。私、あなたのお母さんを裏切って、大切な息子のあなたと、不倫セックスしてるのっ！」

私もピストン運動に声を割らせつつ、そんなことを絶叫していました。

「でも、ぼく、頼子さんとのこと、お母さんに自慢したいぐらいなんだ」

「だめっ、だめよっ。私たちのことは、誰にも知られてはいけないのっ！」

翔太君は激しく腰を振りつつ、両手の指をいっぱいに広げて私の乳房をつかんできました。指の間から乳房の肉がこぼれていました。痛みを覚えるほどの力でしたが、私も感極まっていて、男性のそんな力も快感になっていました。

「よっ……頼子さんっ！　出るっ！」

端正な顔を泣き出しそうにゆがめ、翔太君は短く叫びました。

「いいわっ、来てっ！　たくさん、出してっ！」

そんな言葉を口にしたのは、ずいぶん久しぶりでした。

翔太君が顔をしかめ、腹の底から声を出すと、膣奥に熱いほとばしりを感じました。主人の力ない射精とはちがい、まるで膣奥を銃で撃たれたような熱と衝撃でした。

これで完全に翔太君と結ばれた、そう思い、何年も感じたことのない多幸感に満たされ、頭の中がまた真っ白になりました。

「ああ、おばさんと……頼子さんとセックスしたんだ、ぼく」

翔太君の顔にも、射精後の男性特有の満足げな表情が浮かんでいました。主人も最初はこんな顔をしていましたが、最近では、ひと仕事終えてやれやれという顔になっていました。

翔太君は体を倒してきて、息ができなくなるほど強く抱き締めてきました。

「頼子さんとセックスできたんだ。もう死んでもいいっ！」

「私もよっ！　もうどうなってもいいぐらい！」

汗ばんだ背中を二人とも激しくまさぐり合いました。

背中を両手で持ち上げられたかと思うと、抱き合って性器がつながったまま、クルリと上下逆にされてしまいました。翔太君が下、私が上になったのです。

「ああ、頼子さんの重さが、気持ちいい……」

重いと言われてうれしい女性はいないでしょうが、そのときは逆でした。できるだけ体の重みを、二十歳に満たない逞しい男性の体に押しつけました。

「ああっ、やあんっ！」

射精を終えているのに、翔太君はなおもピストン運動をしてきて、私は少女のような情けない声をあげてしまいました。

「しょっ……翔太君、まだ、できるの？」

大昔、主人と観たアダルトビデオのような言葉を口にしていました。

「うん。でも、これより……頼子さん、ちょっと抜くよ」

翔太君は結合を解き、一瞬で私から離れました。うつ伏せになった私の背後に回って、お尻を両手で高く持ち上げたのです。

「うわあ、頼子さんのお尻の穴だ……」

からかう口調ではありませんでしたが、顔から火が出るぐらい恥ずかしかったです。

「頼子さん、また、お願いします」

思いつめた口調で妙な宣言をしてから、翔太君は私をバックで犯してきました。

「ああっ、きっ……気持ちいいっ！　翔太君っ、翔太君っ！」

……いまこの手記を書きながらも、パンティの奥がしっとり濡れています。

あれから二カ月。私たちは秘密の歳の差不倫を楽しんでいます。

翔太君のお母さんと合唱部で語り合うとき、言いようのない背徳感と罪悪感と優越感を覚えるのです。

将来はともかく、私はいま、とても幸せです。

第四章 満たされぬ淫唇が肉棒を呑込み

ボランティア活動で知り合った熟女たちぼくの部屋で一糸まとわぬ姿になり……

谷本良平　アルバイト・二十六歳

入社三年目で会社を辞めました。上司のパワハラが原因で、辞めてからもしばらくは落ち込む日々が続いていました。

そのせいで恋人も去ってしまい、気持ちは沈むばかりでした。

アルバイト生活をしながら求職活動をしていますが、自信のなさが顔に出てしまうせいか面接も落とされまくりで、ますます自信を失うという悪循環に陥(おちい)っていました。

だんだんと、ひとり暮らしのアパートにこもりがちになりました。

もともと内気な性格なので彼女以外の交友関係もなかったし、趣味もありません。

遠い故郷の親には心配をかけたくなくて、退職したことすら話していませんでした。

自分のことなど誰も必要としていないのだと自暴自棄になってみたり、このままじゃいけないと思い直してみたり、毎日悩んでいました。

そんなとき、ネットの掲示板でふと目にしたのが、ボランティア活動をする人たちの書き込みでした。

集合写真に写る人たちはみんな、清々しい笑顔に見えました。それを見て、参加してみたくなったのです。

社会貢献することで自信が持てるかもしれないし、利害関係のない人たちと接することで、気負わずに社交性を身につけられるかもしれないと思いました。

まずは、初心者にもハードルが低そうなゴミ拾いに参加することにしました。

申し込みをして、決められた集合場所に行ってみると、老若男女二十人近くの人が集まってきました。

見知らぬ人の輪に入るのは、初日こそ緊張しましたが、すぐに慣れていきました。

ボランティアをするだけあって、心に余裕のあるおおらかな人が多いように思えました。人に対する警戒心がなくなって、少しずつ明るい気持ちになっていったのです。

最初のころはゴミを集めるのに必死でしたが、何度か参加するうちに、よく顔を合わせていた二人のおばさんと会話をするようになりました。

二人は、ふと気づくと必ずと言っていいほどぼくの近くにいました。

腰を曲げてトングを伸ばした目の前に二人の突き出したお尻があったり、前屈みになったTシャツの胸元から谷間がのぞいていたりということがたびたびあったので印象に残っていたのです。

カヨさんとトモ子さんは友人同士だそうで、そのチームでは古株らしく、まとめ役も担っていました。ほかにもいろいろなボランティアに参加しているという二人は、話題も豊富で会話をするのが楽しみになっていきました。

精力的に活動をしているせいか、五十歳にしては若々しく見えましたが、ときには母親のような包容力も感じました。就職活動でめげそうになったときにも、幾度となく励まされたのです。

ほかにも若い男はいましたが、二人から見るとぼくはいまどき珍しいくらい素直でかわいらしいとのことでした。

都会育ちの男に比べて幼く見られることも多かったし、ほめられるとすぐに顔を赤くしてしまうからかもしれません。

自分でも気づきませんでしたが、おばさんウケがいいみたいです。

あの日も一時間ほどの作業を終えて、心地よい疲れを覚えながら帰り支度をしていました。

「あたしたちの推しだけあって、毎回よくがんばるわね。今日はこのあと何か予定あるの？」

話しかけてきたのはトモ子さんでした。色白でふっくらとした体形のせいか、彼女を見ているだけで安心感に包まれます。

彼女と話していると、カヨさんも近づいてきました。

カヨさんは年齢のわりにスラッとしていて、美人の部類です。カヨさんからはときどき耳の痛いことも言われましたが、母親の小言にも似てイヤな気はしませんでした。

「今日はもう帰るだけです」と答えると、カヨさんがぼくのひたいに流れていた汗をハンカチでぬぐいながら言いました。

「あら、ちょっと！　顔色が悪いんじゃない？　ちゃんと食べているの？」

確かにその日は午前中からとても蒸し暑かったため、途中で何度かめまいを覚えました。年上女性の洞察力には感心するばかりです。

トモ子さんは、水筒のお茶をぼくに差し出しながら言いました。

「何か作って、食べさせたくなっちゃうわ。今日は私たちもこのあとフリーなの」

もらったお茶を飲み干していると、カヨさんも相づちを打ちました。

「そうね、なんだか痛々しくて放っておけないわ。私たち、人助けが信条だから」

どう答えてよいのかわからず、あいまいにうなずきながら歩きだすと、二人はおしゃべりをしながらついてきました。

歩きながら、「好きな食べ物は？」とか、「家にお米はあるの？」などいろいろ尋問されて、気づけばぼくのアパートの前までたどり着いていたのです。

「このアパート？　ね、ちょっとだけお邪魔していい？　ご飯を作ってあげたいの」

二人ともひたいに汗を浮かべていて、そのまま帰すのも悪いように思えました。

「え、えっと……狭くてむさくるしいですけど、それでもよかったら……」

玄関の扉を開けると、二人は顔を見合わせてニタッと笑い、中に入ってきました。

二人とも子どもは女しかいないので、男の部屋に興味津々だと言いました。

部屋の中を見回して「思ったよりきれいね」「さぁ、材料は何があるかな」なんて口々に言いながら歩き回っていました。

ぼくは、狭いワンルームに三人分のスペースを作るため、大あわてで部屋のがらくたを隅に追いやっていました。

さびしかった部屋がにぎやかになり、うれしいようなうっとうしいような複雑な気持ちでした。

けれど、あっという間にサラダとオムライスが出来上がり、それがとてもおいしくて、食べ終えたときにはありがたい気持ちでいっぱいになりました。

「いい食べっぷりね〜、男の子は作りがいがあるわ。顔色もよくなったみたい」

二人はぼくの顔をのぞき込んできました。

そんなふうに前屈みになると、カヨさんの胸元からは、やはり谷間が見えました。

彼女は細身のわりに胸が大きいので、胸のサイズに合わせた服を着ると首元が開いてしまうようです。

あわてて目をそらしたとき、カヨさんが「あ！」と声をあげました。彼女が手にしていたのは、ぼくのお気に入りのエロ本でした。

ベッドの下に隠したのに、押し込みすぎて雪崩を起こし、出てきてしまったのです。

「あらあら、こんなところに、いっぱい！　ビデオもあるわよ、すごい量ね！」

ベッドの下をのぞき込みながらカヨさんが言うと、トモ子さんも「どれどれ」なんて言って、ぼくのコレクションを引っぱり出していました。

二人はキャーキャー言いながらエロ本をめくり、挙句の果てにエロ動画も見たいと言い出しました。

「若いんだからあたりまえよ。隠さなくていいわ。私、こういうの見てみたかったの！」

カヨさんが勝手にセットして、テレビ画面にスケベな映像が流れました。

偶然にも彼女が手にしたのは「人妻シリーズ」で、画面には若い男がバブバブ言いながら熟女のおっぱいに吸いつく場面が映し出されていました。

和やかな雰囲気だった部屋の空気が、妖しげなムードに変わりました。

ゴミ拾いで社会貢献する爽やかな自分のイメージが、一気に崩れてしまった気がして恥ずかしくなりました。

二人はそんなぼくにおかまいなしで、食い入るように画面を見つめていました。

ぼくはできるだけ画面を見ないようにしていましたが、見慣れたエロ動画よりも、狭い部屋で肩を並べている熟女二人の存在が気になって仕方ありませんでした。

じっと画面を見つめていたトモ子さんが、ぼそっとつぶやきました。

「こういうのを見ていると、女でもおかしな気分になってくるわね」

カヨさんもうなずいて、両手で胸元をさわりながら答えました。

「それは、私たちがセックスレスだからじゃない？　やだわ、欲求不満なのよ」

カヨさんは、ぼくの股間に視線を移してきました。

「これを見てオナニーしているんでしょ？　いまはどう？　したくならないの？」

そんなことを言われて意識したとたん、股間がむくっと大きくなりはじめてしまいました。二人の視線はいつの間にかテレビではなく、ぼくの股間に集中していました。

「こんなかわいい子がするところ、見てみたいわ。ねえ、ちょっとだけして見せてよ」

カヨさんが言うと、トモ子さんも「うん、うん！」と同調しました。

無理ですよと言おうとしたとき、隣に座っていたトモ子さんが、ぼくの膝をなでてきました。

「ほら、言っている間にズボンの真ん中がふくらんできたわよ。さぁ、脱いで」

ぼくは返事に困って、冗談めかして言いました。

「あ、あの、それならお二人も見せてくださいよ。ぼくだけなんて恥ずかしいです」

当然断るだろうと思ったのです。ところがカヨさんはあっさり、「いいわよ」と言って立ち上がり、カーテンを閉めたのです。

そのままベッドの上に座ると、服を脱ぎはじめました。

「最近誰も見てくれないんだもの。こんな若い子に見てもらえるならうれしいわ」

Tシャツを脱ぐと、ブラジャーからはみ出さんばかりの巨乳が飛び出しました。

それを見ていたトモ子さんも「暑いわね」と言いながら服を脱ぎはじめました。

トモ子さんはさっさとブラジャーまではずして、お椀のような形の小ぶりのおっぱいを見せつけてきました。こげ茶色の乳首はやけにとがっていて、いかにも感度がよさそうに見えました。

ジャージのズボンを脱ぐと、パンティを食い込ませたムチムチの下半身が露になりました。色白のぽっちゃりした体は、どこもかしこも柔らかそうです。

ベッドの上のカヨさんも、ズボンを脱いで下半身をさらけ出し、パンティの中に手を突っ込んでいました。

「エッチなビデオ見てたら濡れてきちゃった……こんな気分になったの久しぶり」

茫然(ぼうぜん)と成り行きを見守っていると、「脱がせてあげる」と、トモ子さんにシャツをむしりとられてしまいました。

狭い密室で、年の離れた男女三人が裸でいるというのは、なんとも奇妙な光景ですが、おばさん二人は臆することなく、そんな雰囲気を愉しんでいるようでした。

ぼくもいつの間にかつられて、トランクスに突っ込んだ手を動かしていました。

五十歳とはいえ、一年以上女っ気のない生活を送っていたぼくには、十分刺激的な裸でした。むしろ、若い女よりも緊張しなくてすんだぶん、体が正直に反応したのだと思います。

画面には、熟女が若い男にフェラをするシーンがアップで映っていました。

トモ子さんはテレビ画面とぼくの股間を交互に見つめながら、パンティの食い込んだ股の部分を自分の指でなでていました。

「あたしも、ベチョベチョになってきちゃった。若い子に見られると興奮するわ」

そう言いながら、ぼくの体にぴったり体を寄せてきて、空いているほうの手をぼくの股間に伸ばしてきたのです。

「あら、こんなに大きくしちゃって！　かわいいわね。どれどれ、見せてごらん」

トランクスから勃起したモノを引っぱり出すと、二人が揃って「わぁ！」と声をあげました。

「すごい、すごい。こんなにそり返るの？　やっぱり若さね」

「ハァン、ため息が出ちゃう……ちょっと、舐めちゃおうかしら」

トモ子さんは自分のアソコをまさぐりながら、ぼくの股間に顔を寄せてきました。びっくりしましたが、壁に追いやられて逃げ場もありません。

唾液を滴らせた長い舌が伸びてきて、べろんと舐め上げられました。爬虫類のようにクネクネ動く舌先は、さらにねっとりと絡みついてきて、勃起はますます激しくなりました。

「カチンコチンね！　アアン、舐めているだけでムラムラするわ」

ぼくのモノにしゃぶりつきながら、トモ子さんはパンティの中に入れた手を激しく動かしはじめました。よほど濡れていたようで、動かすたびに、クチュクチュという湿った音まで聞こえてきました。

ベッドの上に目をやると、カヨさんは全裸になっていて、ベッドのふちに腰かけたまま両脚を広げていました。広げた脚の中心に指を突き立てながら「アッ、アッ」と喘ぎ声をあげていました。

「トモ子さんが尺八するのを見ていたら、あたしも本気になってきちゃった」

もっさり生えた陰毛に縁どられた真っ赤な亀裂が、こちらから丸見えでした。そこに指を出し入れしながら、もう片方の手でおっぱいをもんでいました。

トモ子さんのフェラは激しくなる一方で、ヌルっとした唇が、吸盤のように亀頭に吸いついてきます。

頭を振って上下にこすりながら、ときおりきつく吸ってみたり、優しく舐め上げてきたりと絶妙な力加減で刺激されました。年の功か、フェラのテクニックはなかなかのものです。

「お口の中がいっぱいよ、どんどん大きくなってくる。アハァ、私のこともさわって」

そう言われてこらえきれなくなり、白い肌に手を伸ばしました。

じっとり汗ばんでいるおっぱいが指先にふれ、力のままにもみました。ツンととがった乳首をこねると、いちだんと大きな声で喘ぎながら尻を振っていました。

ゴミ拾いの最中に何度も見せつけられた尻です。服の上から見るよりもだいぶ大きくて、桃のように丸いきれいな形でした。

尻をなでると、指先がふにゃっと沈みました。若い女の硬い尻しかさわったことがなかったので、その柔らかさに衝撃を受けました。さらに手を這わせていくと、ジュクジュク湿った溝に指が挟まれました。

そのまま、ぬめりの奥に指を突っ込みました。

「アアンッ、いいわぁ～、ああ～、もっと奥のほうもかき混ぜて」

トモ子さんが丸い体をよじりながら悶えると、カヨさんの喘ぎ声もひと際大きくなりました。

「ずるいわ、トモ子さんばっかり。ねぇ、こっちに来て、あたしのココもさわって！」

おばさんといえども、二人の女性からそんなに激しく求められれば悪い気はしません。自信がわいてきて、下半身にも力がみなってきました。

這いつくばるようにしてベッドに近づき、カヨさんの開いた脚の間に頭をねじ込みました。それでもトモ子さんは、ぼくの股間から唇を離そうとしません。

フェラをされたまま、カヨさんの赤いワレメに指を突き立てました。カヨさんは、自分の両手でアソコを押し広げながらぼくの指を迎え入れました。

中指がニュルッと吸い込まれるように入ってしまい、奥の柔らかいヒダに締め上げられました。

目の前には、ロケットのように突き出た巨乳が揺れていました。さすがに五十代で垂れ下がってはいましたが、ぼくの顔をおおうほどのド迫力です。

そんな巨乳をさわったことがなかったので、欲望にまかせて手を伸ばしていました。

柔らかなかたまりを握りつぶすようにもみながら、コロンとした乳首に吸いつきました。

「アンッ、アアッン！　乳首は性感帯なの、感じちゃう～、きつく吸っていいのよ」

カヨさんは興奮気味に言って、ぼくに抱きついてきました。顔面をおっぱいで圧し潰されながら、それでも夢中で吸いついていました。

唾液でべとべとになった乳首は、ぼくの舌を弾くような勢いで、口の中でさらに硬くすぼまってきました。

「ウフ～ン、舐めるのがじょうずなのね……そろそろ脚の間も舐めてちょうだい」

カヨさんがぼくの髪を指ですきながら、催促してきました。頭をなでられると、子どもにかえったような気分になり、素直に言いつけに従っていました。

ふっくらと盛り上がった恥骨に鼻先を押しつけながら、ふくらんでいるクリトリスに舌を這わせていると、太腿でムギュッと顔を挟まれました。

なめらかな太腿で両耳をぴったりふさがれて聴覚が奪われると、愛液の匂いと味が一気に濃度を増したように、神経に絡みついてきました。

まるで、頭ごとすっぽり女のアソコに入ってしまったみたいです。

そうしている間もトモ子さんが激しくしゃぶりついてくるので、危うく口の中でイキそうになり、あわてて腰を引きました。

「あら、イキそうなの？　このままお口に出す？　それともアソコに入れてみる？」

トモ子さんが言いながら手でこすり上げてくると、カヨさんもぼくの股間に手を伸ばしてきました。

「まだダメよ。一発目の濃い～やつは、あたしがごっくんするんだから！」

「そんなのずるいわ。あたしのアソコにドバーッって出してもらうのよ」

そんなやりとりを聞きながら、ぼくは、生まれて初めてモテ男の気分にひたっていたのです。どちらでもいいから早く入れさせてくれないかな、そんなふうに思ってウズウズしていました。

オナニーを見せ合うだけだったはずが、興奮は高まるばかりで、そう簡単には終わりそうもありませんでした。

テレビ画面の中では男のモノを挿入された女優が、絶え間ない喘ぎ声を洩らしていました。

「アァ、もう我慢できないわ！　入れて、体がほてっておかしくなりそう」

先に挿入を求めて来たのはカヨさんでした。

ぼくは手を引かれるまま、ベッドの上に這い上がっていました。あおむけに寝かされたその直後、腰にずしっと重みを感じました。

カヨさんが大股開きで乗っかってきて、ぼくの股間にワレメをこすりつけはじめたのです。のぼせたような真っ赤な顔で、だらしなく唇を開いて喘ぐ様子は、ときどきぼくを叱ってくれる彼女とは別人のようでした。

ととのった顔がゆがんでいくのを眺めていると、股間はさらに硬くなりました。

ぼくのモノをしっかりつかんだカヨさんは、腰を浮かせて角度を合わせ、びしょ濡れのワレメを押しつけてきました。

「アアッ、早くここに入れて～、アッ、アッ、ア～ッ！　来て、来てぇ……」

カヨさんが腰を落とした瞬間、亀頭部分がブチュッと呑み込まれていきました。温かく湿った膣の中に包まれて、ぼくも自然と腰を突き上げていました。

そのまま指のようにスンナリ奥まで入るのかと思いましたが、意外にも入り口から少し入ったところがきつくすぼまっていて、亀頭が押し返されました。

「あれ、カヨさんの穴すごくキツイ。痛いですか？」

正直、熟女のアソコはガバガバなのだろうと、勝手なイメージを持っていたので驚きました。

「ハァ、ハァ！　大丈夫、しばらく使っていなかったせいよ。硬いやつでこじ開けて！」

もう一度、今度はカヨさんの腰をしっかりつかんで突き上げました。

すると同時にカヨさんも腰を回転させてきて、その勢いで、根元まで一気にすべり込んでいったのです。

のけぞったカヨさんの全身からは、大粒の汗が噴き出していました。

トモ子さんが物欲しげに、ぼくとカヨさんの結合部分へと顔を寄せてきました。

「どんどん入ってくわ！　カヨさん、三年ぶりくらいよね？　どう？　気持ちイイ？」

「アッハン、いいなんてもんじゃないわ！　すごくおっきいのよ、腰が砕けそうっ！」

カヨさんのアソコの中は、ウネウネと波を打つように動きはじめ、ぼくのモノを摩擦してきました。

腰を振るたび、乳首をとがらせた巨乳が、ボヨンボヨンと弾みながら揺れていました。下からの眺めは最高で、何度もイってしまいそうになってこらえました。

傍らのトモ子さんはパンティを脱ぎ捨て、ぼくの顔に跨ってきました。

「あ～ん、あたしも早く入れてほしい。待ちきれないわ、お願い、舐めて」

大きな尻で目の前をふさがれると、柔らかな肉に圧迫されて息苦しさを覚えました。顔も体も押さえつけられてしまい、まるでレイプされているような感覚です。

あおられるまま、トモ子さんのアソコに舌をねじ込んでいました。

「ウハァ～、舌が入ってきたぁ、小さいおち○ちんみたい、もっとして」

トモ子さんはぼくの顔の上で、ブルブルと尻をふるわせました。

「カヨさんたら、すごい顔してよがってるわ。そろそろイキそうなんじゃないの？」

ぼくの体の上で向き合う格好になった二人は、互いの淫らな姿を眺めながら興奮した声をあげていました。

「トモ子さんこそすごいじゃない。彼の顔を座布団みたいにお尻に敷いちゃって！」

そうしているうちに、カヨさんのアソコがどんどん締まってきて、ぼくのモノに巻きついてきました。

「ああ、いいところに当たるぅ！　ムッフ～ン、イキそう、イクッ、イク～ッ！」

カヨさんが叫んだとき、ぼくもイキそうです！」

「出ちゃう、ああ、ぼくもイキそうです！」

「待って、いっぱい出るところ、見たいわ！」

発射する直前、カヨさんが腰を浮かせてぼくのモノを引き抜きました。それと同時に二人の手が股間に伸びてきました。

どちらの手でこすられたのかわかりませんが、ビュッと射精したときには二人がぼくの股間に顔を寄せていました。勢いよく飛んだ精液は、カヨさんの髪や、トモ子さんの顔にべっとり張りついていました。

二人は頬をこすり合わせるようにして、萎（な）えかかったモノに同時に舌を伸ばしてきました。ピチャピチャ音を立てながら競い合うように舐めついてきたのです。

「あらまあ、もう硬くなってきた。よかったぁ～、ウフ。次はあたしの番よ！」

トモ子さんがうれしそうに言って、腰に跨ってきました。まだ半分しか勃起していないのに、休む間もなく強引にアソコにねじ込まれてしまったのです。

トモ子さんに挿入している間、カヨさんはまた別のエロ動画を流してオナニーをしはじめ、その姿をぼくに見せつけてきました。

まさかボランティアに参加したことで、こんなにいい思いをするとは夢にも思っていませんでした。

二人はその後も定期的にうちに寄ってくれています。二人から自信を持たせてもらったおかげで、いまは堂々と面接に向かえるようになりました。

amateur confession

上昇志向の強い教え子の誘惑がたまらず孫ほど年の離れた女の子と禁断の関係に

津田純一郎　無職・七十二歳

お恥ずかしい話ですが、過去の体験談を聞いていただけると幸いです。

私は体調を崩す四年前まで、とある大学で英文学の教授をしておりました。

自分で言うのもなんですが、教育者として誠実な人生を送ってきたのではないかと自負していました。

彼女が目の前に現れるまでは……。

桂木由香（かつらぎゆか）と初めて顔を合わせたのは、彼女が二十一歳のときだったでしょうか。

私のゼミに入り、自己紹介された際は、とても聡明なお嬢さんという印象を受けました。

ぱっちりした目、小さな鼻にサクランボのような唇がチャーミングで、小柄なせいか、小動物を彷彿（ほうふつ）させる愛くるしさに目を細めた記憶があります。

私には息子しかいませんので、こんな娘がいたらなと、顔を合わせるたびに思っていました。

由香はそのまま大学院に進み、一年が過ぎるころ、将来は学問に従事したいということで、私の助手を務めたいとの申し出がありました。

自然に彼女との接点が増え、充実した日々を過ごしていたと思います。

あどけなかった女の子は四年の間に洗練された大人の女性に変わりましたが、私からすれば、相変わらず娘というイメージしか持てませんでした。

それだけに、いまにして考えると、魔が差してしまったとしか思えません。

この先の進路について尋ねたとき、由香ははっきりと大学教授を目指したいと胸の内を告げました。

一般的に、教授になるには、助教、講師、准教授のステップを踏まなければなりません。教授職は早い人でも四十代、五十代になってからというケースもけっして珍しくないのですが、そのための一歩、助教になるための推薦がほしいと懇願されました。

もちろん推薦するだけなら何の問題もなく、快く了承すると、彼女はいきなり抱きついてきて口元に軽いキスをくれたのです。

あまりの驚きに唖然とし、その日から私の中で何かが変わっていきました。

柔らかい唇と胸の感触が頭から離れず、教え子を一人の女として見るようになってしまったのです。

それでも、聖職者としての枠をはみ出す勇気はありませんでした。

私は十代のころから学問ひと筋の人生を歩み、結婚は三十六歳のとき。二つ下の女房と見合い結婚するまで、異性と肌を合わせたことは一度もありませんでした。

典型的な朴念仁(ぼくねんじん)ですから、若い女性の気持ちなどわかるはずがありません。

由香はどういうつもりでキスをしたのか、単なる喜びの表現だったのか、それとも私に対して特別な感情を抱いているのか。

年がいもなく悩み、それからは彼女を異性として意識するようになりました。

幸先よく助教になり、満足しているかと思いきや、由香は見かけに寄らず、かなりの野心家だったのでしょう。

一年も経たずに、今度は講師の推薦をしてほしいと言い出したのです。

忘れもしません。その日は私の誕生日で、彼女のほうから食事に誘われ、期待に胸を弾ませて指定されたホテルのレストランに向かいました。

個室を予約してあると聞かされてびっくりし、そのときは恐縮したのですが、やたら酒を勧めてきて、おかしいなとは思っていたんです。

「うーん、さすがに、それはまだ早いんじゃないかな？　もう少し研究実績を積んでいかないと」

「この間、提出した研究論文はどうだったでしょうか？」

「ああ、もちろん、ちゃんと読みましたよ。そうですね……」

お世辞にもデキがいいとは言えず、私はそのあとの言葉を呑み込み、頭をかくばかりでした。

頭のいい子ですし、その様子から論文内容の善し悪しは察したのだと思います。

由香は真向かいの席を立ち、私のとなりにやってきて、手を握りしめました。

「先生……お願いします」

猫なで声ですり寄り、胸のふくらみを腕に押しつけられたときは全身の血が逆流しました。

「いや、でも、それは……」

「先生のこと、ずっと尊敬してたし、頼りにしてるんです」

「どうして、そこまで……」

「あたし、沢田(さわだ)さんだけには負けたくないんです」

「沢田さん？」

沢田という女性は由香と同じ年齢で、英文学の藤本教授の助手を務めています。細面のすらりとした美人タイプで、頭の切れる女性という話は何度も耳にしていました。

由香は彼女に対し、並々ならぬライバル意識を燃やしていたんです。

「もちろん、食事だけでお手を煩わそうとは思いません」

「ど、どういう意味かね?」

「部屋を……とってあるんです」

女性の嫉妬と自己顕示欲とは、これほど強いものなのか。

しばし呆然としたものの、次第に俗物的な思いが脳裏を占めました。

こんな若い女性を抱けるチャンスは二度とない。

首筋から匂う甘い芳香とゴムマリのような胸の弾力が正常な判断能力を奪うのに、さほどの時間は要しませんでした。

妻子がいるにもかかわらず、私は彼女の魅力にあらがえなかったのです。

グラスに残ったアルコールを一気に飲み干すと、酔いが全身に回り、無意識のうちに手を握り返していました。

部屋に到着するまで足元がふわふわし、どこをどう歩いたのか記憶にありません。

何せ異性との経験は女房しかないのですから、女性を喜ばせる自信などあろうはずもなく、足が小刻みに震えていました。

「ちょっと、酔っぱらったみたいだよ」

室内に足を踏み入れると、緊張はピークに達し、声が完全に上擦りました。

「ぬるめのお風呂に入ってください」

「あ、ああ……そうさせてもらうよ」

「お湯、入れてきますね」

ほんとうに、教え子と禁断の関係を築いてしまっていいのだろうか。

理性が待ったをかけたものの、浴室に向かった由香の丸いヒップに視線が釘づけになりました。

スカートの生地がパンパンにひきつり、いまにも張り裂けそうなふくらみに男の本能が目覚めてしまったのです。

スラックスの下でペニスが体積を増し、獣じみた性欲はもはや雨がふろうが槍がふろうが収まりそうもありませんでした。

「先生、お湯が入りました」

「あ、ああ……ありがとう」

私は目を合わせられず、逃げるように浴室へ突き進みました。

当時の私は、六十七歳。夫婦の営みはすっかり途絶えていましたが、ペニスは勃起を維持したまま、逞しいみなぎりを誇っていました。

シャワーを浴びて冷静さをとり戻そうにも性的な昂奮は鎮まらず、熱く息づく胸のふくらみとツンと上を向いたヒップが頭の中を駆け巡りました。

抱きたい、抱いてみたいという気持ちに駆られた瞬間、由香がなんとバスタオルを体に巻きつけた姿で入室してきたんです。

「あ、あ、き、君っ！」

「まだ、シャワーを浴びてたんですか？　私が洗ってあげます」

「いや、それは……あっ」

シャワーヘッドを奪われ、肩から湯をかけ流してもらう間、私は恥ずかしさからうつむいたまま、股間を両手で隠していました。

「手を離してくれないと、洗えませんよ」

「いや、そ、そこは自分で……」

「離してください」

「……あっ」

無理やり手を払いのけられ、柔らかい指や手のひらがペニスをなでさすりました。

あんなに気持ちのいい思いをしたのは、初めてのことだったと思います。

男の分身はみるみるカマ首をもたげ、私は欲情している姿を教え子の前にさらしてしまいました。

「すごい……先生のお歳でも、こんなになっちゃうんですね」

「おっ、おっ、あぁ」

陰嚢から根元、カリ首、鈴口までていねいに洗われ、天を仰いで喘ぎました。

下手をしたら射精してしまうのでないかと思ったほどで、本来なら年上の私がリードしなければならないのに、なんとも情けない話です。

「いいですよ、お風呂に入ってください」

「はあはあ、あ、ああ」

言われるがまま入浴したのですが、動悸はまったく収まらず、ペニスも勃起したままでした。

由香はバスタオルをとりはずし、シャワーを浴びはじめ、私は横目でチラチラと裸体を見やりました。

一点のシミもない肌、贅肉のいっさいないウエスト、官能的なカーブを描くボディラインと、みずみずしい肉体はまぶしいほどの魅力を秘めており、しばし惚けていたのではないかと思います。

彼女が水栓を閉めてバスタブに入り、真向かいの体勢で腰を落とすと、私はまたもやうつむいて視線をそらしました。

「酔いは、醒めました？」

「あ、いや、まあ……」

「ふふっ、かわいい」

「……え？」

「だって、先生……何もしてこないんだもの。すごく純情なんですね」

「いや、純情という歳ではないんだが……こんなことは……初めてだから」

「そういう人だから、好きになったんです。私の父は私が子どものころに亡くなって、最初はこんな人がお父さんだったらなと思ってたんですけど」

由香が身を投げ出したのは、けっして出世欲や嫉妬のためだけではない。

単純と言ってしまえばそれまでですが、熱い感動が胸の内に広がり、この子のためならなんでもしてあげたいという気持ちに変わっていきました。

「先生……好きです」

「あ、ン、むうっ」

唇を奪われたとたん、理性が完全に吹き飛び、私は若々しい裸体に手を伸ばして背中やヒップをまさぐりました。

ぷるっとした唇をむさぼっていると、またもやペニスを握られ、思わず背筋をピンと伸ばしました。

「ぷ、ふぁっ」

「先生、お尻を上げてください」

「はあふう……えっ？」

「腰を浮かせて、足をバスタブの縁にかけるんです」

「こ、こうかね？　あっ」

指示どおりの格好をすると、湯船からペニスの頭がニョキッと顔をのぞかせ、由香はさも当然とばかりに舌を這わせてきました。

「お、おおっ」

実は、フェラチオはこのときが初体験だったんです。

かわいい年下の女性が、男の不浄な逸物を口に咥えている。その状況だけで脳みそが沸騰し、心臓が早鐘を打ちました。

じゅっ、じゅっ、じゅぱっ、じゅるじゅる。

淫らな音が浴室内に反響し、頬をすぼめ、鼻の下を伸ばしてペニスを吸い立てる光景に交感神経がしびれました。

「あ、ぐ、ぐぐっ」

顔のスライドが速度を増し、ふんわりした唇でしごかれると、牡の証が発射口に集中し、下腹部全体が心地いい浮遊感に包まれました。

「か、桂木くん！　き、君のも見せてくれ！」

口だけの奉仕で放出するわけにはいかず、少しでもインターバルをおこうと、私は声を裏返して懇願しました。

「見たいんですか？」

「み、見たい！」

かわいい美女はその場で立ち上がり、陰部を見せつけました。

驚いたことに、あそこの毛はすべて剃り落とされ、パイパンの状態だったんです。

のっぺりした肉の丘陵は幼女を思わせ、背徳的な気分に加えて中心部に刻まれた縦筋に胸が騒ぎました。

「ああ、ああ」

「先生、そんなに近づいたら、鼻息がかかっちゃいますよ」

美香は小悪魔的な笑みをたたえ、私が顔を近づけると、腰をスッと引くんです。

「はあはあ、な、舐めたい」

「そんなに舐めたいんですか？　それは、かまわないですけど……」

「講師の件、いますぐにとは言えんが、私にすべてを任せてくれ！」

はっきりした口調で告げると、彼女は恥骨を迫り出し、脇目も振らずにかぶりつきました。

彼女はまちがいなく、男性経験も豊富だったのでしょうね。いまにして思えば、男の扱い方にも慣れていたようです。

「んっ！　むっ、むはぁあぁっ！」

舌で陰唇を押し広げたとたん、紅色の内粘膜とともに小さな肉粒がちょこんと現れ、甘ったるい匂いが鼻を突きました。

「あ、あ……ンっ……せ、先生……気持ちいいです」

「た、たまらん、たまらんよ」

アンズにも似た味覚を堪能（たんのう）しつつ、口を突き出してチューチュー吸い立てると、割れ目からぬるっとした液体が出てきて喉の奥に流し込みました。

霊験あらたかとばかりにエネルギーがみなぎり、自分がどんどん若返っていくような感覚に酔いしれたんです。

中年以降の男性が若い女の子に夢中になるのも、わかる気がしました。

「はふっ、はふっ！」

「あぁン、先生、そんなにがっつかないの」

「ああ、すごいよ、こんなことって……」

恥骨が離されると、陰部はすっかり溶け崩れ、小陰唇が鶏冠のように突き出ていました。

クリトリスもボリュームいっぱいに膨れ、ルビー色の輝きを燦々と放っていたのです。

「先生、立って」

「あ、ああ」

「おっぱい、さわって」

まるまるとした乳房に手を被せただけで指が肌の中にめり込み、楕円に形を変えて手のひらからはみ出ました。

桜色の乳首と乳暈の、なんと愛らしかったことか。

手でたゆんと揺らせば、ババロアのごとく震え、私は身を屈めてピンピンにしこった乳頭を心ゆくまでむさぼったんです。

「あぁン、そんなに強く吸ったら、ダメです」

「あ、ご、ごめんなさい」

「先生、素直でかわいい……ン、ふぅ」

今度は、情熱的なキスで性感をくすぐられました。

舌が別の生き物のようにくねり、口の中を隅々まで這い回ったあと、猛烈な勢いで唾液をすすり上げてきたんです。

「む、むう、むふっ！」

舌がもぎとられそうな激しさに、私は目をしばたたかせるばかりでした。

「ふふっ、これはお仕置きですからね」

「はあはあっ」

あのときは、完全に彼女の手の上で転がされていたのかもしれません。

孫といってても変わらない歳の女の子に翻弄され、頭の中は性欲一色に染まっていました。

「あ、くふぅ」

「すごい……先生のおチ〇チン、まだおっ勃ったままですよ。先っぽから、エッチなお汁も溢れちゃって」

指先で亀頭をくるくるとなでられ、手のひらで鈴口をこすられると、こらえきれない欲情が全身に吹き荒れました。

「あ、ああ、ああ、い、入れたい」

「え……どこにですか？」

「お、おマ〇コ、おマ〇コに……入れたい」

聖職者にもかかわらず、女性器の俗称を口にすると、由香は甘くにらみつけ、その表情に胸がキュンと締めつけられました。

「先生、いま、なんて言ったんですか？」

「あ、ああ、申しわけない……つい、我を忘れて」

あわてて謝罪したところ、彼女はクスッと笑いながらペニスをシコシコとしごき、真上から唾液を滴らせました。

あのときはほんとうにびっくりし、とろとろの粘液が亀頭をゆっくり包み込んでいく様を見おろしつつ、心臓が張り裂けんばかりに高鳴りました。

そして由香は体を反転させ、ヒップを突き出してペニスを恥部に導いたんです。

「お、おおっ」

尻の谷間の下方からはみ出たふくらみは、いまでも目に焼きついています。

陰唇がぱっくり開き、ペニスの侵入を待ちわびるかのようにひくついていました。

「い、入れて……いいんだね？」

「そんなストレートに聞かないでください……恥ずかしいです」

「あ、ごめん！　それじゃ……」

私は腰を突き出し、先端を肉の丘陵に刻まれた縦筋にあてがいました。

女の口が徐々に開いていき、ぬめぬめの粘膜が亀頭をおおい尽くしたときは脳の芯がビリビリ震えました。

「あ、ンっ……先生の……おっきい」

「ぐおっ！」

ペニスがズブズブと膣内を突き進み、腰がとろけてしまいそうな快感に身がひきつりました。一体感を楽しむ間もなく、私は根元まで埋め込んだところでウエストをつかみ、腰をガンガン打ち振ったんです。

「あぁン、先生、激しいっ！」

「ぬおぉぉっ」

結合部から卑猥な水音が響き、溢れ出た愛液が湯船にポタポタと滴り落ちました。

膣肉はギュンギュンとペニスを締めつけ、入れてから五分も経たずに射精願望が頂点に達してしまったんです。

「はあ、ちょっ、すごい……あぁン、いい、気持ちいいっ！」

彼女が、心の底から快感を得ていたかはわかりませんが、延々と腰を振っていました。

私のほうは表情を探る余裕などあるはずもなく、延々と腰を振っていました。

「ああ、も、もう、我慢できない」

放出間近を訴えると、由香はペニスを引き抜き、腰を落としざま身を転回させました。そして愛液にまみれたペニスをぐっぽり咥え込み、口の中を真空状態にして胴体を猛烈に絞り上げたんです。

「そ、そんな……あ、あおぉっ」

このままでは口の中に放出してしまうと思ったのですが、ペニスをぐっぽぐっぽと舐めしゃぶられ、とても耐えられそうにありませんでした。

「あ、イクっ、イクっ！」

甲高い声をあげたとたん、彼女はペニスを吐き出し、筋張った胴体を指でこれでもかとしごきました。

青白い稲妻が脳天を貫いた瞬間、私は大量の精液を噴出させたのです。

白濁液は鼻筋からひたいまで跳ね飛び、由香はさもおいしそうにペロペロ舐め、あまりの昂奮に失神するかと思いました。

そのあとはベッドに移り、二回も射精してしまい、心地いい倦怠感にどっぷりひたりました。

その後、関係は一年近く続いたでしょうか。年寄りの冷や水が祟ったのか、心臓を患い、そのまま教職の身をひくことになりました。

由香は講師にステップアップしましたが、私のほうはきっとバチが当たったのかもしれませんね。

amateur confession

停電の暗闇で隣の奥さんと二人きりに！奥さんがぼくの手を乳房へと導いて……

福本修二　会社員・三十歳

今年の夏もいくつか台風がやってきました。八月のその日も大型の台風が近づいていて、事前に強風と豪雨にそなえるようにニュースで何度も警告する事態になっていました。おまけに市役所の防災無線も何度も聞こえていました。

ぼくが住んでいるのはかなり古いマンションで、暴風が吹くと部屋がギシギと音を立て、窓が激しく鳴りはじめます。何が起こるかわからないので、その日も仕事を早めに切り上げて帰り、夕方の天気予報を見ながら、ベランダにあるものの片づけをしていました。といっても、ベランダに置いてあるのは、大枚はたいて買った外国製のロードバイクと、あとは洗濯物を干すためのスタンドくらいです。いまにも降りだしそうな天気のなか、激しい風に吹かれながら部屋の中にそれらのものを片づけていると、

「あの、お願いがあるんですけど」

見ると、ベランダのとなりとの仕切り板の向こうから、奥さんが顔をのぞかせていました。

「はあ、なんでしょう」

「いまね、主人がいないのよ。うちのベランダのものの片づけも手伝ってくださらないかしら。女の私の力では、どうにもならなくて」

「ああ、いいですよ、すぐうかがいます」

ふだんから深いつきあいがあるわけではありません。会えば挨拶くらいはしますが、どんな人かはよく知りません。

年齢は確かに五十歳を過ぎてるとは思いますが、ちょっと芸能人ぽいというか、目鼻立ちのはっきりした美人で、二十年前はさぞや男にモテただろうなあという感じです。しかも、毎日何かトレーニングをやっているのかわかりませんが、中年太りなどとは無縁のナイスバディです。胸もどっしりとして重量感があるし、お尻も大きくて安産型です。独身男のぼくとしては、いまも夫婦の夜の営みというのはあるのだろうか、この奥さんはどんなふうにセックスするのだろうかなんて、つい妄想してしまうようなタイプです。

といっても、あくまでもただの隣人です。いままで一度だってオナニーのオカズにしたことはありませんが、でもそんな美魔女から助けを求められて、独身男のぼくとしては、けっして悪い気はしませんでした。

だから何の下心もなく、となりの部屋へ向かったのです。

「うちの主人ね、役所勤めなんです。だからこういうときは職場に泊まることが多くて、今夜も帰ってこないのよ。市民のためにがんばってるんだから仕方ないことだし、それは私も知ってて結婚したんだから全然いいんだけど、こういうときは一人は困るのよね。へんなことお願いしてごめんなさいね」

「いえいえ、お安い御用ですよ」

まるで昭和のアイドル歌手の「あの人はいま」の番組に出てくるような愛くるしい笑顔で迎えられて、ぼくもなんだかうれしくなりました。

ベランダに置いてあるテーブルは、プランターなどを乗せるためのもので、名前は知らないけどきれいな花や家庭菜園のトマトなんかが植えられたプランターを片づけてから、それから大きなテーブルを室内に運び込みました。

外はもうかなり強風が吹いていていて真っ暗です。確かにこれでは女性一人では不安だろうなあと思いました。

「ありがとうございます、助かりました。やっぱりこういうときは男手がないとダメよね。私だけじゃどうにもならない」

そう言って奥さんは、冷たいものでも飲んでいってね、とぼくをソファに座らせました。同じマンションですが、ぼくの部屋よりも二つ部屋が多くて、しかも広々としていて、家具やテレビはうちよりもランクがかなり上で、さすが公務員という感じの暮らしぶりでした。

物珍しくて部屋の中をキョロキョロしながら出された麦茶を飲んでいると、風雨が激しくなってきて、古いマンションがミシミシ揺れはじめました。

「やばいですね、いよいよ来るみたいですね」

「ねえ、お願いだから、もう少しいてくださいませんか」

もちろん、いやなはずはありません。しばらくいっしょにいてあげることにしました。そして、いざというときの持ち物などを確認していると、

「主人もこれくらい家のことをやってくれるといいんだけど、あの人はねえ……」

と旦那さんのグチが始まってしまいました。どうやら、かなりさびしい生活を送っているようで、こんなことなら子どもを作ればよかった、息子がいれば、きっとあなたくらいの年齢のはずよね、などと言い出しました。

じつはぼくのほうも母親を早くに亡くしているので、そういう話を聞くと、なんとなく情がうつってしまいます。

「よかったら、台風が落ち着くまでここにいてもらえないかしら」

そう言われたとき、思わず、いいですよと言ってしまったのです。

ところがそのうち停電になってしまいました。びっくりしていると、フワッといい匂いがしました。なんだろうと思っていると、さっきまで向かい合っていた奥さんがとなりに座っているのに気がつきました。暗闇に目が慣れてくると、思ったよりも近いところに奥さんの顔がありました。

「私、暗いの苦手なの。ごめんなさいね。ねえ、こうしていてほしい」

そう言いながら奥さんはぼくに体を密着させ、手を握ってきました。二の腕にふっくらした感触が当たるのは、奥さんの乳房のふくらみだと気づきました。予想外の状況に、ぼくの下半身がアッという間に反応するのがわかりました。

でも相手は人妻です。しかも、かなり年上です。そのときまでは、変な気を起こしてはいけないと自分に言い聞かせていたのです。

「あ、あの、懐中電灯とかロウソクとかないんですか?」

それもそうねと言って奥さんはどこからかロウソクを出してきて、火をつけると、燭台に挿してテーブルに置きました。そうしている間に急に雨が降りだし、それはすぐに集中豪雨のような土砂降りになりました。しかも稲妻が光り、雷がすぐ間近で鳴っています。

「なんか、急に来ましたね」

「私、怖い」

奥さんがますます体をすり寄せてきます。密着すると、思ったよりもムッチリした体つきなのが伝わってきて、ますます興奮してきました。それでも必死になって理性を働かせていると、やがて大きな雷が落ちる音がして、奥さんがいきなりしがみついてきたのです。

すぐ目の前に奥さんの顔がありました。そのとき魔が差したというのか何なのか、ぼくはついキスをしてしまったのです。唇を押しつけたまま、ああ、これはまずい、悲鳴をあげられ、殴られ、警察に通報されて、ご主人に激怒され、訴えられて裁判にかけられる、そしてぼくの人生が終わってしまう。そんな自分の姿が一瞬の間に頭によぎりました。なんてバカなことをしてしまったのだろう……。

こうなったらダメ元で謝ろうと思い、唇を離そうとしたとき、なぜか逆に唇を押しつけられ、さらには舌まで入れられてしまいました。

「お、奥さん！」

「ねえ、もっとして、お願い」

ロウソクに照らされた奥さんの顔がとてもきれいに見えました。ぼくはもう一度キスをして、今度は自分から舌をからめていきました。奥さんの柔らかい舌の感触が、すごく気持ちよかったのを覚えています。

「お願い、さわって。もんでほしい」

そう言いながら奥さんの手がぼくの手を握って乳房にふれさせました。

こんなことってあるんだろうか。ぼくは唖然としながらもブラウスの上からそのむっちりした乳房をもみまくりました。もんでほしいと言われたので何のためらいもありません。

「私、もうずっとこんなことしてないんです。ねえ、お願いだから私をかわいがってくれませんか。こんなおばさんじゃイヤですか？」

夢のような言葉でした。ぼくはすっかり有頂天(うちょうてん)になり、パンツの中でペニスが一気にギンギンになるのがわかりました。

「いいんですか？　ぼく、すごくいやらしいですよ」

「いいんです、好きにして。若いあなたの性欲を見せてほしい」

そう言いながら奥さんは服を脱いでパンティだけになりました。

薄暗い中に、白い大きなおっぱいと薄いピンクの乳首が浮かび上がっています。

「こんなおばさんの体でごめんなさいね。でもおっぱいは大きいでしょ？　これでも八十八センチ、Eカップあるの。でもね、もう一年近く誰にもさわられてないの」

そんなこと言われたらどんな男でもおかしくなります。ぼくはおっぱいにむしゃぶりつき、顔を埋め、乳首を舐め回し、吸い上げました。ときどき稲妻が光り、雷の音がしていますが、それも興奮剤でした。

だんだん奥さんは感じてきて立っていられなくなったのか、床に寝ころびました。あおむけになってもぼくの唾液で濡れたおっぱいがプルプル揺れていました。

「ねえ、下着を脱がせてくださらない？」

青いパンティで白いレースがあしらってあります。まさに美熟女がはきそうな上品なパンティをぼくは震える指先で脱がせました。目の前に、全裸の美熟女が横たわっています。思わずズボンの上から自分の股間を押さえてしまいました。

「こんなおばさんでごめんなさい。でも、これが私からのお礼だと思って、あなたの好きなようにしてね」

好きなようにしてなんて言われると、それだけでペニスがピクピク反応してしまいます。おっぱいはさっき十分に味わったので、今度は下半身に顔を埋めました。我ながらすごくガッツいてると思ったのですが、ずっと彼女がいなくてオナニーばっかりの毎日なので、目の前の熟した肉体はまさにご馳走でした。

いきなり股間に顔を埋めると、奥さんはアンと切ない声をあげました。そこは思ったよりも濃厚な茂みにおおわれていて、しかもモワッと濃厚なメスの匂いがしました。上品な奥さんでも、おしっこもすれば愛液が溢れることもあるのだと、あたりまえのことに納得しながら、その生ぐさい匂いを思いきり吸い込みました。

「やだ、そんなに匂いを嗅がないで」

ぼくがはあはあしているのに気づいた奥さんは、恥ずかしそうに体をよじります。でも、それがなんともいやらしくて、ぼくはますます股間に顔を埋めました。顔に陰毛がジョリジョリ当たるのがすごく卑猥で興奮します。そのジョリジョリを感じながら舌先でクリトリスを探し出して、そこを思いきり舐め回しました。

あうううという声をあげて奥さんが太腿を広げます。舌先でクリトリスがふくらんでくるのがわかります。そこがすごく敏感なんだと気づいたので、そこを重点的に舐めまくりました。奥さんの声がどんどん盛り上がっていきました。雷が鳴っているのですが、いつの間にかそれも気にならなくなっていました。

「ねえ、そこ弱いの、もっと舐めて。あとね、クリちゃん舐めながら指も入れてほしいの、中をかき回してほしいの」

言われたとおりに指を入れると、熱いお湯に指を入れたみたいにビショビショになってしまいました。女の人って、こんなに濡れるものなんだと初めて知りました。

クリを舐めながら指を動かすと、奥さんはハイトーンで喘ぎはじめました。

「すごくいい、ああ、この感じ久しぶり」

ずっと舐めながら指を動かしていると、奥さんは切羽詰まった声をあげて、呼吸も途切れとぎれになってきました。このまま続けて大丈夫だろうかと思っていると、

「ねえ、今度はあなたのを味わってみたい。見せて」

そう言いながら奥さんが上半身を起こしました。こんな上品な奥さんがこんなことを言うなんてびっくりです。ぼくは立ち上がってズボンとパンツを膝までずりおろし、奥さんの顔の前にペニスを突き出しました。暗がりでも奥さんの目がギラギラしてるのがわかりました。

「わあ、すごいね、若い人のサオ。この年になってこんなモノを見れるなんて思わなかった。私、すごく幸せ」

そう言って優しく握りしめてきます。硬さを確かめるようにまさぐる指使いがすご

くスケベでした。さらに鼻を近づけて匂いを嗅いできました。まだ風呂に入ってなかったのですごく匂うはずですが、奥さんはいやがることもなく、クンクンと鼻を鳴らしながら先端やカリの回り、それにタマのほうの匂いも嗅ぎ回っています。さっきまでの奥さんとはまるで別人です。

「すごくいい匂い。若いオスの匂いがする。こんなの何十年ぶりかしら。興奮する」

この人は匂いフェチなんだろうかと思うくらい、いつまでも鼻を鳴らしています。

それがすごく動物的でした。

「ねえ、あなた、恋人はいらっしゃるの?」

「いいえ、いません」

「そうなの。じゃあ、性欲処理は自分でなさるの?」

「は、はい、まあ、そうです」

なんでこんなことを聞くのか不思議でした。

「どれくらいのペースでするの?」

「え? いや、それはもう毎日のようにします」

「そうなのね。壁一枚隔てた隣の部屋で、若い男性がこれを毎日握ってシコシコこすり上げてるのね。それで白い濃厚なお汁を飛ばしてるのね」

いまこの奥さんはぼくのオナニーを妄想してるんだなあと思いました。なんだかすごくいやらしい。五十歳過ぎても女はこんなに変態なんだと驚きました。

「これから毎日、何をしていても、あなたがいましごいてるんじゃないかと気になってしまうんじゃないかしら。これ、この立派なサオをしごいてるあなたの姿を思い浮かべて、私も一人でしちゃいそう」

奥さんはそう言いながら、いきなり口に含みました。

いきなりビチャビチャと音を立てて舌を這わせ、カリの回りを味わうように舐め回し、ペニスをべろべろとしゃぶり、そして唇をすぼめて前後に出し入れしてきます。そうかと思うと、タマのほうも舌先で刺激し、口の中に一つずつ含んで、飴を舐めるように転がしてきます。

AVで濃厚なフェラシーンは何度も見ますが、いままで見たどんな場面よりもエロくて熱くて、ぼくももう完全に理性が吹っ飛んでしまいました。

「お、奥さん、お願いです、入れさせてください」

我慢できなくなってそう懇願すると、奥さんもうれしそうな顔をしました。

「入れてくれるの？　こんなおばさんとエッチしてくれるの？」

「したいです、お願いです、入れさせてください」

「いいわよ、ハメて。お願い、私の欲求不満のアソコにハメハメして」

そう言って奥さんはいきなり四つん這いになってお尻を突き出してきました。稲妻が光って、その大きな柔肉のかたまりが浮かび上がりました。ほんの一瞬だけ見えた奥さんのアソコはたっぷりと濡れて、しかもアナルまでぬるぬるでした。

ぼくはペニスを握りしめると、しっかりと狙いを定めました。亀頭に熱い愛液がからみついてきました。自分はこれから、となりの美人な奥さんに挿入するのだ、セックスするのだと思うと、もう全身が震えるようでした、

「入れて、そのまま差し込んで」

言われるがままゆっくりと押し込んでいきました。ぼくのモノが入っていくにつれて奥さんが「あああああ……」と切ない声を洩らします。

「奥まで来て、ね、お願い、奥までよ」

やがていちばん奥に当たるのがわかりました。奥さんは大きく息を吸ったり吐いたりしながら、ぼくのモノの感触を味わっているようでしたが、そのうち自分からお尻を揺さぶってきました。

「動いて、お願い、早くその立派なモノで責めて」

すごく窮屈でしたが、すぐにすべりがよくなってきました。両手でお尻をガシリと

つかんでパンパン音を立てながらピストンすると、奥さんの声もだんだん大きくなってきました。ずっと雷の音が響いているのに、それが気にならないくらいに大声で喘ぎ、ときどき卑猥な言葉を発することもあります。こんなにエロい人だったんだと思いながら、ぼくも出し入れを速めました。

「あああ、だめだめだめ、このままじゃイってしまう。ねえ、今度は前からして」

奥さんはそう言ってあおむけになりました。自分から足を広げてアソコを丸見えにしています。その格好がすごくワイセツでした。自分から若い男に向かって性器を開き、挿入を望んでる熟女の姿って、こんなにエロいのかと思いました。

奥さんにおおいかぶさり、その部分に押しつけました。もう液が溢れるくらいになっているので、何もしなくても吸い込まれるようにニュルっと入っていきました。同時に奥さんの足が、もう逃がさないよというようにぼくの腰にからみついてきました。

「動いて、お願い、狂わせてください」

必死になって腰を動かすと両腕もからみつかせてきて、まるでタコに絡まれてる気分でしたが、それはそれで興奮してる自分がいました。雷の音や稲妻の光でちょっと異様な感じがしました。

「ああ、いいわ、いいわ、気持ちいいわ」

うわごとのように奥さんは声をあげつづけます。よほど欲求不満だったようです。といってもぼくも人のことは言えません。バックのときとは違う角度でギュンギュン締めつけられて、もう発射しそうでした。

「奥さん、ぼく、もうイキそうです」

思わずささやくと、奥さんは狂ったようにキスして舌をからませてきました。

「ああ、出すのね。私のアソコで感じて射精するのね。かわいいわ、あなたかわいい。ねえ、出して、このまま中に出して」

「え、いいんですか?」

何度も確かめましたが、どうしても中出ししてほしいと言われて、ぼくも完全に舞い上がってしまいました。あとさきのことを考えず、夢中になって腰を動かしました。そしてついに、その瞬間を迎えたのです。

熱いアソコの肉で吸いとられるようにして精液がドクドク出ていくのがわかりました。頭のてっぺんから足の先まで何かが抜けるような快感でした。オナニーの何十倍も気持ちよかったのを覚えています。奥さんの愛液と自分の出した精液とが混じった熱い液体の中でじっとそのままにしていると、奥さんが熱い息を吐きました。

「こんなの初めて、幸せよ、私」

「ぼくも、すごく幸せです」

それは本心でした。セックスってこんなにも人を幸せにするんだと初めて知りました。あらためて濃厚なキスをされました。

これが、台風の夜に経験した、ぼくの幸運な出来事です。


その夜、ご主人は結局帰ってきませんでした。ぼくたちは明け方まで何回かセックスをしましたが、早朝、台風が落ち着いて静かになると、ぼくたちの行為もやっと終わりました。いま思えば、台風にあおられてぼくたちはセックスさせられていたような気もします。ぼくにとっては、幸運の台風でした。

あれから奥さんとは、また挨拶する程度の関係に戻りました。でも、ときどき奥さんとの行為を思い返してオナニーしています。そして奥さんのほうも、ぼくのオナニーを想像して自分でさわってるのかなと、よく考えるのです。

◉新人作品**大募集**◉

マドンナメイト編集部では、意欲あふれる新人作品を常時募集しております。採用された作品は、本人通知のうえ当文庫より出版されることになります。

【応募要項】 未発表作品に限る。四〇〇字詰原稿用紙換算で三〇〇枚以上四〇〇枚以内。必ず梗概をお書き添えのうえ、名前・住所・電話番号を明記してお送り下さい。なお、採否にかかわらず原稿は返却いたしません。また、電話でのお問い合せはご遠慮下さい。

【送付先】 〒一〇一 - 八四〇五 東京都千代田区神田三崎町二 - 一八 - 一一 マドンナ社編集部 新人作品募集係

素人告白スペシャル 棚ぼた年の差体験

(しろうとこくはくすぺしゃる たなぼたとしのさたいけん)

二〇二一年十二月十日 初版発行

編者◉素人投稿編集部【しろうととうこうへんしゅうぶ】

発行◉マドンナ社

発売◉二見書房 東京都千代田区神田三崎町二 - 一八 - 一一

電話 〇三 - 三五一五 - 二三一一(代表)

郵便振替 〇〇一七〇 - 四 - 二六三九

印刷◉株式会社堀内印刷所 製本◉株式会社村上製本所 落丁・乱丁本はお取替えいたします。定価は、カバーに表示してあります。

ISBN978-4-576-22172-4 ◉Printed in Japan

「距離を取る、ですか……」やっぱり僕のことを言っているのだろうか。

レンジで弁当を温めたりお茶を淹れたりしながら、周りの先生たちが昼食を食べ始める。

「それが一時的なものなのか、そのまま離れていってしまうかは、その子の気持ち次第なんだけど。——佐久間くんと春原さんは昔から仲がいいの？」

「まあ……。家もごく近所ですし」なんとなくぼかした。

「ふーん。教室ではそんなふうに見えないけど」と言う先生の視線が恥ずかしい。「少なくとも佐久間くんは、春原さんが障害走を捨てたくなさそうだと思ったのね？」

その点に関しては、僕は言い切る。

「はい」

「そっか」と斉藤先生が苦笑した。「昨日の放課後も、部長の植村くんが、春原さんをインターハイ予選の前のこの時期に障害走から外すのはおかしいと言いに来たのだけど——今回、障害走からの転向を言ってきたのは春原さんからなのよ？」

「本当ですか？」

いまの斉藤先生の発言、情報量が多すぎる。先生が背もたれに上体を預けた。

「剣道部の佐久間くんは知らないかもしれないけど、うちの学校の場合、インターハイ予選は基本的に出たい人には全員にチャンスを与えているの。だから、タイムが伸び悩んでいてもこれまでがんばってきた彼女には障害走で出てもらうつもりだったのだけど、春原さんから辞退してきたのよ。だから、説得するならわたしではなくて、春原さん本人を説得して頂戴」

「あいつが……？」

信じられない気持ちで呟くと、斉藤先生の隣の席の先生が「斉藤先生、四十五分からお昼の会議なので……」と呼びかけた。はい、と斉藤先生が答える。先生の貴重な昼食時間をこれ以上奪わないために、僕は国語科教員室を出ることにした。

失礼しました、と退室したときだった。

小走りでやってきた植村先輩とぶつかりそうになった。

「おっと」

「すみません」と僕は頭を下げて、そのまますれ違おうとしたが、植村先輩の声が降ってきた。

「春原のことで斉藤先生のところに行ったのか？」

心臓を鷲摑み（わしづか）にされたような不快感と恐怖が鳥肌となって全身を走った。その言葉と口調と、先輩の怒ったみたいな視線で、僕は直感した。植村先輩も彩乃が好きなのだ、と。

「ええ……まあ――」

僕が曖昧に答える一方で、植村先輩はきっぱりと言った。

「春原はうちの大切な選手なんだよ。あんまりちょっかい出さないでくれる？」

「ちょっかいだなんて……」一方的に上から言われるのは苦手だ。

「一緒にスーパーで買い物とか、十分ちょっかいだろ」

「あ……」

不意に思い出す。いつか、放課後の買い出しのときに、うちの学校の制服を見かけたような気がした。あれは植村先輩だったのか。

「おまえのせいで春原のタイムが落ちてきてるんだと思うよ？　本当にあいつのことを考えるならインターハイ予選前に邪魔するなよ」

言いたいことを捨て台詞のように言ってしまうと、植村先輩は国語教員室へ入ろうとした。

そのとき、向こうから彩乃がやってきた。彼女も小走りで、というより少し息が上がり気味だった。

「部長」と彩乃が声をかけると、植村先輩は止まった。

「おまえが障害走はやらないって頑固だから、もう一度先生から説得してもらおうとしてるだけだよ」

「やめてください。これはわたしが決めたんです。それに」と言って彩乃が少し複雑な表情をした。「智也は関係ないですから」

関係ないという言い方に、僕は気持ちが若干ざらついた。

「聞こえてたのか」と植村先輩が少しだけばつが悪そうにする。

「昨日も話したとおり、今年のインターハイ予選に障害走で出て、仮にいい記録が出せたとしても、関東大会で通用するほど伸びないと思うんです。だから今年はがまんして、来年にかけようって」

彩乃がまっすぐに言い切った。こういう言葉がふさわしいのかどうかわからないけれど、かっこよかった。

結局、植村先輩はそのまま自分の教室へ戻っていった。

彩乃と僕も教室へ戻ることにする。

「休み時間になったら部長がクラスに来て、わたしに『障害走に戻れ』って言い出してさ。昨日の夕立のあとのミーティングでも断ったのに」

周りに知り合いがいないことを確認して、彩乃が申し訳なさそうにした。

「大変だね」

「うちの部長、陸上のことになるとかなり熱い人でさ。自分は一五〇〇なんだけど、短距離も大好きらしくて。だから、気にしないでいいから」

気にしない。関係ない。そのとおりなのに、奇妙な疎外感がある。だが、それを蒸し返して昨日のような怯(おび)えた表情の彩乃を呼び覚ましてしまうのは嫌だった。

だから、冗談で流してしまうことにした。

「すごい勢いだったよ。壁ドンでもされるかと思った」

彩乃が吹いた。「ぷ。何それ。おもしろいんだけど」

聞きたいことはいくらでもあった。障害走から身を引いたのは、なぜか。植村部長は本当に誰であっても、あんなに熱いのか。僕の告白を、どう思っているのか。だが、どれも短時間で聞けるような問題ではないし、何よりも彼女が話したくないという雰囲気が伝わってくるのだ。

だから、軽く笑いながら僕は彩乃に低く言った。

「早くしないとお弁当を食べる時間がなくなるよ」

「五時間目、世界史か。食べないと絶対持たない」

「食べたら食べたで、よく寝ているじゃないか」

「ちょっと。変なとこ見ないでよ」彩乃がころころと笑っている。

きゅっと上履きを鳴らして彩乃が教室へ急ごうとして、立ち止まった。

「智也」

「なに？」喉の奥が意味なく乾いた。彩乃の微妙な空気を感じて、胃が縮まる。

「昨日の告白の返事、もう少しだけ待って」

「……ああ」どうしていいかわからないけど、大人の余裕ぶってみせた。

「いまは、ほら、陸上のこととか考えなきゃだから」

「うん。大丈夫」

本当は彼女の気持ちなんてわかっていないのに、僕は最悪を回避したくて調子を合わせた。

「いままでみたいにもう少しだけ、普通にいさせて」

「それって、行き帰りとか買い物とか夕食とかだよね」

彼女はうつむきながら小さく頷く。正直、ほっとしていた。少しおいて、彩乃が小声でつけ加えた。

「わたし、ひどいこと言ってると思う。だから、嫌いになってくれてもいいし、他にいいなって思う子がいたら――」

僕は彩乃の言葉を遮る。「待ってる。大丈夫」

その日から、なし崩しに放課後はいつもどおりに――一緒に買い物をして、一緒に料理をして、一緒に夕食を食べるように――なった。

心中の不安は互いの笑顔で封印し、僕はその日々を受け入れた。

実はそれこそが、彩乃の切実な願いだったとは、このときにはまだ気づいていなかったけれども。

クラスでは素知らぬふりをし、放課後は幼なじみの顔を取り戻す。そう。まさに取り戻す、だ。僕にとってはクラスで授業を聞いている自分は、どこか他人事だった。

僕はここで何を聞いているのだろう。

論説文と古文が流れ、海の道の繁栄が座標上の平面図形と踊り、不定詞と動名詞が探究活動をしている。梅雨の雨は続いていた。暗灰色の空は重たげだった。ときどき風が吹いて、雨が窓を叩くときだけが変化だ。

この雨なら、陸上部はまたストレッチと筋トレだろう。

結局、インターハイ予選に彩乃は出場しなかったみたいだった。みたいだった、というのは、彩乃の話を鵜呑み(うの)にすれば、ということだ。保護者ではない僕はインターハイ予選に同行するわけにはいかなかったから。彩乃は、長年鍛えた障害走でも、つけ焼き刃の砲丸投げでも、選手としては出場しなかったのだ。高校二年生。高校生選手としては三年間で受験の心配もない、いちばん脂ののっている時期に、もっとも大きな大会を見送った彩乃の気持ちはどんなものだったのだろう。

それも聞けないままに、数日が過ぎた。

学校が終わって、彩乃とふたりでスーパーに立ち寄った。

「はい、はい、はい！」と彩乃が手を上げる。

「はい、春原さん」

「たまにはお刺身が食べたいであります」

ちょうどイサキのさくが安かった。それでいいと彩乃が言ったので買い物カゴに入れる。イサキは九月が産卵時期なので、梅雨の頃から味がよくなるのだそうだ。それからイワシの皮を引いて身だけにしたものも買った。いわゆる入梅鰯(いわし)で、見るからにおいしそうだった。半分は刺身にして、もう半分はフライにするつもりだ。

「モッツァレラチーズが安かったから、トマトと一緒にカプレーゼにしてもいい？」

「いいよ。わたしも好き」

好き、なんて単語を使われると、どきりとする。

僕の足が少し遅くなり、彩乃が「どうかした？」と覗き込んできた。

「大丈夫だよ」

「そう？　うん。それなら、いい」

彩乃が安心したような顔になる。返事を待つと言ったものの、結構苦しい。苦しいと、他にも暗い気持ちが呼び覚まされる。

『智也は関係ないですから』

考えるまでもなく、部活の違う僕には関係のないことなのだ。きょうだいでもないし、彩乃の部活にまで口を出すのはお門違いも甚だしい。僕のほうが彩乃に許してもらっている立場なのだと思う。母親を亡くして気持ちが弱っているのをいいことに、僕は彼女に甘えているだけではないのか……。

同じ部活なら、彼女の去就に意見できるかもしれない。陸上部を選べばよかったのだろうか。部長の植村先輩のことが頭をよぎる。このスーパーで会うことはもうなかったけど、剣道部の自分よりも陸上部の部長のほうが、こういうとき、彩乃に適切な言葉を贈れるのではないか。言ってしまえば、彩乃にふさわしいのではないか……。

外に出たら雨はやんでいたけれど、家に着く頃にまた降り出した。

その日、彩乃の家に行くと彼女はご機嫌だった。

「お刺身がうれしいのかね？」

と言うと、それもあるけど、と彩乃がいつもの長袖のパーカを腕まくりした。

「じゃーん」と左手首あたりを僕に見せる。「傷跡、なくなってるでしょ？」

「ほんとだ」

「最近、梅雨だから部活で転ばなくなったし、怪我しなくなったからね。だから――リスカなんじゃないかとか、心配かけてごめんね」

「そんなことないよ」

「あとさ、もしまた植村部長が智也に絡んでくるようなことがあったら教えて。わたしが追い払うから」

「追い払う……」

「うちの智也に何すんねん、って」

「やだ、彩乃さん、かっこいい」

彩乃がどや顔をしていた。どこか気持ちが通い合わない部分を残しながらも、彼女は彼女で僕を気遣っているのはわかった。それは素直に喜ぼう。

けれども、このすれ違う気持ちの源、落ち着かなさの正体はどこにあるのだろうか。ムスクに似た香りが僕の顔に当たる。彩乃が思い出したように、

「お礼がまだだったけど、斉藤先生に、わたしのことで話に行ってくれたんだよね」

「ああ。うん」正直、このタイミングで来るとは思っていなかったので、僕は少しだけ動揺した。「ごめん。お節介だったよな」

これは疑問ではなく、確認のニュアンスだ。そのことがわかっているのか、彩乃が苦笑した。

「斉藤先生に『春原さん、モテモテだね』って冷やかされたよ」

「はは。親父(おやじ)ギャグみたいなものなんだろうな」

と僕もつられて笑ったものの、笑い事ではない。僕は彩乃に告白をしているのだから。

「砲丸投げ、やっぱりやりたくないって、わたしも先生に言った」

「そっか……」

「障害走、期末が終わったら、もう一度考えようって先生に勧められた」

「よかったじゃん、って言っていいんだよな？」

そうしたら、彩乃の目に急に透明な涙がたまってきた。

「彩乃……？」

すると彩乃は声を絞り出すように発する。

「どうして……」

「え？」

「どうして、斉藤先生にわたしのこと、お願いしに行ったの？」

彩乃の両眼から涙がこぼれた。

「ごめん……。まさか、泣くほど嫌がられるとは思わなかったんだ」

僕がそう言うと彩乃は僕の胸のあたりに頭から倒れるようにぶつかってきた。あまりに突然で不意のことで、よろめきそうになるけど、男子としてとっさに受け止め、両肩を支える。彩乃の体温と匂いが強く僕を包み込んできた。

彩乃は血を吐くように言った。

「そんなことされたら、わたし、智也を本当に好きになっちゃうじゃん‼」

僕は思わず頭の中が真っ白になった。

「いまなんて……？」

「わたし、もっと何年も経ってから智也を本当に好きになろうと思っていたのに！　一生懸命気持ちを抑えていたのに！　これじゃもう、ダメ——」

僕の頭はぐちゃぐちゃだった。

いまの言葉。彩乃は僕のことが好きだと言っているのか。

でも、その気持ちをどうして抑えなければいけないのだ。

いまではダメだというふうに聞こえるけど、どうして〝いま〟ではダメだったのだろうか……。

「彩乃、それって——」

「…………」

僕が真意を確かめようとすると、彩乃は相変わらず僕の胸に顔を押しつけたままでいやいやをした。

「彩乃……？」と僕がもう一度名前を呼ぶと、彩乃はのろのろと顔を上げた。鼻が赤い。

そういえば小さい頃、かけっこで転んでこんな顔していたっけ……。

「——いまいろいろ話すと、期末試験が絶対ぼろぼろになるから言わない」

「僕もぼろぼろになりそうなんだけど」

生殺しもいいところだった。けれども、彩乃はまだ泣いているのににっこり笑って、

「大丈夫だよ。智也は頭いいから」

「すげえ気になるんだけど」

けれども、彩乃はがんとして譲らなかった。

「へへ。ダメ。わたしもまず試験がんばるし。いま話そうとすると頭ぐちゃぐちゃになっちゃう。ね？　試験が終わったらちゃんと話すから。それまではいままでどおりにして」

僕は頭を掻いた。彩乃の提案はのむしかない。けれども、ちょっとした捨て台詞は吐かせてもらってもいいだろう。

「僕の気持ちは前に言ったとおりだよ。何があってもこの気持ちは変わらない。それだけは試験前でももう一度きちんと伝えておく」

彩乃はかすかに微笑みながら小さく頷いた。「わかった。ありがと」

彼女の頬が赤くなって、崩れている。とりあえず、いまの僕にはそれで十分だった。

二階から、「お腹すいたよぉ～」と嘆く美奈子さんの泣きそうな声がした。

七月。もうすぐ夏休みだが、その前に期末試験がある。部活はなくなり、ひたすら勉強の毎日で、僕は珍しく放課後の長い時間を自宅で過ごす日々を送っていた。図書室とか誰

かの家とかで集まって勉強するのがどうしても苦手なのだ。彩乃も同じみたいで、一回くらいは女子同士のお付き合いで図書室の勉強会に行ったようだったが、その日は渋い顔をしていた。

「今日一日はチートデイということで、明日からがんばらないと」と彩乃がごはんを頬張っていた。

「女子同士のお付き合いは大変だね」

「咲希は寝てばかりだったけどね」

それでも定期試験のたびに一度は勉強会に参加するのだというから、義理堅い。

そんな悲喜劇を巻き込みながら、一学期の期末試験が終わった。

最後の科目の終了チャイムが流れるや、「やったー。終わったー」と吉村が快哉を上げ、クラスのみんなが失笑した。おまえ、バカじゃねえの、と佐山や園田たちに突っ込まれている。

期末試験が終われば部活も復活だから、めんどくせえ、と嘆く声もあった。

まだ雨が続いているので、運動部のなかには中止の部活もあれば、陸上部のように室内で基礎トレーニングの部活もある。

そのなかで、佐山と園田がスマホを覗いて騒ぎ出した。

スクープ、スクープ。マジかよ、ヤベえ——。

佐山たちが吉村にスマホを見せ、吉村が「やだー」と顔をしかめている。周囲のクラスメイトも首を伸ばしていた。彩乃も気になったような仕草を見せたので、僕は逆に離れることにした。

廊下のロッカーを整理していると、鈴木がやってくる。

「おう、佐久間。試験どうだった？」

「いつもどおりかな」

「いいなぁ。余裕じゃんかよ」と鈴木が肘でぐりぐりしてくる。

「そんなことないけど」

「そういえばさ、佐山たちが騒いでるの、見た？」

「いや、見てないけど」

と答えながら、目だけで教室を窺った。彩乃はもういないみたいだ。

「じゃあ、画像データもらったから見せてやるよ。閲覧注意だけどな」

と鈴木が自分のスマホをタップして、画面を見せようとする。

「何？」

「ネットの流出らしいんだけどさ、嘘かほんとか例の石炭病で死んだ人だって」

「それっていいのか？」悪趣味だな、と思った。

「マジもんだったらマズいと思うけど、たぶんガセだよ。だって石炭の塊が写ってるだけなんだから」

「ふーん」だったら騒ぐ必要もないだろうに。僕は冷めているのだろうか。

「これもガセだと思うんだけど、変な噂があってさ。なんか、百人にひとりだか、一万人にひとりだかには、違う画像に見えるんだって」

へえ、と軽く頷きながらロッカーを閉めた。格技棟へ行くために、それでおしまいにしようとしたのだけど、続く鈴木の言葉がなぜか引っかかった。

見る人が見ると、宝石みたいに輝いて見えるんだってさ——。

「ちょっと見せて」

「おう。これ」

僕は目を凝らした。なぜか胸が苦しい。

「——これが、石炭病の……？」

「そうだって。俺には石炭の塊にしか見えなかったけど」

「これが……」

たしかに病気で亡くなった方のご遺体には見えなかった。

そこにあったのは生物とか肉体とかではない。形状も人間の形を取っていない。美術のデッサンのアタリ程度には人間のカタチを取っていると見えないこともない、そんなレベル。石膏（せっこう）像の男子大顔面面取りよりも遥かに抽象性が高かった。

およそ柔らかい感触の存在は映っていない。

映っていたのは——鉱物。

ところどころが砕けた丸太のような形状の鉱物が映っていたのだ。最も近い形状は、巨大な水晶の柱か、鍾乳石が反転した石筍(せきじゅん)……。

「な？　ヤベえだろ？　こんな病気かかりたくねえよな」と鈴木がにやにやしている。他意はないのだろう。日本人特有の曖昧な微笑という表情だ。

僕はそれ以上にヤバかった。

その写真が、僕にはひとつも黒く見えなかったのだ。

僕の目には色とりどりに輝く宝石の塊に見えていた。

ひとつの塊のなかで、白やエメラルドグリーンやブルーや薄い黄やあざやかな赤が光を乱反射し、虹色に輝いている。

たしかこれは——オパールだ。

石炭ではない。オパールが映っている。

美しい——。

おとぎ話に出てくる海賊の財宝よりももっと輝かしく、もっとまぶしかった。

その宝石の塊は、鈴木の言葉が本当なら人の死体のはずなのだ。けれども、それまで僕が死体というものに持っていた——母を最後に出棺したときのような——変な喪失感や血の気を失った不自然な黄色みや、生と死の断絶感のような印象はなかった。燦然(さんぜん)たる宝石の塊なのに、けばけばしいどぎつさはない。むしろ、心のどこかが温かくなるようなパステルカラーの絵画のような感触があった。

　僕は鳥肌が立った。僕が、鈴木の言っていた「一万人にひとり」なのだろうか。ためしに、「黒いな」と呟いてみたら、彼は「すげえ真っ黒だよな。石炭とか黒曜石とかブラックオニキスとかみたいな」と笑っていたから、これは真っ黒に見えるらしい。僕にはまったくそうは見えないのだけど。

　そのとき、後ろから僕にとってはあまり聞きたくない声がした。

「春原、いる?」

　そう言って教室を覗いているのは、陸上部部長の植村先輩だった。

「いや、もう部活へ行ったんじゃないですか」

　鈴木が「誰?」と小声で聞くので、「陸上の部長の先輩」と小さく答えた。教室のなかを見ていた植村先輩が、鈴木のスマホに気づいた。

「ああ。石炭病の死体?　うちのクラスでも出回ってるよ。人間が石炭になるとかって、異常だよな」

「そうですね……」

「こういう変な病気で死ぬ奴って、やっぱり何かあるのかもな。マスコミ沙汰になったり、画像が拡散されたり、騒がれて。さらし者になるようなバカな死に方はしたくないよな」

頬を軽く歪ませ、ひどく見下した目で、植村先輩はそう言った。

　僕はそれ以上に見下した目で先輩を見た。

「先輩、いまの言い方、何さまのつもりですか」

「あ？」

「死んだ人のこと、知ってるんですか。残された人の気持ち、わかって言ってるんですか。人は必ず死ぬ。死は理不尽に人を奪う。それをバカみたいな死に方って言える先輩は何さまだって聞いているんですよ」

　身体が怒りで震えた。こいつは死を知らない。大切な人がいきなりこの世から消える不条理を知らない。残された人々の空虚さと後悔の悲痛さを知らない。電車の人身事故現場に居合わせたときに、スマホを構えて写真や動画を撮る連中と同じ。自殺と聞けばあることないこと噂話にするご近所連中と同じだ。人の死をも消費するエンタメか何かと思っている。

「先輩に向かって、なんていう口の利き方だ。ああ？」

　と植村先輩が眉をひそめた。

　そのときだった。

「部長！　智也！　何やってんの⁉」

　彩乃だった。

「部活に行ったんじゃなかったのか」

「まだこれから。それよりどうしたの。植村部長と言い合いなんて」

結局、その場は彩乃が間に入ってなんとなく尻切れとんぼで終わった。

久しぶりの剣道部。僕の剣は乱れていた。

部活を終えてもまだ気持ちはささくれ立っている。

格技棟を出るが、雨は続いている。

校庭にはどの部活もいない。

渡り廊下を通って南校舎に入り、階段を上がろうとしたときだった。

「佐久間くん」

という男の声がした。もう顔を見なくてもわかる。植村先輩だ。僕は階段にかけた足を戻して声のほうへ、無感情に振り向いた。案の定、植村先輩がジャージ姿で立っている。

だが、その少し後ろに彩乃が立っているのには驚いた。植村先輩は苦い顔で立っている。

「なんでしょうか」と尋ねると、先輩は勢いよく頭を下げた。

「すまなかった」

「はい？」

「先ほど、石炭病の亡骸の写真について話をしていたときに、僕は考えなしな暴言を吐いた。亡くなった方と死というものへの配慮に欠けた発言だった」

「…………」

僕が黙っていると、先輩の後ろの彩乃が眉間に軽くしわを寄せて先輩のジャージを引いた。かえってイラッとするのだが……。

「きみのお母さんが亡くなったばかりだとは知らなかったんだ。知らなかったというのが言い訳にならないことはわかっているけど――すまなかった」

先輩がもう一度頭を下げた。彩乃が相変わらず憮然(ぶぜん)としている。彼女が先輩に物申してくれたのだろう。だとしたら、彼女に免じて謝罪を受け入れるべきだろう。

「いいえ。僕も言いすぎました。――これでこの件は終わりにしましょう」

下手に意見を交わしたら、また見解の相違が明らかになってしまう。沈黙は金だ。

冷ややかな階段に足をかけようとしたとき、先輩が呼び止めた。

「待ってくれ」

「まだ何か……？」

すると先輩は周りの目を避けるように、僕を階段の陰に引っぱる。先ほどよりもよほど血の通った表情で、けれども声は小さく、こう言ってきた。

「地方予選で俺は敗退したから、このあとはもう引退して受験に集中する。その前にはっきりさせておきたいことがある」

「はあ」なんとなく面倒くさいような、不吉なような、嫌な予感がする。

数回言い淀んで、先輩は怒ったようにした。

「佐久間くんと春原は……付き合っているのか」

僕と彩乃は顔を見合わせもせずに即座に慌てた。

「ええ⁉」

「ええ⁉」

「どうなんだ」と先輩が繰り返す。

「いやいやいや。彼女とは幼なじみですけど」

「わたしも、智也のことは小さい頃から知っていますけど」

ふたりで狼狽えていると、先輩が指摘した。

「春原はきみのことを普段は名字で呼ぶのに、こういう慌てたときには下の名前で呼んでいるでしょ」

彩乃が赤面し、硬直し、機能停止に陥った。

「いや、ですからこれは――」

「つまり、春原は彼のことが好きなんだよな」

「え？　え？」

僕はため息をつく。「先輩は、すのは……彩乃が気になるんだよ」

今度こそ彩乃がショートした。

「ええっ⁉　どうしてそうなるの⁉」

先輩も赤面している。ちょっとした意地悪だ。

「どうしてもこうしても、そうなんだからそうなんだよ」

「っていうか、先輩。え？　わたし？　どうして？」

完全に完璧に、彩乃は先輩が眼中になかったことがこれでよくわかった。

「おまえ、そういうところ、昔っから激鈍なのな」

「激鈍とは何よ。壁ドンするぞ」

先輩には申し訳ないが、一時は彩乃が植村先輩を好きなのではないかとやきもきした僕にとって、このシチュエーションは快哉を上げたいところだった。さすがにそこまでやってはいけないという理性はあるが、彩乃とのこんなやりとりを見せつけてやりたいという自分の意地の悪さは自覚していた。

限りなく敗色が濃いと、先輩も悟っているだろう。

それでも、彼はじたばたしてみせた。

「佐久間くんは、春原の幼なじみだが、正式に付き合っていないんだな？」

「まあ……」

「だったらさ、俺と勝負しない？」

「勝負？」

「俺と一〇〇メートル走で勝負するんだよ。それで、勝ったほうが春原に告白する。負けたほうは彼女と距離を置く」

「…………」

それは先輩で部長という立場を使っての、僕に圧倒的に不利な条件提示にしか思えなかった。その思いが顔に出ていたのか、先輩がつけ加える。

「知っているかどうか知らないけど、俺は一五〇〇メートル走の選手で、一〇〇メートルは陸上部のなかでは速くない。短距離なら俺より野球部とかのほうが速いんじゃないかな」

「それでも、僕にとって不利すぎません?」

「負けると思ったらやらなければいいんだよ。それなら、俺は普通に春原に告白し、彼女に振り向いてもらえるまで粘るだけだ」

彩乃がまた真っ赤になっている。こういう言葉を、本人を目の前にして言えるのはすごいと思う。

けれども、告白というなら僕はすでにしてしまっているし、宙ぶらりんだし。

問題なのは、陸上部に短距離走で勝てる気がしないことだった。もし負けたら、先輩は彩乃に告白する。もう彩乃は先輩の気持ちに気づいた。ひとりの女の子をかけての男同士の戦い。古式ゆかしい展開だけれども、みっともなく負けた僕よりも颯爽（さっそう）と短距離を駆け抜ける先輩に、彩乃があらためて惹かれないとは言い切れないではないか……。

今度は僕がじたばたする番だった。

「そういうのって、彩乃の気持ちを考えていないいんじゃないですか」

「これはあくまでも俺ときみの勝負だもの。どちらが彼女に告白するかを決めるだけ。ただ、きみが逃げるなら、彼女への気持ちはその程度だったと伝わるかもしれないけどね」

こいつ、陸上部強豪校で部長をやるだけあって口もうまい。短距離走で勝負するけど剣道でも勝負しろと言うべきだったかもしれない。

しかし、植村先輩の後ろに立っていた彩乃の表情を見て、僕は混乱した。彼女は冷め切って、静かに怒った顔をしていたのだ。

その日、僕は久しぶりに自分の家でひとりコンビニ飯をつついていた。父親のぶんもコンビニ飯になってしまって申し訳ないが、作る気になれなかった。

「意外とうまいな。コンビニのハンバーグ弁当も」

独り言を言ってみるが、返事はない。リビングの向こうは暗い。納骨が終わって仏壇に収まった遺影と位牌は、ここからでは見えない。

雨はやんでいる。外は静かだ。

味噌汁は買わなかった。麦茶をあおる。ひとりで食べるコンビニ弁当はおいしいのだが、食事というより燃料のようで味気ない。

スマホをタップする。彩乃に送った謝罪メッセージは既読もつかない。

植村先輩に言い返すべきだったのか。こちらも口で応戦して、論破してしまうべきだったのか。それともあの場でさっさと勝負を引き受ければよかったのか。

それだけではないように思う。

彩乃の気持ちを考えていないいんじゃないか、って、僕自身がわかっていない……。

「あいつはどうしてほしかったのだろう」

僕は考える。考えて考えて考える。

一時間が経ち、二時間が経った。

食べ終わったコンビニ弁当の容器をゴミ箱にねじ込む。スマホに彩乃の既読も返事もないのと明日の天気を確認すると、僕はさっき下校時に聞き出した植村先輩のところへメッセージを送信した。返事はすぐに来た。

その返事を二度、読んで、今度は彩乃の母、美奈子さんに電話をかける。

数回のコールののち、美奈子さんの明るい声がした。

『はいはーい。どうしたの？　智也くん』

美奈子さんの声の調子がいつもどおりなのが、救いのようでもあり、かえって怒られているようでもあり……。

「夜分失礼します。えっと、そばに彩乃は？」

『いないよ。帰ってくるなりシャワー直行で、上がってきたときにはちょっと泣いたあとみたいだったけど。うちのがまた何か智也くんに迷惑かけた？』

泣いていた――。厳しく叱られるよりもよほどに身を切られるような思いだった。

僕はざっと今日あったことを、僕が落ち度と考えていることを正直に話したうえで、美奈子さんにお願いした。

「彩乃に、明日の朝七時半に校庭に来てくれるように伝えてください」

電話の向こう。美奈子さんは少しだけ間を取った。わがままがすぎたかなと不安になった。

『――わかった。必ず行かせる』

「ありがとうございます」

『智也くん。彩乃のこと、お願いね』

「はい」

美奈子さんの沈黙の意味と、僕が自分のことしか考えていなかった愚かさを悟るのはもう少しだけあとの出来事だった。

数日ぶりの朝日のまぶしさに目を細めながら、僕は学校へ急いだ。天気予報が当たってくれてよかった。

制服をカバンに詰めて、ジャージ姿で自転車を漕いでいる。

七時に校舎に着いて準備運動をしていると、植村先輩が登校してきた。陸上部のジャージ姿だ。

「おはよう」

「おはようございます」

植村先輩も軽く身体を動かし始めた。

「ほんとにいいんだな」

「そういう約束でしたよね。それこそ先輩のほうこそ、いいですね」

「ああ。負けたら、すっぱりあきらめる」

七時二十五分くらいに、夏服の制服姿の彩乃がやってきた。

「彩乃。来てくれてありがとう」

僕が心から安堵してお礼を言うと、彼女はますます混乱したような顔をした。

「ふたりともどうしたの？　これって、昨日の勝負？」

「そうだよ。勝ったほうが、おまえに告白する。ベタだけどこれがいちばんいいんだ」

「…………」

彩乃が口をへの字にしている。

「昨日、彩乃が怒っていたのは、僕が正面から先輩の挑戦を受けなかったこと。受けないなら受けないで堂々と断り切らなかったこと。男らしくなかったと反省しているよ」

「……ちゃんとわかってんじゃん」

と彩乃が口のなかで呟いた。

「春原。ゴールの判定を頼む。あとスタートの合図も」と植村先輩が指示する。

彩乃は鼻の下をこすって、グラウンドに駆けていこうとして立ち止まる。

「部長。佐久間くんは、陸上は素人です。少しアドバイスしてもいいですか」

「いいよ。あと、佐久間くんがスニーカーだから俺もスパイクではなくスニーカーでやるから」

彩乃が僕のそばに来た。

「靴紐きつくしめて。手のひらは開いて、肘は九〇度で走って。着地はなるべくつま先中心で、姿勢はまっすぐにして身体の軸を感じるように」

にわか仕込みもにわか仕込み。いまこの瞬間だけで少しでも速く走れるようになるくらいのコツだけだ。それでも、彩乃と少しでも話せたのは僕の気持ちを燃え立たせてくれた。

「ふふ」思わず笑い声が漏れる。

「何かおもしろいことあった?」

「小学校の運動会をちょっと思い出してた。組体操のとき、彩乃と顔を合わせてにこにこ笑ってたなって」

彩乃が微笑んだ。「そんなこともあったね」

僕が靴紐をきつくするのを見届けて、彩乃がゴール地点に向かった。トラック半周。この半周が、近いようで無限に遠くにも感じられた。

先生たちが登校し始めている。生徒たちはまだだ。

グラウンドはやや湿っているが、トラックに水たまりはない。

澄んだ空気を胸いっぱいに吸って、スタート位置でクラウチングスタートの姿勢を取った。コースの決められたセパレートコース形式だ。後ろを見れば、インコースで植村先輩が無言で同じようにしゃがんでいる。

「用意――スタートッ」

僕は地面を蹴った。

音も風景も何もかもが消失する。自分の足の動く感覚と、奥歯を嚙みしめてもなお伝わるグラウンドの反発。カーブに差しかかる頃には、目の端に植村先輩が見えた。身体をインに傾け、走る。開いた手のひらは激しく強く力が入りながら、空気を捕まえるように動かす。

直線になって、身体半分、先輩が速い。

剣道部でも一〇〇メートル走なら瞬発力でどうにかなると思っていたけれど、甘かったのか?

「おおおお――」

自然に気合いの声が漏れた。

剣道と同じ、気迫で攻める。

だが、あと一歩が足りない。

酸素を吸わないで走り続けた肺が苦しい。視界が狭まる。

そのときだった。

「智也‼　負けるなァ‼」

彩乃が叫んでいた。身体を曲げて力の限り、思いの限り――。

その声が僕の心を、魂を、ぜんぶを叩いた。

そうだ。僕はゴールへ走るのではない。

彩乃のもとへ走るのだ――。

植村先輩が視界から消える。

僕は勝った。

僕も植村先輩も、湿るグラウンドに仰向(あおむ)けになって胸を激しく上下させていた。口のなかで血の味がする。

「僕の……勝ちだ」

喜び以上の何かがふつふつと湧き上がってきた。

「ああ。俺の負けだ。——ゴール判定者が片方を応援するのはひでえよな」

と先輩が上体を起こし、彩乃が「すみませんでした」と、ばか正直に謝っている。

植村部長は立ち上がると、「今日も部活あるからな」と言い残して校庭から出ていった。

僕が上半身を起こしたときには、先輩の背中はだいぶ小さくなっている。

立ち上がってジャージについた泥を払うと、僕は彩乃の名前を呼んだ。

「彩乃」

「は、はい」

彩乃がどぎまぎしている。

「二回目の告白だ。彩乃のこと昔から好きだった。気づいてなかったかもしれないけど」

「…………」

彩乃は空を見上げるようにした。目に光がたまっている。朝の白い太陽を目元の涙が反射していた。

「僕は決断した。どんな不利な勝負でも、彩乃のためなら受けて立つ。これからもう絶対にごまかさない。だから——答えをもらってもいいかな」

彼女は顎をそらしたまま、目を閉じる。夏服の胸が緩く何度か上下した。部活の朝練があるような早い登校組がちらほらやってきつつある。恥ずかしくないかと言えば、恥ずかしい。けれども、その恥ずかしさからも、もう逃げないつもりだった。

彩乃は笑顔で首を戻した。

「智也こそ、わたしが智也を好きだって気持ちに、気づいてなかったんじゃないの？」

「え……？　でも、彩乃もおばさんも、隙あらば僕を別の人とくっつけようとしてた」

と僕が鬱屈を漏らすと、彩乃は微笑んだまま受け止めて、

「ごめんね。わたしもあのときはまだ決心がつかなかったの」

「決心……？」

彼女はとうとう笑いながら涙をこぼした。

笑顔でごまかし、目を指で拭うけれども、彼女の白い頬に幾筋もの涙がこぼれ落ちている。きらきら、きらきら。まるで水晶のような清らかな光を振りまいていた。

彩乃は笑顔の表情のまま腰に手を当てた。涙は止まっていない。
「あーあ。わたしは幸せだ。ずっと一緒にいた智也がこんなにも好きになってくれて。だから、わたしも自分の気持ちはもうごまかさない」

智也、大好き。

その彼女の言葉が僕の魂を麻痺させた。
こんな短い、単純な言葉が、こんなにも力を持っているなんて知らなかった。
僕の世界は、僕が心を寄せる存在は彼女だけ。
それが限りなく誇らしく、叫びたいほどにうれしかった。
こうして僕たちは、恋人同士になった。

その日一日、僕は何を見ても聞いても幸せだった。ありきたりな言葉で言えば、できたばかりの彼女のことで――幼なじみから恋人に変わった彩乃のことで――頭のなかがいっぱいだったのだ。期末試験が終わってからで本当によかったと思う。授業の内容なんて何も頭に入らなかったのだ。

ただ、あとで彩乃に聞いたらどの科目も当てられたら的確に答えていたらしいので、人間というのは意外に器用にできているのかもしれない。

気づけば彩乃を見ていた。

彼女が頬杖をついている。ノートを取っている。ちょっと居眠りをしている。ふと目が合うと頬を赤くしたり、小さく手を振ってくれるのがうれしかった。

久しぶりに部活がもどかしかった。こんなことをやっているよりも、一分でも一秒でも長く彩乃と一緒にいたかった。

「佐久間。なんかいいことあった？」

と鈴木に言われて、頬がにやけた。

「いや、別に」

「嘘つけ。切り返しのときにめっちゃ笑ってて怖えんだよ」

「そんなことないよ。ほら、立ち合い稽古やるぞ、部長さま」

休憩時間に水を飲んで、校庭を見に行く。陸上部。そこに久しぶりにジャージを脱いだ彩乃がいた。顧問の笛と共に走り出す。僕が見てきたどの彩乃よりも軽やかに、白い足が大地を蹴って、ハードルを次々と越えていく。もとから障害物なんてないように風のように駆け抜けていく姿は、ここしばらくのブランクをまったく感じさせなかった。

「やらしいぞ、佐久間。また女見てるのか」と鈴木がからかう。

「ああ」と思い切り答えてやる。

「マジかよ」

「女は女でも、彼女を見ていた」

「かのじょぉ⁉」鈴木がすっとんきょうな声を上げた。「聞いてないぞ」

「言ってないもん」

「いつからだよ、誰だよ。くっそー。すぐ別れる呪いをかけてやる」

「やめろ」

ゴールした彩乃が陸上部の女子と笑い合っていた。

部活が終わって、変わったことがあった。

いままでは帰りの待ち合わせをしてもシンデレラ階段の陰、人目につかないところで合流し、大通りのコンビニに抜けるまでは他人の振りだった。それが変わったのだ。

《下駄箱で待ってて》

鈴木ではないが、嘘だろと思った。春原さん、大胆ではありませんか？

知り合いが何人も通る。佐山も園田もいたし、吉村もいた。スマホをいじっている振りをして、話しかけられないようにしておく。それでも吉村あたりは話しかけてくるので、

「うん。じゃあね」と最低限の受け答えで逃げた。

ずいぶん長くかかったように思うけど、彼女は大急ぎでやってきた。

「ごめーん。遅くなっちゃった」

やさしい制汗剤の香りが、彩乃と一緒に到着する。

「いや。ぜんぜん」

たまたまクラスの男子がいて、僕はやや焦ったけど、彼女はまったく動じない。動じないどころか、認識すらしていないようだった。おかげで件の男子は、「あ、そういうことですか」というふうに目を伏せて無言で下校していった。うん。悪くない。

「朝のことで舞い上がって、怪我でもしてないかと心配したけど、大丈夫だった?」と彩乃がからかった。

「舞い上がっていないよ。……たぶん」

いつものスーパーに行くと、彩乃がごく普通の表情をしながら和牛霜降りステーキ肉をカゴに入れようとしていた。待て待て、と突っ込むと彩乃は表情筋を変化させずに断言した。

「舞い上がってるよ。……ものすごく」

「おばさんが何事かと思うでしょ」

「お母さんなら即行で理解すると思う」

単にいい肉が食べたいだけじゃないのか。体育会系女子高生はよく食べる。

「あのね? 僕は『告白しました、オッケーです、やったー』で終わるのではなくて、これからずっと彩乃を大切にしていきたいんだよ？」

さすがに小声になる。彩乃が百日紅のように桃色に頬を染めた。

「智也。何言ってるの、こんなところで。ひょっとして智也って、女たらし？」

「そんなわけないでしょ。とにかく、霜降りステーキ肉は戻します」

「はーい」

夕食は鶏の唐揚げにした。

家まで返ってくると、ふと彩乃がいたずらっぽく僕を振り返る。

「もしも今日が人生最後の日だったとして、智也はわたしを好きでいてくれる？」

「当たり前じゃないか。好きってそういうことだろ？」

僕は即答した。シャワーを浴びたあと、料理を作りに彩乃の家に行ったら、美奈子さんが大人の笑みで迎え入れてくれた。

「とうとう収まるところへ収まっちゃったか」

母と娘というのは恋愛話をすぐに共有するらしい。僕は父に話そうとは思わないけど、機会を見てきちんと紹介するつもりだ。

「えっと。ふつつか者ですが、よろしくお願いします」と僕が頭を下げると、美奈子さんが苦笑した。

「それはこっちの台詞よ。おばさん、智也くんで本当によかった……」

そう言って美奈子さんはメガネを外して目元を拭った。

昨日までと同じ毎日のはずなのに、昨日までとは決定的に違ってしまう瞬間が、人生にはある。良きにつけ悪しきにつけ、いままでの関係が一新されてしまうのだ。

恋を告げ、それが実ったときの世界の変化は、たぶん高校生の僕にとっては最上級の世界の変化――それも輝かしい変化――だった。

同じように言葉を交わしていても、ごはんを食べていても、宿題の進捗をスマホのメッセージで確かめ合っても、昨日までは幼なじみでクラスメイトだったのが、今日からは彼女とのやりとりなのだ。

家に帰って後片づけをし、部屋に入ると、僕はカーテンを閉めないで窓の外を見た。

彩乃の部屋に灯りがついている。彼女の部屋もまだカーテンが閉められていない。と、僕が彼女の部屋の灯りを確かめたのとほとんど同時に、彩乃が窓のところに立った。

同時にスマホが振動する。

『やっほ』と彩乃の声がした。窓の向こうの彩乃が手を振っている。『なんか、声が聞きたくなった』

「僕も。ついさっきまで話していたのに、変だよね」

『変だね。でもきっとこれが恋なんだろうね』

「……言ってて恥ずかしくない？」

『ちょっと恥ずかしかった。突っ込んでくれて、ありがとう』

「どういたしまして」

変化しているようで変化していない関係の、変化していないようで変化している会話。窓辺でスマホを持った彼女が笑っている。ふと訪れる沈黙も、胸を締めつけるような幸福感があった。

『明日、日曜日だね』

「うん。どっか行こうか」

『話が早い』

「さっきはおばさんがいたから。さすがに初デートのお誘いを彼女のお母さんの前でするのは、ねえ？」

『ねえ？』

「どこか行きたいところ、ある？」

『映画はパス』

「見たいのがない？」

『そうでもないけど、初めてのデートを二時間近く黙ったままっていうのが、わたし的にはもったいない感じ？』

「なるほどね」

『それとも暗い映画館で何かしようとしてた？』

「そ、そんなこと考えてないよ」

『あははは』

彩乃が明るく笑っている。告白の返事を待ってくれと言っていたときの、緊張感みたいなものはすっかりなくなって、くつろいでいた。

「やっぱり無難なところで遊園地？」

『あ、あそこ行ってみたい。浅草(あさくさ)の花やしき』

「僕も行ったことない」

『じゃあ決まりね』

「うん」

すると彩乃がスマホの向こうで少し沈黙した。もどかしく甘く切ない短い沈黙のあと、彼女は呼気と共にこう言った。

『智也と彼氏彼女になったの、なんだか夢みたい』

「僕もだよ。ずっと一緒にいたのに、変だよね」

『中学が別だったでしょ？　だから、智也がそっちで彼女とかできたんじゃないかなと思って、一年生のときはどんな距離で接したらいいかわからないでいたの』

「僕も同じようなこと考えていたんだけど」

彼女は小さく笑った。『ふふ。そんなわけないじゃん』

「そうなの？」

『ずっと悩んでいたんだから』

「悩んでいた……」以前も聞いたけど変な言い回しだな、と思った。

『あー、ほら。智也をいかにしてかっさらうか』

「なんでそうかっこいいの？」

彩乃がころころと笑った。

『じゃあ、また明日ね。おやすみ』

「うん。おやすみ」

スマホで声を交わしながら、僕らは互いの部屋から手を振り合った。

明日があるからスマホを切る。おやすみのやりとりがこんなにもうれしいなんて知らなかった。布団に入っても、なんだか時間がもったいない。早く朝が来てほしいような、このままの気持ちを味わっていたいような、落ち着かなさがあった。

スマホが振動した。

《寝ちゃった？》

彩乃からだった。なんとかわいいことか。布団に入ったまま返信する。

《まだ》《っていうか眠れない》
《わたしも》《楽しみすぎて明日熱が出たらどうしよう》
《寝てください》
結局、二時間くらいメッセージのやりとりをしていた。

翌日の日曜日。天気は晴天。梅雨ももう終わりで、暑かった。天気予報ではそろそろ梅雨明けだと言っている。デニムにTシャツ、上に羽織る半袖のシャツを持って家を出た。待ち合わせ場所は最寄りの国分寺(こくぶんじ)駅の改札にしてある。そのほうがデートらしいからという理由だったけれども、お向かいさんの悲しさか、僕が外に出て自転車を漕ぎ始めようとしたところで、彩乃の家の玄関が開く音がした。

「えっと。おはよ」

と僕が声をかけると、彩乃が目を丸くし、ついで少し悲しそうにした。

「おはよ。せっかく改札待ち合わせで驚かそうと思ってたのに」

そう言った彩乃は、きれいだった。ミニスカデニムに白いシャツを合わせた夏らしい格好は、制服や陸上部のユニフォームとまったく違っていて、新鮮で、かわいい。うっすらと唇が色づき、頬もつややかに夏の太陽を跳ね返している。お化粧したのだろうか。

僕が無言でいると、彩乃が自転車の用意をしながらぶーたれた。

「初デートの彼女の格好を見て感想はないの？」

「ああ……。見惚れてた。すごく、かわいい。僕の彼女は世界一かわいい」

彩乃が真っ赤になった。「そ、そこまで言わなくていい」

駅で自転車を置き、切符を買ってホームに降りるとちょうどJR中央線の特快が来たところだった。車中はそこそこ混んでいる。長い梅雨が明けて晴れになる日曜日、みんなどこかへ出かけたいのだろう。飛ぶように景色が流れる車中で、僕は彩乃ばかりを見ていた。

神田駅で銀座線に乗り換え、浅草駅に着くとずいぶん人出があった。

「人が多いから、はぐれないように」と僕が彩乃の少し前に立つ。

「うん」

数歩だけ歩いて、僕は振り返った。「――手とか、つなぐ？」

「……ちょっと恥ずかしいかも」

「だよね」

手はつながなかったが、彩乃は僕のシャツの端を小さく掴んでいた。

銀座線浅草駅から花やしきは少し距離がある。雷門で有名な浅草寺が間にあるのだ。

それならお参りしていこうという話になって、僕らはまず浅草寺を目指した。もちろん、雷門からきちんと入る。

雷門の周りは観光客が多い。僕らも彼らにならって写真を撮った。人力車のお兄さんが「おふたりで撮りましょうか」と声をかけてきたが、大丈夫ですと断る。理由はこのまま人力車を勧められても予算の都合で難しいのが半分と、写真を撮られる恥ずかしさが半分だった。

仲見世をゆっくり歩く。人が多いからどうしてもそうなる。途中、あげまんじゅうをふたりで半分ずつ食べた。宝蔵門をくぐった本堂前で僕らはおみくじを引いた。彩乃が中吉で、僕が凶。浅草寺のおみくじは三割が凶だという。昔からのおみくじの割合をそのままにしているそうで、他の寺社が逆に凶の割合を下げているのだと彩乃が教えてくれた。とはいえ、初デートに「縁談：当分無理」はないだろう……。

凶のおみくじを所定の場所に結びつけると、彩乃がこんな話をしてくれた。

「浅草寺は観音さまを祀っているから、凶のおみくじを結びつけることは〝観音さまと縁を結ぶ〟意味があるんだって」

「へえ」

次いで彩乃は本堂手前の、参拝の人たちが煙をかぶっている常香炉を示しながら、

「江戸時代に江戸の三大閻魔という閻魔大王を祀ったところがあって、東閻魔大王は昔、このそばの蔵前にいらっしゃったんだって。関東大震災で杉並区に移動したらしいけど、閻魔大王のお力自体はいまも浅草にあって、浅草寺の本堂前にいらっしゃるとか」

「詳しいね」と感心したが、ふと気になって聞いてみた。「ひょっとしてメッセージのやりとり終わったあとも、眠れなくて浅草関連を検索しまくってた？」

「実は徹夜」

「……身体、つらくない？」

「花やしきのおすすめアトラクションもばっちりチェックしてあるよ」

見えない閻魔大王さまと浅草寺の御本尊にお参りをし、花やしきへ向かった。僕は彩乃の身体が心配だったけれども、いまのところ彼女は元気いっぱいだ。疲れが見えたら早めに休ませればいいだろうか。

浅草の花やしきができたのは一八五三年。ペリーが日本に来た年だ。坂本龍馬や勝海舟が遊びに来たことはないだろうけど、幕末の志士たちが活躍した時代からあるのだと思うと不思議な気持ちになる。

まずは、という感じでローラーコースターに並んだ。速度は時速四〇キロ少々なのだが、なにぶん古い。一九五三年から稼働しているとなれば、速さとは別の怖さがあった。そのうえ隣の雑居ビルぎりぎりに走るので、何かの拍子に壊れてビルに激突しないだろうかと怖くてたまらない。

さらにメリーゴーラウンドのように回りながら、星形のボックス席自体も前転するリトルスターで酩酊状態になり、ひと休みしたもののディスクオーで振り子のように揺れつつ遠心力の赴くままに振り回されてすっかり出来上がった。昔ながらのアトラクション、恐るべしだった。

恐るべしといえばお化け屋敷も侮れなかった。

「あー、怖かったー」

お化け屋敷から出てくると、解放感で彩乃がそう感想を述べる。

「結構ヤバいね」

彩乃は女の子らしい悲鳴を上げ、僕は僕で「おおお⁉」と叫んでしまった。

園内でおしゃべりをしながら三半規管を落ち着かせ、途中退場して少し遅めのお昼ごはんにすることにした。

浅草はグルメの町でもある。池波正太郎（いけなみしょうたろう）、川端康成（かわばたやすなり）、永井荷風（ながいかふう）といった文人たちから落語家や芸人まで、多数の文化人たちに愛されてきたこの土地は、彼らの愛した名店が軒を連ねている。和洋中なんでもおいしいけれど、普段家でなかなか作れないものにしようということで、尾張屋（おわりや）の天ぷらそばを選んだ。高校生のデートにしては渋いが、そばはヘルシーだし、温かいそばとなれば家でなかなか作らない。

尾張屋の二階の小上がりで、まず玉子焼きを頼み、ふたりで分け合っているとそばができた。丼（どんぶり）からはみ出るほど大きな海老天（えびてん）が二本入った天ぷらそばだ。三つ葉の香りが清々（すがすが）しい。

「暑い季節にエアコンの効いた室内で熱いおそばを食べるのって、考えようによってはすごく贅沢だね」

と彩乃がそばに息を吹きかけて冷ましながら食べていた。

「本当だね」

僕はそばで舌を火傷して、彩乃に笑われた。

花やしきはフリーパスだったから、もう一度戻るつもりだったのだけど、途中の喫茶店・珈琲天国(コーヒーてんごく)で食後のお茶の時間を取ることにした。彩乃が少し疲れを訴えたからだ。

「そんな、大したことないから」

と言いながら、彩乃は靴を脱いでこっそりとつま先を曲げ伸ばししている。

「徹夜の疲れ？」

「だと思う」

と彼女は答えたが、この店の有名なホットケーキを前にしてもほとんどフォークが動かないところを見ると、とても心配になった。

「大丈夫？」

「このお店で休憩できれば大丈夫。ごめんね」

「そんなことないよ」と言ったときだった。ドアベルが鳴って新しいお客さんが入ってくる。かわいらしい衣裳(いしょう)の女の子数人と男性だった。

「うわー。すごーい。このお店のホットケーキ、食べてみたかったんですー。マネージャーさん、ありがとうございますー」

と言う女の子の声に聞き覚えがあった。マネージャーと言われた若い男が適当に答えながら、店の人に聞いて奥の席を確保してもらっている。僕は慌てて顔を伏せた。「どうしたの？」という彩乃の問いに、僕は「吉村だよ、あれ」と答えた。

「嘘⁉」と言いながら彩乃が背を丸めて、その女子たちのほうを見る。「ほんとだ」

彼女たちのなかに、いつもクラスで佐山たちと明るく話している吉村の笑顔が確実にあったのだ。学校と違ってお化粧をしているようだったが間違いない。ちょうど目が合った。先ほどまでのにこにこ顔が一瞬固まって、向こうも気づいたのだなとわかった。

「なんで浅草に？」と僕らは身を屈めて額を寄せ合ってこそこそ話す。

「わかんない」

吉村のほうが早かった。僕らがそんなやりとりをしているうちに近づいてきた。

「やだー。佐久間くんと春原さんじゃない」

「ユサ、知り合い？」と男性マネージャーが吉村に声をかけた。

「はい。クラスメイトです。——ひょっとしてデートの途中だった？　やっぱりね。あたし、絶対にふたりは付き合ってると思ってたもの」

言葉選びが微妙に教室の吉村ではない。ユサ、というのは芸名だろうか。

僕がどうしたものかと思っているあいだに、さらに吉村がまくし立てる。

「あたしね、『にーにぷらす』っていうアイドル活動してて。別に学校に隠してるわけじゃないんだけどね。今日は浅草の劇場のイベントでみんなと歌わせてもらったところで、そのちょっとした打ち上げなの」

周りの男性客の数人がスマホを構えている。吉村はめざとく見つけては手を振り、「『にーにぷらす』です。よろしくお願いしまーす」と宣伝している。

「そうなんだ」ハイテンションで圧倒される。

女性客のひとりが握手を求めたが、マネージャーが止めた。

「握手はごめんなさい。ほら、いま『石炭病』とかあるじゃないですか」

「どういう病気かもわからないからみんなに迷惑かけちゃいけないし。いまはごめんなさい」と吉村が営業の表情と声色で謝っている。代わりに女性客とツーショット写真を撮ってあげていた。

「こんなところでも『石炭病』か。伝染するわけでもないらしいのに」と彩乃が平板な声色で呟いた。「そういえば前に、智也は植村部長と石炭病のことで口げんかしたんだよね。どうして？」

他の女性客も別のメンバーと写真を撮っている。吉村は「石炭病とかってやっぱり怖いですよねー。石炭人間とかになったらどうしようー」とアイドルのような声で——たしかに地下アイドルではあるのだが——写真を一緒に撮った女性客と話を合わせている。

「植村先輩が、石炭病で亡くなった方へ『画像が拡散されたり、騒がれて。さらし者になるようなバカな死に方はしたくないよな』って言ったからさ、先輩は何さまだって言ったんだよ」

「ふーん」

「そしたら植村先輩が、『なんだ、その口の利き方は』ってキレて」

「キレるだろうね」と彩乃がくすくす笑った。

「僕の場合、母親の死の影響もあったけど、人の死は消費されるエンタメみたいに扱ってほしくないんだよな」

すると、彩乃が紅茶のカップを両手で持ちながら、「おおむね賛成だけど、ほんとのところは……」と低い声でささやく。

「彩乃?」

彼女は紅茶の残りを飲みきると、笑顔に戻った。

「そろそろ出よっか」

僕と彩乃は残っているホットケーキを手分けして食べた。そのあいだ向こうに耳を集中していると、一段落した吉村たちの会話が聞こえてくる。今日のイベント、お疲れさま。

来週もがんばってね。がんばりまーす。いつか浅草公会堂でコンサートしたいです。したい、したい。みんなならすぐにできるよ——。

もう吉村はこちらには振り向かない。

僕らは会計を済ませてそそくさと外へ出る。伝法院（でんぽういん）通りを歩いて珈琲天国から離れると、彩乃が立ち止まって息をついた。

「大丈夫？」

「ちょっとびっくりしたね。デート先でばったり知り合いに遭遇とかって、あるんだ」

「かえって疲れちゃった？」

「うん。少し……」

僕らは日陰に移動してゆっくり歩く。しばらく黙っていると、ふと思い出した。

「植村先輩との口げんかで思い出したんだけどさ、石炭病で亡くなった人のご遺体だって写真が出回っていたのを見たんだけど、違ったんだよね」

「違った？」

「僕には石炭のような真っ黒な塊には見えなかったんだよ」

「…………」

「なんていうか、色とりどりの宝石というかオパールみたいな、とにかくいろいろな色がきらきらと輝いて見えたんだよ」

「――そう、なんだ」

かっと照りつける太陽は西に傾きつつあったけれども、日射しは体力を削っていく。徹夜の彩乃には堪えるだろう。ぼくらはこのへんで浅草から家に戻ることにした。行きと同じく中央特快を捕まえられても、電車に一時間ほど揺られていないといけないからだ。夕食もこちらで取るつもりで軍資金をもらっていたという彩乃は、美奈子さんへもう帰るとメッセージを打っている。そのあいだに僕は美奈子さんに舟和(ふなわ)本店の芋ようかんを買った。

中央線は中央特快と時間が合わず快速になったけれども、席に座れたのは幸運だった。エアコンも効いている。「ごめん。ちょっと目を閉じてるね」と彩乃が言って、すぐに規則正しい寝息を立て始めた。しばらくその様子を見守っていたけど、眠っている彼女の頭が僕の肩にのってきて、彼女を起こすまいと僕は身動きが取れなくなった。緊張とどきどきと幸せ感が身体いっぱいに膨らんだ。

スマホをいじると、「本日、東京で梅雨明け」とネットニュースが流れている。

地元の駅に着いて改札を通ると、また珍しい人物がいた。美奈子さんが僕らを迎えに来ていたのだ。

「お母さん」と彩乃が眠気も吹っ飛んだような顔をしている。「どうしたの?」

「どうしたのって、あんたが体調不良で帰るってメッセージを送ってきたから、車で迎えに来たんじゃない」

そう言う美奈子さんには普段の明るい雰囲気はなくて、切羽詰まった表情をしていた。

「電車の中で眠ったら少し元気になった」

「何言ってるの」

「昨夜の徹夜のせいだから大丈夫だよ。車でお迎えはありがたいけど、明日学校に行くのに自転車をこっちに置きっぱなしにはできないから」

日はまだ高い。暑さは幾分か和らいだ気がするが、まだまだ暑い。

「しんどいようだったら、おばさんの車で帰りなよ。彩乃の自転車なら、僕があとで取りに来るから」

「大丈夫。夕飯の支度もしなきゃだし。おうちに帰るまでがデートです」

彼女がおどけたように言うと、美奈子さんがため息をついた。

「夕飯は作らなくていいよ。疲れているでしょ？　お母さんが買って帰るから」

「やだ。自分で選ぶ」

彩乃が妙にわがままを言った。

美奈子さんが何か言おうとしてのみ込んで、ため息をついた。

「……お刺身でもお惣菜でもすぐに食べられるものを買ってきて。他は何も買わなくていいから」

お土産（みやげ）に買ってきた芋ようかんを受け取ると、美奈子さんは「自転車もゆっくり。具合が悪くなったらコンビニでもスーパーでも涼んで帰ってくるのよ?」と念押しして、先に帰っていった。

僕らはその言葉どおり、ゆっくりと自転車をこぎ始めた。彩乃の身体が心配だったのもあるけれども、ふたりでいる時間をもう少し延ばしたかったのだ。おうちに帰るまでがデートだから。

「お母さん、少し怒ったかな。でも、ちょっとでも智也と長く一緒にいたかったから」

と彩乃が照れ笑いをした。彼女も僕と同じことを考えていたみたいだ。

普段の倍以上の時間をかけて、いつものスーパーまで戻ってきた。紅と金を混ぜたような夕焼けが西の空いっぱいに広がっている。その夕日を受けて、世界が、彩乃が、ほのかに橙色していた。ゆっくりしたとはいえ、やはり汗はだいぶかいた。彼女の身体からムスクと汗の混じったような香りがして、理性の揺らぎを感じる。

スーパーのエアコンで涼みながら店内を見て回った。今日は済ませることにした。鰹のたたきの安いのがあったのでそれを買う。あと、煮物の盛り合わせを買って、今日は済ませることにした。

外へ出ると再び太陽を身体で感じる。自転車の前で彩乃が額にハンカチを当てていた。

「僕にできることはある?」と聞いてみた。「大丈夫?」という聞き方では「大丈夫だよ」という答えしか返ってこないように思ったからだ。

彩乃は表情を緩めたあと、「智也。今日はありがとう」と言ってくれた。

「僕こそ。最高に幸せだった」

するといきなり急に、彼女はさみしげに微笑んだのだ。

「――智也のお母さんは、智也に何も言わないでいなくなってしまったのよね」

「まあ、そうだけど」僕は戸惑った。どうしていま、そんな話を……。

「いつまでもそれを思い出させるわたしも嫌なんだけど、わたしは智也と付き合えるようになってとても幸せで。――だからこそ、怖いの」

「怖いって、何が？」

彩乃は激しく首を横に振った。

「この幸せが……崩れてほしくない」

心臓を鷲摑みにされるような、絞り出すような言葉。そのうえ、彼女の目尻に涙が膨らんでいるのを見れば、忘れられるわけがない。

「母さんはたしかに僕の前から黙って消えてしまったけど、僕は絶対にそんなことしないよ？」

「そういう意味じゃないの。ごめん。いまのはなんでもない。忘れて」

自転車置き場にあまり人はいない。ときどき来る人も、僕らのあいだの空気を読んでか、無言で通り過ぎていった。

「気になるよ。僕ら、付き合い始めたばかりじゃないか。……ひょっとして、僕と付き合うことにしたの、後悔しているとか？」

再び彼女が首を激しく振る。「違うの！」

何かを言いたげに彼女の口がわななき、けれども何も言えず、西日を反射させて涙を流す。それが紅の水晶のように光ってみえた。

そのとき、この場でもっとも聞きたくない声がした。

「痴話げんかは見えないところでやれよ」

僕は思わず寒気を覚えた。植村先輩だった。私服姿。買い物にでも来たのだろうか。

彩乃が顔を背けて慌てて涙を拭いている。

「別に。僕たちの問題です」

「付き合ってそうそう女を泣かせてる奴の台詞かよ」

「………」

「ま、デートしてみたら嫌なところが見えたなんて話もよく聞くし。井の頭公園とか、そういうジンクスのあるところへでも行ったのかな」

「ぜんぜん違いますから」

「もう一度、一〇〇メートル走のやり直しをしてもいいんだぞ」

その言葉にかちんときた。だが、僕が言い返すより先に、彩乃が先輩に振り向いた。

「わたし、智也が大好きでお付き合いさせてもらっています。あいにく、部長はわたしの

「タイプではありません」

思わず絶句した。彩乃は強いところのある女の子だけど、面と向かってそこまで言うかと思った。さすがに先輩が真っ白い顔になっている。

「そ、そいつがきみを泣かせていると思ったから」と植村先輩が弁解した。

「お節介です」

彩乃がぴしゃりと言い切った。剣道だったら文句なしのきれいな面打ち一本だ。先輩が無意識のうちに半歩後ろに下がる。

「彩乃――」と僕が彼女のシャツをつつくと、こちらに振り返り、「帰ろ」と彩乃は答えた。

その瞬間――。

彩乃が不意に立ちくらみのように倒れた。

「おい、彩乃⁉」

僕は慌てて彼女のそばに屈み込む。植村先輩も「大丈夫か」と覗き込んだ。

「だ、大丈夫だよ」

このときの彩乃の儚げな笑みを、僕はずっと忘れないだろう。

僕に手を取られて彩乃がゆっくり立ち上がった。

「ごめん。相当無理していたんだね」

「そんなことないよ？」

「大丈夫？」

「うん。大丈夫。あー、最悪」

彩乃が僕の腕に摑まる。彩乃がしっかり立てるように、僕も彼女の腕を握り返した。こんなときだというのに、彼女の手の感触と、僕の手が握った腕の柔らかさにどきどきする。

彩乃が足を引きずるようにした。

「怪我してないか？」と植村先輩が口を挟む。これは陸上選手にとっては最重要だ。

「どこも痛くないから、大丈夫だと思います」

と彩乃が答えた。僕はちょっとだけほっとする。

彩乃が転んだ拍子に彼女のスマホが落ちていた。

「スマホ、落ちちゃったね」

と、屈んだ拍子に、彩乃の素足が目線の位置に来た。好きな子の素足が目の前にある。なるべくじろじろとその白い足を見ないようにスマホを拾おうとした。

だが、彩乃の膝が視界に入って、僕は動けなくなった。

彩乃の右膝から血が出ていた。さっき転んだときにすったのだろう。

陸上選手の命である足から血が出ている、筋肉や腱や骨に異常はないだろうか——本当はそれを考えなければいけなかった。しかし、それらがまったく考えられないほど、僕は目の前の光景に呆然(ぼうぜん)としてしまった。

「智也……?」

と、彩乃が僕の名を呼んだ。

そのあいだも、僕は思わず彩乃の膝を凝視してしまう――。

そこにあったのは、まったく信じられなく、見たことがなく、それでいて変にきれいな光景だったのだ。

彩乃の膝がすりむけて、血がにじんでいる。

その血の色が、赤くなかったのだ。

赤い部分もあるのだが、赤だけではない。

緑色、黄色、青色、無色透明、藍色、赤色、そして黄金色――。

それらが渾然(こんぜん)となりながらも、それぞれの色がきらきらと瞬いている。

その輝きは虹よりもずっと鮮明で――細かな宝石の群れのようだった。

「彩乃、その膝――」

僕の心臓の鼓動が暴れていた。何かとんでもないもの、理解が追いつかないものへの本能的な恐怖が僕を支配する。

気づいたときには、僕は指で怪我の部分にごくわずかに触れてしまった。

彩乃がびくりとする。

植村先輩も彼女の膝に気づいたみたいだった。

「春原、その膝――墨汁でも垂らしたみたいになっているけど」

「え？」

思わず僕は先輩を見上げた。何を言っているのだ、この人は。こんなにもまばゆく美しいものを目の前にして。

「ただの汚れだよな？　石炭病です、なんて言うんじゃないよな？」

僕は彩乃を見た。僕の肩に手を置いて身体を支えている彼女が、僕の顔を見下ろす形になる。彩乃には僕はどんな表情に見えたのだろうか。

彩乃は、昨日の告白のとき以上に切羽詰まった表情になった。

その瞬間、僕は自分の指で、彼女の膝をあでやかに彩っている――僕にはそう見える――ものを拭ってしまった。

彼女の膝にはほとんど血は残っていない。

「すりむいちゃったね。絆創膏（ばんそうこう）ある？」

と僕が言うと、彩乃は持っていたバッグから財布を取り出して絆創膏を抜き取った。彩乃は僕らから膝を見せないよう身体の向きを変えてしゃがみ、あっという間に絆創膏を貼ってしまった。

彩乃は僕らに向き直ると、表情を緩めた。

「墨汁みたいなんて、あるわけないじゃないですか。夕日のせいですよ」

「いや、でもさっき」と植村が食い下がろうとするのを、彩乃は無視した。

「付き合ってもいない女の子の膝とかじっと見ているのは変態ですよ、部長。他にはどこも怪我していませんし。じゃあ、母が待っていますので失礼します。——行こう、智也」

と彩乃がまくし立てる。彩乃は自転車にまたがり漕ぎ出そうとしていた。

「ああ——」

僕はいまさっき見たものをどう整理していいかわからないまま、自分の自転車に戻る。

あれはなんだったのだろう。

ただの見間違えだ、としたかった。夕日が反射したのだと僕も説明づけたかった。

けれども、僕の指先には彩乃の膝の血がついている。

その血は七色にきらきらと光っていた。

まるでオパールのように。

僕はその指先を舐めて、オパール色の血なんてなかったことにするのを選んだ。

そのあと、僕らは無言だった。

日が沈み、急速に夜になっていく。

彩乃は家に戻るとインターホンを鳴らして先に帰っている美奈子さんに玄関ドアを開けてもらうと、何も言わずにうつむいたまま家のなかへ飛び込んでいった。驚く美奈子さんに僕が、先ほど何があったのか、僕が何を見たのかを説明する。美奈子さんが顔面蒼白になって、かすかによろめいた。

「大丈夫ですか⁉」

「大丈夫……智也くんさ、いろいろあるだろうけど、まずはいつもどおりにシャワーを浴びておいで。それでうちでごはんを食べましょう」

「彩乃は――」

「そのときに話すから」

僕は言われたとおりにした。一日中着ていて夏の暑さで汗まみれになった衣服を替えたかったし、暑いシャワーでさっぱりしたかった。シャワーを済ませて着替えた僕は、彩乃の家に向かう。インターホンを鳴らすと、「はーい」という返事と共にいつもどおりの笑顔の美奈子さんが出てきた。

僕はついさっきの出来事の一切が夢だったのではないかと期待した。

「彩乃は――」

美奈子さんが苦笑した。「シャワー浴びて部屋にこもってる」

「…………」

「大丈夫。お腹がすいたら出てくるから」

美奈子さんは鷹揚に構えている。

「ほんとですか」

「そんなもんよ。夕食の支度をしましょう」

煮物をレンジで温めると、出汁のいい匂いがした。味噌汁を作り、ごはんをよそう。

彩乃が降りてきた。美奈子さんの言ったとおりだった。

「お腹すいたね」

と彩乃が蒼白な顔色のまま、無理やり微笑んで箸を取った。いただきます、と言ったものの、食事は進まない。

彩乃が黙っているので僕も黙っている。

不意に彩乃が箸を置いた。

「陸上はやっぱり――続けられないかも」

彩乃の目が潤んでいた。

それなのに表情は笑ってみせている。

「続けられないって……」

僕がその先を促すと、彩乃は上を向いて涙を堪える仕草をする。ふと美奈子さんを見れば、美奈子さんもメガネを外してハンカチを目に当てていた。

「怪我、できないから」

「……それって、もしかして」

先ほどの色彩に溢れた血の色と関係している、のだよな。

しばらくして涙を無理やり堪えた彩乃が、笑顔を作って言葉を発した。

「わたし、オパール症候群が発症したの」

僕の心臓が激しく鼓動を刻んだ。

「オパール症候群?」と、ばかみたいに僕はおうむ返しにする。

僕の心のどこかが悲鳴を上げていた。

もうよしてくれ。そこから先は何も言わないでくれ——。

彩乃はあえて笑顔のまま、あっけらかんと残酷な現実を突きつけた。

「人間がオパールのような七色に輝く宝石になって、死んでしまう病気」

僕は夏だというのに寒気がした。身体を小刻みに震わせながら、確認する。

「それって、さっきの転んだときに宝石みたいにきらきらした色の血を膝から流していたことと関係あるの?」

彩乃は泣き笑いのような表情になった。

「やっぱり智也にはオパール色に見えていたんだね」

でも、怖くて聞けなかった——。

そう言って彩乃は笑顔のままで頬に涙を一筋だけ伝わせた。

「彩乃……」

彼女はつけ加えた。この病気は最近では別の呼び名で知られている、と。

その別名は「石炭病」——。

第三章

その日の夜、自分の部屋に戻った僕は、真っ暗な部屋のなかでベッドに倒れ込んだ。混乱と疲労が、精神と肉体に深く食い込んでいる。けれども、脳だけが激しく考えを巡らしていた。

彩乃の家での話を振り返る。何度も。何度も。

オパール症候群。よく知られている別名は石炭病。

向かいに座っている美奈子さんが洟を啜りながら、彩乃と手をつないでいた。

以前、彩乃は石炭病について、美奈子さんの前では話さないように、と言っていたけれども……。

「オパール症候群は、もともとごく一部でしか知られてなかった病気。人の移動範囲が広がったこととネットの普及で、石炭病なんて呼ばれるようになっただけ」

「どうして、そんなぜんぜん違った名前に……？」

「普通の人には、石炭になって死んだようにしか見えないからなのよ。けれども、罹患した人間とごく一部の人には、どういうわけか流れた血や亡骸がオパールのように虹色に輝いて見えるの」

人間の血液が何かの原因によって宝石のように輝き出す。通常、血管に血栓ができれば脳であれば脳梗塞だし、心臓であれば心筋梗塞になったりする大変な事態だが、この病気の場合の最後は血流そのものがすべて宝石となり、全身を宝石に変化させてしまうのだという。

それが、これもどういうわけかわからないが、普通の人間には石炭のような真っ黒い石にしか見えないらしい。

鈴木の見せた画像が思い出された。僕には石炭ではなく、宝石箱の中を覗いたような色とりどりの石の集まり、まさしくオパールに見えたと僕が告げると、美奈子さんは娘に小さく頷き、僕に小さく笑いかけた。

「智也くんはちゃんと見える人だったんだね。――わたしと一緒だ。ふふ」

そう言って美奈子さんは、ほろ苦い笑みを漏らした。

「おばさんも、彩乃の血がオパール色に輝いているのを見たんですか」

美奈子さんはささやくようにした。「彩乃で、ふたりめ」

「ふたりめって……どういうことですか」

僕が美奈子さんに問いかける横で、彩乃が軽く唇を噛んでいる。

「わたしのお父さんがね……オパール症候群、つまり石炭病で死んじゃったの」

「お父さん、全身が七色に光って身体が崩れて、巨大なオパールになっちゃったんだって」

「ああ……」と僕は嘆息するのがやっとだった。

「それってつまり……」

「わたしの病気はお父さんからの遺伝、かな」

と彩乃が肩をすくめた。

「遺伝、するんだ……」まだ何もわかっていない病気なのに。

それにしても。

彩乃と美奈子さんの表情の違いはどうしてだろう。

美奈子さんの顔つきは悲痛そのものだ。

自分のひとり娘が不治の病にかかり、しかもそれが亡くなった自分の伴侶、彩乃の父親と同じ病——現代の医学ではどうしようもない、死が確定している病気にかかってしまったのだ。どれほど悲痛に感じても、それで十分とは言えないほどだろう。

しかし、当の彩乃は笑みを絶やしていない。

最初こそ涙を見せたけれど、一貫している表情は微笑みだ。シャワー上がりのさっぱりした表情そのままである。

この差はどこから来るのだろう。

エアコンの風が、冷静になれよと僕に呼びかけるように顔に当たった。冷静になれるかどうかはともかく、一気にいろいろなことが展開しすぎて少々疲れたのは事実だ。

「それって、いつから……？」

「お父さんの血を引いているから潜在的にはキャリアみたいなものだったのかもしれないけど、発症したのは最近？」

「そんな……」

「…………」

彩乃が曖昧な笑みを浮かべている。

僕は何度かつっかえながら、もっとも聞きたいこと、聞いてはいけないこと、聞かなければいけないことを口にした。

「──あとどのくらい、生きられるの？」

「一カ月くらいかな」

と彩乃が静かに答えた。

「一カ月……」

僕はばかみたいに繰り返すことしかできない。

一カ月。三十日。七百二十時間。

あまりにも短い。

「もしかしたら余命一年くらいいけるかもしれない」と彼女がつけ加える。

「それでも、一年、なのか……」

言葉に出してみたものの、あとたった一年で彩乃が死んでしまうのだと言われても、実感がこもらない。どこか遠くでやりとりを聞いているような気持ちだった。

ただ——わからない。わかりたくない。

彩乃がぱんぱんと手を叩いた。

「ほら。お母さんも智也もそんな暗い顔しないでよ。病気で死んじゃうわたしのほうが笑顔っておかしくない？」

美奈子さんが苦笑いをする。

「お父さんだけでも受け入れるのが大変だったのに、ふたりめが出て、それが自分の娘なんだもの。お母さんだって……つらいよ」

声が震えている。彩乃がその母親の手をやさしく撫でながら、

「でも、お母さんは知ってるんでしょ？　この病気は不幸ではないって」

彩乃の言葉に、僕は耳を疑った。「それは理解しているつもりだけど」という美奈子さんの静かな笑みに、今度は目を疑った。

「不幸ではない？　オパールのようになって死んでしまうのが？」

と、僕は彩乃に尋ねたのだが、答えは美奈子さんから返ってきた。

「人はいつか必ず死ぬ。短い人生も長い人生もある。でも、おばさんはこの子の父親と結ばれたことも、この子の母親になれたことも、とっても幸せ。他の誰かの人生と取り替えてくれるって言われても嫌なくらいに」

「…………」

どう答えていいかわからない僕に、美奈子さんは慈しむように微笑んでくれた。

「幸せってね、なろうとしなくても、最初から幸せだったんだって発見するものなのよ」

美奈子さんの言葉と声と微笑みは、どこか死んだ僕の母に似ていたように思う。

そのあとのことはほとんど覚えていない。

どうして？

どうして、彩乃なんだ。

彩乃が何をしたっていうんだ。

彩乃も僕も、まだ十六歳。これから学ぶことも経験したいことも山のようにある。

社会に出てもいない。人生はこれからなのに。

世界には楽しいこと、すばらしいことがいっぱいあるのに……。

最短で一カ月。

長くても一年。

どうして、彩乃が死ななければいけないんだ。

付き合い始めたばかりで、ほんとうの恋の味なんてまだ知らない僕らなのに。

なんの喜びも、幸せも味わわないで、彩乃はただ死んでいくだけなのか――。

気がつけばカーテンから青白い光が漏れ始めていた。

少しも眠れなかったのか、少しは寝ていたのか、それすらわからない。新聞配達のバイクの音がどこかでしている。カーテンを開け、窓を開けると、ひんやりした朝の空気が部屋に入ってきた。

彩乃の部屋はカーテンが閉まっている。まだ四時過ぎ。当然だろう。

彼女は眠れているだろうか。どんな夢を見ているのだろうか……。

じりじりする気持ちに歯がみしながら、登校時間を待つ。そんなことはないだろうけど、この夜のあいだに彩乃がオパールの塊になってしまってはいないだろうかと、気が気ではない。

スマホには、病気ではなく宝石としてのオパールについて調べた履歴が、ずっと残っている。

オパール。世界でもっとも愛されている宝石のひとつ。火成岩や堆積岩のすき間に生成される含水ケイ酸鉱物。ただし、貝殻や樹木が化石化する途中でケイ酸分と交代して生成されたり、温泉の沈殿物としても生成されたりする。オーストラリアでは、恐竜や哺乳類の歯などの化石がオパール化して発掘されたこともあるという。

オパールは十月の誕生石でもある。その宝石言葉は純真無垢、幸運、忍耐、歓喜、希望など。身につける人の才能を開花させ、積極性と創造性を高める石。

オパールの名前は、ラテン語の「オパルス」。オパルスはさらに「オパリオス」――色の変化を見るという意味のギリシャ語に由来していた。その由来のとおり、見る角度によって変化のある「プレイ・オブ・カラー」――遊色効果があり、虹色の輝きを持っている。そのおかげで、シャボンの泡の表面にできる虹の色のように美しい……。

オパールは美しい宝石だ。けれども、彩乃がオパールになってしまうのだとしたら。

昨日、周りに見られないようにと舐めて隠滅した彼女のオパール色の血。かすかに鉄の匂いがして、〝血〟の味がしたのに。

あの澄んだ瞳、桃色に染まる頬、すらりとした鼻、可憐な唇、笑ったときに見える真っ白いきれいな歯、風に舞う美しい髪、伸びやかで魅力的な四肢。それらすべてが、オパールに変わってしまう――？

七時になったのでもういいだろうとスマホで《おはよう》と送ると、すぐに《おはよう》と返信がきて安心した。

《一緒に学校行こう》

返事の代わりに、了解と書かれた仔猫のかわいいイラストのスタンプが返ってきた。

約束の時間に彩乃を迎えに行く。インターホンを鳴らすと、すぐに彩乃が出てきた。

「よ」

彩乃が笑顔で立っている。白い半袖シャツにリボン。制服のスカートは気持ち短め。すらりとした太ももは相変わらずまぶしく、白い靴下が清潔感を添えている。いつものように、ほのかに石鹸の匂いがした。

「やあ」と僕が手を上げて答えると、彼女は複雑な笑みを浮かべた。苦笑いと照れ笑いと泣き笑い。目尻の涙。無理に引き上げられた口角。かすかに傾げた首。視線がわずかにさまよい、僕へたどり着く。

「朝だね」と彩乃。

「朝だね」

「朝なんだけどさ、いきなりなんだけどさ——この前の告白、なしにしない?」

僕は頭が真っ白になった。徹夜の頭に堪えた。

「それは、ない」

「どうして?」

「どうしても」

「ほら、もっと元気でずっと一緒にいられそうな子のほうが、よくない……？」

石炭病——オパール症候群のことで自分から身を引こうとしているのだと直感した。

そう思わせてしまったのは、きっと僕のせいだ。

「それって、僕がこんなふうにショックを受けたから、か？」

「うーん……そういうわけでも、ないんだけどさ——」

彼女の逡巡が雄弁に物語っていた。

僕はとんでもなく残酷なことをしてしまっていた。

僕がどんなにつらくて苦しくても——本当に死んでしまうのは彩乃なのに。

昨日の彼女の微笑みの意味が、少しだけわかった気がした。

あれはすべてをあきらめようとしていたのではないか。

付き合うことになった日の、家の前での彩乃との会話が心をよぎった。

『もしも今日が人生最後の日だったとして、智也はわたしを好きでいてくれる？』

『当たり前じゃないか。好きってそういうことだろ？』

少し前の僕は格好いい台詞を言ったものだ。後先考えずに。

あの段階で彩乃がオパール症候群を発症していたかは知らない。

でも、予言めいた、核心に触れる会話だった。

未知の病は、恐ろしい。

人間が宝石であれ石炭であれ、鉱物になって死んでしまうなんて、ちょっと想像できない。

けれども、好きという気持ちは、変わりっこない。

仮に僕がここで彩乃の病気に恐れをなして、告白をなかったことにしたらどうなるだろう。

彩乃は一人で病院のベッドで静かに死んでいくのだろう。そばには美奈子さんくらいは付き添えるのだろうか。やがて物言わぬ死体どころか沈黙する鉱物となって、ひょっとしたら誰かに盗み撮りとかされて、鈴木が持っていた画像のようにネットで拡散とかされるかもしれない。単純な感情として、彩乃のそんな姿は見たくなかった。

僕は笑顔を作る。そうしないと泣き出しそうだったから。

僕は胸を張った。

「告白をなかったことにするなんてわけないだろ。僕は二回も同じ告白をしたんだ。それでも信じてもらえないなら、僕は何度でも何度でも告白をする」

「………」

「これは僕のわがままかもしれないけど、僕だって小さい頃からずっと好きだったんだ。

邪魔だと言われてもついてく」

彩乃がとうとう泣き出した。

「いいの？　わたし、死んじゃうんだよ？」

「かまわない」

彼女は必死に目をこすって、涙をどこかへ追い払おうとがんばっている。涙と一緒に病もどこかへ消えてくれればと、僕は思った。

彼女は笑顔で涙をねじふせようとしていた。

「最後のチャンスだよ？　もう返品不可になって、ずっと智也を好きでいちゃうよ？」

問題ない、と僕は彩乃の肩にそっと触れる。制服のシャツを通して彼女の体温が感じられた。彼女は生きている。いまここで、呼吸をして生きている。温かな生命の実感がある。

「それに、その病気で死ぬとしても、一年くらいは生きられるって言ってたよね？」

「……うん」

「医学は毎日進歩している。その一年間で治療法が見つかるかもしれないじゃないか」

あとにして思えば、ずいぶん気楽で無邪気で、それゆえにここでもひどく残酷なことを言ってしまっていた。

けれども、このときの僕にはその言葉が一縷（いちる）の希望だったのだ。

僕がそう言うと、ドアの後ろから美奈子さんが娘への愛情を眼差しいっぱいにのせて声をかけてきた。

「言ったでしょ？　智也くんはそんなことで別れたりしないって」

彩乃が歯並びのよい白い歯を見せた。

「うん。……智也の言うとおり。病気の治療法が見つかって普通に天寿を全うできるかもしれないし」

「逆に僕が今日死んでしまうかもしれない」

すると、彼女が目をつり上げる。

「それ、絶対ダメだからね！」

「うん？」

「わたしより先に死ぬとかいうの、絶対ダメだからね！」

彩乃が真剣に怒っていた。

「どうしてだよ」とその剣幕に押されつつ僕が尋ねると、彩乃が少し考えて、

「わたしの看病をしてほしいから」

その瞬間、僕の脳裏には五年後十年後の、彼女の最期を看取る光景が鮮明に思い浮かんだ。それは悲しい光景ではあったけど、彼女の横に僕以外の人間がいるのはすごく嫌だと思った。僕は強く強く、彼女が好きなのだ。

だから僕はこう答えた。「任せておけ」

美奈子さんがハンカチで目を押さえている。

とにもかくにも僕はいまどんな病魔にも負ける気はしなかった。

教室に入ると、いつもと空気が違うのに気づいた。彩乃の家の玄関先でのやりとりで、いつもより学校に着くのが遅れてしまったからという理由ではない。明らかに空気が違う。

「おはよ、鈴木。今日は早いね」

「おまえが遅かったんじゃないか」

鈴木の目が僕だけではなく、彩乃にもかすかに向けられる。好奇の色。ただし、冷ややかしよりも冷酷な感情を感じさせた。彩乃が自分の席に行く。周りの席の女子と朝の挨拶をするが、彩乃以外の女子同士が目配せをしていた。

まさか、彩乃のことがもう噂になっている……?

さすがにそれはないのでは——?

どこかぎくしゃくした空気のまま授業が始まり、終わった。

放課後、担任の斉藤先生が彩乃を呼び出している。

途端に、吉村たち女子同士が好奇心丸出しで何か話を始めた。

限りなく灰色に近かった疑念は、黒に変わった。

彩乃が石炭病であるという噂が広まっている……。

はらはらして彩乃の背中を見ていると、鈴木が僕をつついた。

「春原って、あの、ヤバめの病気なの？」

「は？　何それ」

出所は植村だろう。小さく唇を噛んでいる。ムラッとした怒りを抑えるのに苦労していると、彩乃がすぐに戻ってきた。斉藤先生が再び顔を出し、今度は僕を呼ぶ。

廊下へ出ると斉藤先生が困った顔で立っていた。

「佐久間くん。春原さんに変わったところはない？」

「いつもどおりだと思いますけど。先生にはおかしく見えましたか」

「いつもどおりだよ。いつもどおりなんだけど」斉藤先生は周囲の人目がない、渡り廊下辺りへ僕を連れていくと、ここだけの話だけどと続けた。「変な話だけど、春原さんの膝から黒い血が流れてたって聞いてね。ほら、石炭病とかだったら困るでしょ？」

困る、という先生の言い方がさらに僕の神経を逆なでした。困る？　誰が？　どんなふうに？　教師のくせに、生徒の病気を〝困る〟とか言うのか。

「それ言ってるの、陸上部の植村先輩じゃないですか」

「えーと……」斉藤先生の目が泳いだ。

「春原のことは疑い、密告者は守るわけですか」

「そういうことではなくて」

「植村先輩、彼女に告白する権利をかけて僕と短距離走して負けたんですよ。おかげさまで僕は春原さんと付き合うことになりました。植村先輩、それが悔しくてあることないこと言いふらしているだけですよ」

斉藤先生の目つきが変わった。

「それ、本当なの？」

「振られた男のひがみですよ。先生からも言ってやってください。他人の恋路を邪魔する奴は、豆腐の角に頭をぶつけて死んでしまえって」

教室に戻ると、僕は彩乃を探した。彩乃はカバンを机の上に置いて、こちらを見ていた。どこか心配げな顔つきだ。先ほどの僕も彼女が心配で同じような表情をしていたのだろう。

彩乃はこんなにも小さかっただろうか。雨のなか、傘をなくしてあまやどりしている小さな女の子のように、不安げで頼りなさげで儚げだった。

だから、僕は彼女の席へまっすぐ歩いていった。

彩乃の前に立つと、彼女は不思議そうに僕を見上げている。

「一緒に帰ろう」

僕は彼女の手を握った。

「え？」

彩乃が目を大きく見開き、その瞬間、教室が形容しがたい声に包まれた。歓声、冷やかし、驚愕（きょうがく）。デートでは握れなかった彼女の手を、その小さくて柔らかな温（ぬく）もりを壊さないように握りながら、僕は教室に残っている連中に宣言した。

「僕ら、付き合っているから」

教室が沸騰した。

植村がばらまいてくれた噂への好奇の眼差しを封じてしまうための一手だ。

「智也……」

僕は彼女の耳元で呟いた。大丈夫だよ、と。

彩乃は小さく「ばか」とささやきながらも、僕の手を離さない。

僕らは大騒ぎしている教室そのままに、廊下に出た。射し込む西日が白い廊下を輝かせているようだった。

佐山や園田たちの冷やかしと指笛を無視しながら、それでも僕は彩乃の手は離さないで下駄箱まで降りていった。登下校に履いているスニーカーをスチールの下駄箱から出したとき、ふと気になった。今日の剣道部は休むと僕は鈴木に言い置いて出てきたのだが、陸上部の彩乃を引っ張り出してきてよかったのだろうか。

僕がそのことに触れると、スニーカーに履き替えた彼女は小さく走って、下駄箱を出て右手にあるシンデレラ階段の半ばまで上がった。

　夏の風に、そばのプラタナスが揺れている。

　彩乃がこちらに振り向いて、言った。

「わたし、陸上部を辞めてきた」

　夏の日射しに負けない最高の笑顔。振り向いた拍子に、彼女のスカートがふわりと舞っている。

「え……ええええ⁉」つんのめりそうになりながら、僕は下駄箱を出た。障害走でぶっちぎりのタイムを叩き出した、というより最初のハードルをいきなり蹴り倒したような彩乃の行動だ。「辞めたってどういうこと？」

「辞めたってことは、辞めたって意味だよ」と彩乃は再び向きを変え、シンデレラ階段を最上段まで駆け上がる。

「いやいやいやいや」

　彼女は僕に振り返ると両手を広げて宣言した。

「わたしは自由だ！」

　灼熱（しゃくねつ）の日射しに目を細めながら、僕も彩乃のあとを追ってシンデレラ階段をのぼった。

　意外に息が切れた。

「ちょっと待って。それって、もう怪我ができないから？」

周りに人があまりいないのを確かめ、言葉を選んで僕が尋ねると。彩乃は数歩、階段を降りた。

「それもあるけど、いくらもうすぐ引退でも部長を袖にしたから、部活の空気悪くなりそうじゃない?」

「まあ……」

「それにさ」と彩乃はかんかん照りの太陽にも負けない笑顔のままで、「部活よりすてきなことを見つけちゃったんだから」

「なんだい。それ」

彩乃は迷いなく言った。

「もちろん——恋だよ」

北校舎四階の音楽室から吹奏楽部の音出しが聞こえ始めた。

「恋って、おまえ——」

「変な顔。なんでわたし、こんな奴を好きでたまんないんだろう」

彩乃がくすくす笑っていた。

「………」

わがままなのは百も承知で言うなら、僕は彼女にもっと走っていてほしかった。だって、僕は彩乃が颯爽とハードルを越えていく姿にも恋をしていたのだから。

「『僕ら、付き合っているから』って言った智也、サイコーにかっこよかったよ」

そう言って彩乃は右手を軽く差し出した。僕は彼女の手を取る。シンデレラをエスコートする王子さまのように、誇らしく、うやうやしく。シンデレラにかけられた魔法が解けないように祈りながら。

でも、童話の王子さまと同様、まだこのときの僕はシンデレラの本当の秘密を知らないのだった。

いつものように夕食を食べ終わると――食事中に彩乃が下校時の教室での出来事を話すものだから死ぬほど恥ずかしかった。彼女の母親を目の前に、学校での彼氏彼女宣言を話されるのは拷問だと思う――彩乃が自分の部屋から雑誌やノートを何冊も持ってきた。

僕が食後のコーヒーを用意すると、ありがとうと言った彩乃がノートを広げた。

「もうすぐ夏休みだけど、智也は予定ある?」

「いや、別にないけど」

僕の目論見は――特に最悪の場合は、告白の返事が玉砕して自分の部屋で悶々（もんもん）としている予定しかなかったのだから仕方がない。

するとと、彩乃がぱっと笑顔になった。

「じゃあさ、夏休みになったら旅に出ようよ。何日もずっと」

僕は心臓が止まるかと思った。付き合い出して数日、彼女の母親を前にして、さっそく宿泊を伴う旅行の提案を受けるとは思ってなかった。ふたりきりの旅行は、ちょっとだけ妄想したときもあったけど、さすがにいまはないだろう。

僕は夢を見ているのだろうか。

「ふふふ。夢なんて見てないよ。ちゃんと起きてるよ」

と彩乃が僕を笑った。心の中の声がダダ漏れだったらしい。

だが、状況は変わっていない。美奈子さんの顔が怖くて見られない。

「彩乃、さん？　旅行って……」

「旅行。旅。ジャーニー」

「そういう言語上の問題じゃなくてさ」

彩乃はノートを広げて、僕に見せた。そこには彩乃の字でこんなことが書かれていた。

・ふたりきりで旅行に行く。

・海を見る。

・きれいなところに行く。世界遺産とか？

・温泉に行く。草津（くさつ）か箱根（はこね）？

・食べ放題に行く。焼肉、ケーキ、ホテルブッフェ。
・家を買う。海の見えるところがいい。海辺の一軒家。すてき。
・思いっ切り笑えることをする。街中でどっきりとか、ピンポンダッシュとか？
・おっきな草原に寝っ転がって雲を眺める。ぼー。
・天の川を見たい。プラネタリウム不可。
・おばあちゃんの家に行く。

一通り目を通して、「これは？」と尋ねた。

「智也と付き合ったらしたいことリスト。今日の授業中にずっと考えてて、ここまでにまとめた」

「……今日、学校で何してたの？」

「まあまあ、いまはそういうのは忘れよう」と彩乃がにっこり笑っている。ダメじゃん。

でもまあ、彼女が楽しそうならいいか……。

コーヒーを飲みながら、僕たちはノートのリストを検討していく。

「あのぉ。この『家を買う』っていうのは、さすがに厳しくない？」

僕は極めてまっとうな発言をしたつもりだったけど、彩乃が不満を漏らした。

「まーねえ……」

「僕ら、学生。お金ないし」ついでに言えば住宅ローンも組めないだろう。

するとと彩乃は美奈子さんに向けておずおずと手を差し出した。何、と美奈子さんが怪訝な顔をする。

「お母さん、お金頂戴」

「家買うお金なんて持ってません」

「だよねー」

とりあえず家の購入についてはすぐさま実現できない。けど……。

「いくつかの願い事、まとめてはダメかな」

たとえば、旅行に温泉をくっつけるとか。それがいいなら、海辺の宿に一泊することで海辺の家の購入の代わりにできないだろうか。きれいな風景の場所を見に行って草原に寝転んでぼーっとするなんてまとめ方もできるかもしれない。夜空のきれいなところへ旅行を組み込むのは当然ありだろうし。

「愛は効率じゃないと思う」

「そうかもしれないけど」

家を買うお金ほどはかからないにしても、夏休みのすべてを旅の空にできるほどの資金はやはり厳しい。それに何泊も外泊するとなれば、僕の理性がどこまで持つか……。ぶっちゃけ、いまだってシャワー上がりの彩乃の香りが苦しいのに。

あと、これは僕らの誰も口にしていないし口にしたくもないことなのだが——彩乃のオパール症候群が急に悪くなったら、それどころではなくなる。

「天の川だったらおばあちゃんちで見えるじゃない」と美奈子さん。

「彩乃のおばあちゃんちってどこ？」

「奈良県の南。吉野(よしの)の山の中」

「近くに温泉はないの？」

「地図上のご近所にはあるけど、おばあちゃんのところにはないんだよね」

その地図上の近くの温泉も、車でしか行けない場所らしい。

「彩乃のおばあちゃんの家に行くだけでも、ちょっとした旅行じゃない？」

現実的な指摘をしたら、彩乃が小さく首を振った。

「そういう、〝目的地がしっかりした旅〟じゃない旅がしてみたいの」

「どこか遠くへ行ってみたいって気持ちはわかるような気がするけど」そこで僕はいったん言葉を切り、ちょっと考えてからあえて尋ねた。「オパール症候群は、いまどんな具合なの？　どこか苦しかったりしないの？」

するとと彩乃は微笑んだまま答える。

「手足の指先がときどき痛んだり、しびれたりするね」

「……そうなんだ」

彼女の答えを聞きながら、答えを聞いたところで僕にはどうすることもできなかった現実を思い出し、自分の傲慢さに嫌悪した。

彩乃は自分の左腕を顔の前にかざすようにし、右手でさすりながら続ける。

「たぶん、これから少しずつ身体が思うように動かなくなると思う。それで最後にはわたしはオパールの塊になって、死んじゃう」

「………」

彼女は腕を下ろした。

「だから、一緒に旅に出ようよ」

「――場所を決めない旅、なんだよね?」

「そう。各駅停車で、どこか知らないところをたくさん。――智也とふたりなら、きっと楽しいと思う」

「どんな旅になるんだろうね」

「ほんとうの幸せを探しに。なんてね」

「ほんとうの幸せ……」

「半分冗談。途中で誰かに何かを言われても、そう答えればうやむやにできそうでしょ?」

彩乃の瞳がきらめいている。まだ見ぬ土地の風景を、未知の夜空の星々を、触れたことがない水と風と鳥の声を見つめて。

蛇足と知りつつ、僕は一応確かめる。

「あのさ、年頃の高校生男女で宿泊って、いいの？」

彩乃が小首を傾げる。「いいんじゃない？」

僕はため息をついた。もっとこう、恥じらいとか男女の別とか貞操観念とかいろいろ気にしないといけないのではないだろうか。

美奈子さんが僕の肩を叩いた。

「母と娘の両方がこれだけ信用しているのだから、智也くんはその信頼を裏切れないでしょ」

「……はい」

まったく正論だった。

今年の剣道部の夏合宿は、欠席決定だった。


終業式が終わって、その日、僕と彩乃は奮発して霜降りステーキ肉を買った。

高校二年生の夏に、明日から出発するふたりきりの旅行に、乾杯の意味を込めて。

自分たちで焼いたステーキは思いのほかおいしかった。もっと早くこうしていればよかった。

そう。もっと早くこうしていればよかったという後悔をしないために、僕らは旅に出る。

小さい頃から好きだった女の子、なかなか彼氏と彼女の関係になれなかった幼なじみ、やっと付き合い始めたら不治の病の陰が忍び込んできた大切な恋人と、これまでの時間を埋め合わせるように――。

僕は父親に「友達と旅行に行ってくる」と告げたのだが、それで別段怪しまれず、家を出られてしまった。美奈子さんが事情を説明しようかと言ってくれたけど、そうなれば、彩乃の病気に触れることになるだろう。僕は、彩乃の病気のことをあまり他の人に広げたくなかったので断った。

九時過ぎ。父や巷(ちまた)の通勤が一段落する時間になってから最寄りの国分寺駅まで、美奈子さんが車で送ってくれた。

「気をつけてね」と美奈子さんが笑顔で手を振る。

「お母さん、ありがとう。毎日連絡するから」

「待ってる。智也くん、彩乃をよろしくね」

「はい」

「――楽しんでいらっしゃい」

美奈子さんの車が、来た道を戻っていった。

九時を過ぎれば夏の空は太陽が強く輝き、気温は上がっている。ここは二十三区外だけれども東京はアスファルトの照り返しが厳しい。キャリーバッグはぱんぱんだ。新開発できれいになった駅周辺の多くの店は、うだるような熱さの中で開店までの惰眠を貪っている。

「こんな時間に国分寺駅に来るのは、この前のデート以来だ」

と僕が独り言のように言うと、彩乃が駅から町を見回しながら、

「あのデート、わたし、すっごく楽しかったよ」

彩乃はTシャツにデニム。ごくシンプルな格好だけど、陸上部で鍛えられた身体は手足がすらりとして、モデルのようにきれいだった。

「僕も最高に楽しかった」

「ほんと？　わたしが途中で具合悪くなっちゃったから、智也には迷惑かけたかなって思ってたんだけど……智也はやさしいね」

ファストフードとベーカリーのチェーン店はもう開いていたが、電車の長旅で持ち歩く飲み物には不適だ。コンビニは少し遠いので、ふんだんに持ってきたお小遣いにものを言わせて自販機でお茶をふたりぶん買った。

キャリーバッグを転がしながらホームへ行き、中央線に乗った。そのまま東へ。見慣れた景色が流れていくのを立ったまま眺めれば、気持ちが高揚してくるのを感じた。

「ヤバい。もう楽しい」という彩乃の笑顔がうれしかった。

三鷹駅で中央線を降りる。いままで乗っていたのが中央線快速だからだ。この三鷹駅が始発の各駅停車総武線に乗り換えてこその、各駅停車の旅だった。

中央線快速がしばらく併走する区間だから、各駅停車の総武線に三鷹から乗る人は少ない。通勤時間帯も終わったところだし、夏休みに入ったばかり。利用客はそれほどいなかった。

僕らの車両は誰もいない。ちょっとした貸し切り状態だ。エアコンが気持ちいい。端の席に彩乃を座らせ、その隣に僕が座る。こうすれば、彩乃の横に見知らぬ誰かが来ることはないからだった。

「すいててよかった」と僕は荷物を棚の上に上げる。「エアコンの風、大丈夫?」

「うん。大丈夫だよ。――ねえ智也。一応、伝えておかないといけないことを話すね」

唐突に彩乃がそんなことを言った。

「え?」

ちょうど電車が動き出して、僕はよろめき、そのまま彼女の横の席に落ち着く。

「わたしの病気だけど、いまのところ何かの重篤な発作が起きはしない。ごく普通の生活ができる。――血の色を誰かに見られない限りは」

「ああ……なるほど」

大事なことだった。僕がもっとも気をつけなければいけないのは、彩乃に怪我などで出血させないこと。これがいちばん大切な、守るべき事項だった。石炭色にしろオパール色にしろ、彼女の血を他の人に見せてはいけないのだ。

僕は周りをあらためて確認した。やはり他に乗客はいない。

「発作とかないって言うけど、ときどき指先がしびれたりはするんでしょ？　いまは苦しかったりつらかったりはしないの？」

電車は早々に三鷹の町並みを抜けていた。その車窓の光と影の変化に伴って、めまぐるしく彩乃の顔が明るくなったり陰になったりする。

彩乃が笑顔で言った。

「ちょっと胸が苦しいかも」

僕は血の気が引く。「大丈夫？　戻る？」

すると彩乃はころころと笑った。

「ふふふ。智也のことが好きすぎて、胸が苦しいだけだよ」

予想外の一撃に、僕は先ほどとは違う動揺をする。

「おまえさぁ……」

「だって智也がかわいいんだもん」

「へーへー」

僕は彩乃の手を握った。

「智也はどう？　わたしと一緒で胸が苦しくならない？」

と彩乃が僕の目を覗き込んでくる。

「苦しいっていうか……」

「いうか？」

「……めちゃくちゃ幸せな気持ちがする」

僕が小声でそう言うと、彩乃が笑み崩れて僕に抱きついてきた。

「うーん。智也、大好き！　この旅のあいだ、わたしはずっと智也だけを見てるね」

「やめろよ。恥ずかしいって」

「いいじゃん。誰もいないんだし」

いつもの彼女の匂いが強くする。その背中が汗で濡れていた。思わず触れてしまって、Tシャツ越しに下着の感触がしてくらくらする。

「マジでやめて」

彩乃が僕にしがみついたまま何度か大きく呼吸をする。

「智也、いい匂い。落ち着く」

そう言って彩乃が僕を解放した。僕は僕で、いつもの彩乃の匂いに抱きしめられて、気がどうにかなってしまいそうだった。おかげで「僕も、彩乃の匂いは好きだよ」と、とんでもない発言をしてしまう。

彩乃が真っ赤になった。「やだ。わたし、そんなに匂う？」

「いや、そういう意味じゃなくて。なんかこう、すごくいい感じ？」

彩乃が僕を睨む。

「変態」

「なっ……」

電車が止まって人が乗ってくる。大学生くらいのカップルが二組だった。僕らの席とはずいぶん離れていて、これならまだ実質貸し切りだと思った。

電車が再び動き出すと、彩乃が口を開く。

「変態の智也くん」

「やめて」

彩乃はころころ笑っていた。小学生の頃からまるで変わらないなと思う。

「あはは。智也かわいい」

「さいですか」

「でさ。智也は——わたしのどこを好きになってくれたの？」

「え、何？　今日は彩乃、そういうモードなの？」

「モードって？」

「なんていうか、攻めまくり？」

彩乃はバッグから飲みかけのペットボトルを出して一口飲んで答えた。

「だって。わたしたち付き合い出したんだよ？　付き合い出したばっかりなんだよ？」

「うん」

「わたし、すっごくうれしかったんだよ？　智也と付き合うって決めたとき、やったーって気持ち。それまでずっとずっとがまんしていたんだから」

「がまんって……。彩乃ってそんなに前から僕のこと、好きだったの？」

尋ねながら、僕の顔が熱くなる。変な汗が出てくる。エアコンが効いていないのでは。

彩乃はお茶をもう一口飲んで、横目で僕に笑いかけた。

「へへ。実はそう」

と言って、彩乃の頬が真っ赤になる。

彩乃がめちゃくちゃかわいい。かわいすぎて何も言えない。

僕らは互いの顔を見てははにかみ、やはり何も言えなくなっている。

次の駅のアナウンスが流れていた。

この沈黙のなかで胸が甘い感情で満たされているのは、恋人ができた人間だけの特別な時間なのだと思う。

けれども、その甘い時間が甘いほど、暗い思考が忍び寄ってきた。

こんな時間はいつまで続くのだろうか。

彩乃と一緒の時間はいつまで続くのだろうか……。

目的地へひたすら急ぐだけの特急が必要なときも、人生にはある。けれども、各駅停車で、ゆっくりと少しずつ景色が変わっていきながら、進んでは止まり、止まっては動く、それ自体が目的の日々があってもいい。むしろそれが人生の大切な意味なのかもしれない。

「黙っている時間ももったいないくらい、好きだ」

彩乃がまた子供のように笑う。

「ふふ。そう？　わたしはずっと黙っていてもいいくらいだけど」

でも、僕は黙っていたくなかった。

「小学校六年生のときの組体操で、ひとりの演技種目のとき、男女で向かい合ったじゃん」

「あったねぇ。斜め上に右手を伸ばして、左手は斜め下で、足を踏み出して空に飛び立つみたいなのでしょ？」

「この前の一〇〇メートル走のときにも話したけどさ、それで彩乃と目が合って」

「ふたりで笑顔になってたよね」

と言いながら、その頃とまったく変わらない笑顔に彩乃はなっている。

「たぶん、そのときかな。ちゃんと彩乃が気になり出した」

「へー」と彩乃がによによしていた。「あのときだったんだ」

また変な汗が出てくる。「僕は以上！　はい、彩乃の番」

「わたし？　わたしかぁ……」と彩乃がまたお茶を飲んだ。「いつだろ。覚えてない」

「おいー」僕は嘆きの声を上げた。「僕だけに言わせるのかよ」

「だって、お向かいさんじゃん。幼稚園からずっと一緒だったし」

「……そんな小さい頃から？」

「小学校の入学式とかさ、智也、真面目な顔しちゃってネクタイして。色白で頭よさそうで、すっごいかわいかったじゃん」

その頃の僕と言えば、恋愛どころか友達関係の認識すら危うい年齢だったはずだ。お向かいの子としては認識していたけど、それ以上でもそれ以下でもなかった。

なかったけれども、幼なじみとしての認識には一定の好意はあったはずだ。

「僕だって、幼なじみとしてはちゃんと――」

「慌ててフォローしなくても智也の気持ちはわかっているからいいよ」

軽くあしらわれた。僕も自分のペットボトルをあおる。

「けどさ、ついこの前まで彩乃もおばさんも、僕を吉村とくっつけようとしていなかった？」

「くっつけようとしたなんてことはないよ」

「そうかな」疑わしい。

「だって、ずっと幼なじみだったからいまさら恋人とかって、恥ずかしかったからさ」

「それでもし僕がそう誘導されちゃったら、どうするつもりだったの？」

と聞いてみたら、彩乃は目と眉を八の字にした。

「たぶん泣く。悲しくて死んじゃう」

僕は苦笑して、「死ぬなよ」と突っ込む。心の底から、祈りを込めて。

銚子(ちょうし)駅に着いた僕らは、総武線を降りた。あてのない旅。どこへどう向かってもよかったのだけれども、彩乃が銚子電鉄のクラシカルな電車に乗りたがったからだった。

大正ロマン電車という車輛だ。外観は青と水色の現代車輛なのだが、内装が振るっている。まず目を引くのは窓ガラスだ。長方形、ひし形、半円形などのステンドグラス風になっていて、さらに和紙のようなフィルムをかけている。床材などは木目調やダークブラウンでまとめ、手すりや棚は真鍮(しんちゅう)。灯りも電球色に変えてあった。

車輛に入るやいなや、彩乃が感動した。

「すごいね」

「ほんと。大正ロマンだ」

レトロでおしゃれな雰囲気がとてもいい。

車内広告なども、実際に大正から昭和初期に印刷されたものを使用しているという念の入れようで、竹久夢二の美人画の複製が見られたのもよかった。

「竹久夢二が詠んだ『宵待草』の故郷が銚子なんだって」

「そういえばこの前行った浅草も、竹久夢二の紹介があったね。版画『浅草の踊り子』というのがあったはず」

「竹久夢二だけではなくて、徳冨蘆花とか高村光太郎とか、浅草にも銚子にも縁のある人たちがいるね。――ああ、海がきれいだね」

空の青とは別の海の青が、日の光を受けてきらきらと輝いている。海水浴場は賑わっているだろうなと思い、ふと彩乃の水着姿を想像してしまった。

「ほんと。海が光ってる。――明治・大正・昭和の近代づいてるね。ふふ」と彩乃が笑った。「学校で勉強しておいてよかった。知識は旅も豊かにしてくれるんだね」

彩乃も海水浴を想像したのかと思ったけど、少し違ったようだった。

僕らは犬吠埼駅で降りると犬吠埼灯台へ行ってみることにした。途中下車の旅だ。駅に降りると磯の香りがかすかにした。険しく豪快な海岸線に、純白の灯台が屹立している。灯台の下の砂岩は、一億二千万年前の白亜紀に堆積された地層だそうだ。

「いろいろな文豪が訪れた場所で、日本でいちばん日の出の早い場所でもあって、海行く舟の守り神の灯台が一億二千万年の歴史の上にひとり立つ場所でもある。……ひとつの土地なのにいろいろな顔があるんだね」

潮の香りをいっぱいに吸いながら、彩乃は思いを飛ばしている。

「あの灯台は勇気そのもののようにも見え、孤独そのもののようにも見える」

と僕が灯台を見つめていると。彼女は僕の隣に立った。

「そういうの、きっと孤独な勇者っていうんだろうね」

「詩人だね」

「もし智也がそんな孤独にあったら、わたしはずっとそばに寄り添っていてあげたい」

「彩乃……」

彼女のひどく真剣な表情に胸が切なく感じられた。彩乃はこんなにもしっかり言葉をくれる。僕は何ができるだろう。想(おも)いは太平洋のように茫漠(ぼうばく)と広がっているのに。

彩乃の黒髪が潮風に踊る。彼女は少し離れたところにあるいくつかの家を見つめて、

「わたしたちの町って、武蔵野(むさしの)だから海なかったじゃない？　お母さんも仕事でなかなか海に行けなかったし」

「実はさ、僕、海で泳いだことないんだよね」

「知ってる。幼なじみだもん。だから、智也と一緒に海で遊べるようにって」

「……水着とか持ってくればよかったのかな」

「わたし、腕とか太くて恥ずかしいからいまはいい」

「太くないよ」

波が白くくだける犬吠埼は、あまり海水浴という気分にはならない。むしろ、自殺を考える人が多い場所という地元の方にとっては望ましくない印象がある。そのせいで僕は、彼女が犬吠埼の灯台を見たいと言ったときから、最大級の警戒をしていた。だが、彩乃は純粋に灯台と海、それと海辺の家々が見たかっただけのようだ。

「やっぱり海の見えるところに家が欲しいな。潮風による塩害とかの対策はしなきゃだけど」

「夢見がちなのか現実的なのか……」

「本気で夢見ているから現実的なの。女ってそういうものなんだよ？」

海の匂いも、最初は違和感を覚えたが、なれてくるとむしろ好ましかった。

「海の見える家……」

「いいと思うでしょ？」と言った彩乃が、少しだけ目を伏せた。「いまの家に住んでいる自分とはぜんぜん違う自分になった象徴みたいで」

波の音が繰り返している。その規則正しくも同じもののない音の群れにあって、彼女の言葉はきんとして響きを持っていた。ぜんぜん違う自分。僕たちにとってそれは、平均的な高校生が描く思春期や学生時代からの脱皮だけを意味しているのではない。オパール症候群という死の病から解放された自分たちを意味しているはずだった。

だとしたら、彩乃のこの願いは切実であり、いまのところ月に手が届かないほどの確実さでどうすることもできない願いだった。

「──買おう」

「え？」

「買おうよ。海の見える家」

「と、智也？　どうしたの？」

彩乃が困惑したような笑みを浮かべている。その両肩を摑みながら、

「僕、一生懸命働くからさ。買おう。海の見える家。だから」

それまで死なないで──そう言おうとして、目が熱くなって、何も言えなくなった。

彩乃が僕の頰に手を当てる。何か言おうとして、何も言えなくて、何か言えば泣いてしまうことがわかっている僕の頰は、ただ震えていて。

「ありがとう。楽しみに待ってる」

「任せろ」僕は彼女に背を向けると潮風を胸いっぱい吸い込んで、熱い想いを溶かそうとした。「いい家に、しよう」

「うん」彩乃が僕の背中に頭をつける感覚があった。

僕らは岬（みさき）の食堂で昼ごはんを食べると、駅に戻った。大正ロマン電車を待って乗り込む。

どういうわけか人は少ない。ゆっくり座れそうだ。そう思ったときだった。

車中にひとりの少女がいるのが目に入った。ひどく疲れた表情を隠そうともせず、バッグを膝に置いて、曇りガラスが多い車中の、わずかに透明なところから外を眺めていた。駅で降りようとしていたようだが、ため息をついて席に腰を下ろしてしまう。よく知る茶色がかった髪が、力なく垂れ、動き出した車窓に駅を見送る。

「あれ、吉村だよな？」

どうしてこう、行く先々であいつに会うのだろう。それとも昼ごはんで眠くなって、幻でも見ているのか。今回は無視しようと思っていたら、彩乃が近づいて「咲希？」と声をかけていた。幻ではなかったらしい。

浅草デートのときにも会った地下アイドルのクラスメイトは、およそアイドルがしてはいけない表情で、僕らを見返した。

「また会ったね。デート？　それともあたしのストーキング？」

と敵愾心を込めた吉村の言葉に、彩乃は隣に腰を下ろしてさらりと答えた。

「旅してるの」

「旅？　ふーん。気楽でいいわね、一般人は。不純異性交遊、婚前旅行。アイドルと違って何をしても文句を言われなくて」

「そういう旅ではないんだけどね」

と僕が反論する。吉村は持っていたペットボトルのお茶を一口飲んだ。

「夏休みになっても仕事でこんなところにまで来るの？　大変だね」と彩乃。

「ええ、そう。アイドルって表で見るほど華やかなばかりじゃないのよ。もー大変」

「今日はどんなお仕事だったの？」と僕が尋ねると、吉村は小さく、けれども明瞭に舌打ちをした。

「守秘義務」

「……いろいろあるんだね」

電車がごとごとと揺れながら、次の駅に着く。誰も乗ってこなかった。

僕は思い切って尋ねてみた。「アイドルって、何が楽しいの？」

吉村が一瞬の沈黙のあとに、すごみのある笑みを見せる。

「もしかして、あたしのこと、ばかにしてる？」

「いや、そういうわけじゃ……」

「ごめんね、咲希。智也はアイドルとか詳しくないからさ」と彩乃がフォローすると、吉村は前歯を合わせるように顎を動かしていたが、すぐにそっぽを向いた。

「ご、ごめんね」と謝るしかない。

電車が動き出した。そっぽを向いたまま吉村に彩乃が語りかける。

「わたし、クラスでは咲希とあんまりしゃべらなかったけど。しゃべらなかったからこそ、いまの咲希が大変そうなのはすごくよくわかるつもり。咲希、無理してない?」

するとと吉村は彩乃に振り返った。頬が痙攣(けいれん)している。

「アイドルなんて、無理しなきゃやってられないよ」

「………」

「浅草でこっちから声をかけたのも、迂闊(うかつ)に佐久間と目が合っちゃったから、変な噂を立てられる前に友達アピールしておこうって思ったから。ちょうどふたりが付き合ってくれて助かった」

「変な噂……ファンとか?」

アイドルは誰のものでもない。アイドルはみんなのもの。だから、男女交際厳禁というのはよく聞く話だ。

「ファン?」と語尾を伸ばし気味にして吉村は聞き返した。「言うほどファンなんてついてないんだから、まだ気にする必要ないよ。本当に怖いのは同業」

「同業、ってライバルのアイドル?」

「他のメンバーよ」と吉村が吐き捨てるように言った。「何かあれば話を膨らませてマネージャーや上にチクる。上は危機管理だか情報収集だか知らないけど、告げ口をする奴を評価する。まったく身に覚えがなくても、『そう見えたらアイドル失格』ってグループの端に追いやっていく」

吉村が話している世界は、僕が高校生としてのほほんと生きている世界とはあまりにも違っていて、吉村が何を言っているのかさえも理解するのに手間取った。

「エグいな」

「アイドルって言っても、結局は商売だからね」と吉村が鼻で笑う。

「それでも咲希はアイドルをやりたいって思っているんだよね?」

「当たり前じゃん」と吉村が肩をすくめた。「アイドルはきらきらしてて、みんなの憧れ。ちやほやされて、愛されて、ライトが当たってて。最高じゃん。自分の歌がみんなの今日の話題になって、あたしの一言やちょっとしたSNSがバズってニュースにまで取り上げられる。こんなすごいことないもん」

すべてのアイドルが同じとは言えないだろうけど、吉村という少女の営業スマイルの裏の、本音ではあるのだろう。

「咲希は、どうしてそんなに、みんなにちやほやされたいの?」

「はい出たー。彼氏持ちの勝ち組発言」

「そんなつもりは」と彩乃が反論しようとしたときだった。

「でも、しばらくはアイドル稼業もお預けかな」

「どうして?」

「これが、アイドルの営業の荷物に見える?」

吉村は自嘲したようにバッグを軽く叩いたが、僕にはなんとも答えられなかった。

すると、吉村の両目から涙が噴き出した。歯を食いしばっているのに、どうしようもないほど彼女の目から涙が流れ続けているのだ。

「ジュンの奴、マネージャーにあたしたちのこと告げ口してるだけじゃなくて、事務所の社長とデキてたんだ。五十過ぎのオヤジとだよ? おかげであたしたちの『にーにぷらす』は昨日付で解散。ジュンだけは事務所に残って、あたしたち他のメンバーはいきなり解雇。やってられるかよ」

吉村は髪をかき上げて摑み、声を嚙み殺して泣いている。電車が揺れ、吉村の肩が彩乃にぶつかる。彩乃は傷ついた地下アイドルの女の子の肩を抱きしめた。

「つらかったね」

「……つらくなんかない。ただ——悔しいんだよ」

吉村が声を震わせて、肩を震わせている。電車は終点に着き、折り返しの準備をし始めた。やがて吉村の嗚咽(おえつ)がやんできたところで、彩乃は抱擁を解いて吉村の顔を正面から見た。

「咲希。あなたは怒るかもしれないけど、泣いた咲希の顔、きれいだよ」

「な、何言ってんの?」

「だって、嘘がないもの。いまだけじゃない。クラスにいるときの咲希も、嘘がなくてかわいいと思う。ねえ、いいチャンスじゃない？」

「何が？」

「アイドルなんて辞めちゃえば？」

吉村は呆然となった。だがすぐに皮肉めいた笑みを口元にはりつける。

「あんたみたいに青春して男作る奴にはわかりっこない！　あたしはアイドルになりたいんだ。親にだってそう宣言してて、いまさらあとになんて引けない――」

「たしかにわたしには咲希のことはわからない。アイドルをやっていたことだってつい最近知ったばかりだし。だけど、わたしは思うの。名前のわからないファンの声援をもらうアイドルもすばらしいけど、名前のわかるクラスメイトと仲良くすることもすばらしいって」

「だから、二十三区にも入ってないあたしらの町のあの高校でただくすぶってろって？」

「咲希にとってアイドルがすごく大事な夢なのはわかるよ。でも、佐山くんや園田くんや他のクラスメイトたちは大事じゃないの？　いままで名前も知らないファンを笑顔にさせようとがんばった咲希なら、名前のわかるみんなをもっと笑顔にしてくれると思う。アイドル以外の咲希はいないの？　そんなことない。クラスにちゃんといつもいたよね？」

「…………」

「他のやりたいこと、したいこと、アイドルになろうとして犠牲にしてきたこと、いっぱいやればいいじゃない」

彩乃の気持ちが高ぶり、彼女のほうが泣いていた。

「やりたいこと……？」

ドアが閉まり、電車が反対方向へ動き出した。

「咲希のなかでアイドル以外はぜんぶ、なんの価値もなかったの？　応援してくれたご両親やクラスメイトだって大事でしょ？　何よりも、咲希の人生、咲希自身しか大切にしてあげられないんだよ？」

「あたしの人生……」

「せっかく神さまからもらった命、自分の力で生き切らなきゃもったいないよ」

僕は彩乃の言葉の奥にある、オパール症候群という彼女の命の限界を知っている。聞いている僕のほうこそ涙が出そうだった。

「彩乃、神さまなんて信じてるの？」

「もちろん」と彩乃が即答する。

吉村が眉をひそめた。「でも、彩乃って、その……石炭病、なの？」

僕が口を挟もうとするより先に、彩乃が言った。

「うん。そうだよ」

「あれって、でも――ヤバいんだよね？」

「死んじゃうね」

まるで海の彼方の水平線を眺めるように、彩乃が答えている。

吉村は窓ガラスに頭をぶつけるようにした。

「あたしは神さまなんて信じない――いますぐ死んでしまいたい」

僕は耳を疑った。「まさか、それでここへ――？」

吉村は僕の声には反応しない。

「でも、さっき駅で降りられなかったよね？」と彩乃が穏やかに指摘した。

「もう三回も行ったり来たりしている」

「咲希の身体はわかってるんだよ。まだ死にたくないって」

「…………」

「前に読んだ本に書いてあった。『神さまは、その人が背負いきれない荷物は与えない』って。わたしは、人生を理不尽だ理不尽だって嘆くより、そう考えるほうが耐えられそうに思ってる」

彩乃、いつの間にそんなに深くいろいろ考えていたのだろう。

吉村は目だけ彩乃に向けた。

「なんか、ヤバい宗教でもやってんの？」

「そんなんじゃないよ。ただ、みんなに巡り会えた、智也に出会えた、そして何よりわたしがわたしだったこと、神さまに心から感謝してる」

隣の駅に着き、またドアが閉まり、電車が動き出した。

突然、吉村に足を叩かれた。

「グループ解散して無職になった地下アイドルさまにのろけまくるって、あんたの彼女、鬼じゃない？」

「僕には、女神みたいにまぶしく見える」

「こいつものろけてる！」

吉村が彩乃と顔を見合って、笑い声を上げた。

「ふふ。のろけと言われても、わたしはもう自分の本心に嘘をつかないって決めたの」

彩乃の言葉に吉村が肩を落とす。

「本心に嘘をつかない、か。厳しいなぁ。やっぱり彩乃は鬼だ。鬼だけど——あたしには地下アイドルよりまぶしく見える」

ロマン電車の車窓に白い太陽が入り込んだ。僕ら三人は目を細める。光が車輌を照らし、またたいた。次の駅に着くと、吉村が立ち上がる。

「吉村……？」

「あたしはここで降りるよ。ふたりがどこまで行くのか知らないけど、ちょっとひとりになりたい」

「そう」

「じゃあ、また。夏休み明けに学校で」と吉村がいつもの笑みで手を振った。

「うん。またね」と彩乃も手を振り返す。

車輛の扉を出た吉村が、ふと振り返る。「あたしを止めてくれて、ありがとう」

「吉村——」

「へへ。けど、夏休み明けたらまたアイドルやってるかもしれないけどね」

おいおい、と腰を浮かせかけたときには、空気圧式扉の音がしてドアが閉まった。ホームで吉村が敬礼の姿勢で笑っている。

その日は海沿いに北上し、福島県いわき市の手前の小さな駅で電車を降りた。

「あー、お尻が痛ーい」と彩乃が腰に手を当ててストレッチする。ちょっと目の毒だ。

「ずいぶん長時間座ってたからね」

「一日中立っていても大変だし、少し旅のしかたを考えよう」

改札を出るとタクシーロータリーがあったが、タクシーの代わりに今日一日の暑さが淀んでいた。

「泊まるところ、あるかな」と僕が辺りを見回す。店はいくつかあるようだ。

「大きな駅ならホテルとかいろいろあるんだろうけど、できるだけそういうところを避けて行きたいんだよね」

「彩乃の気持ちもわかるけど、あんまり古くてお化けが出そうなところはかんべんな」

「あはは。花やしきのお化け屋敷も苦手そうだったもんね」

スマホで検索すると、いくつかビジネスホテルがあるのがわかった。そのなかで新しめでリーズナブルなところをふたりで決める。シングルがふたつ取れた。少し離れていたが大きめのスーパーがあって、そこで割引になっていた弁当を買う。朝ごはんは明日、コンビニかどこかで考えることにした。その程度の品揃えだったのだ。

ビジネスホテルは全国に展開しているグループだったので、部屋がきれいだった。狭いことは狭い。ベッドで部屋のほとんどが制覇されている。布団生活の僕にはそれだけでちょっとしたカルチャーショックだった。

防音が整っているのか、とても静かだ。静かすぎて怖い。荷物を置いてシャワーを浴びるが、狭いユニットバスでは同じシャワーでも家のようにくつろげなかった。備えつけのボディソープがまだぬるぬると残っているような気がする。

シャワーから出ると、スマホが光っていた。彩乃からだ。

《そこはかとなく、さみしい》《こっちの部屋でごはん食べない？》

渡りに舟というか、とにかく我が意を得たりとばかりに、僕は割引弁当を持って数部屋先の彼女の部屋に向かった。スマホで「着いたよ」と通話して、扉を開けてもらう。

「いらっしゃーい」と彩乃が出迎えてくれた。シャワーは浴びたようだけど、男の僕と違って、家にいるときのようなラフな格好ではない。

「どう？　初めてのビジネスホテル」

「こういうものなんだーって感じ。でも、さみしいね」

と彩乃が苦笑いした。

「狭いしね」と部屋を見れば、当たり前だが僕の部屋と同じような間取りだ。椅子はあるもののひとつしかないから、どちらかがベッドに腰掛ければいいだろうか。

ところが、彩乃がベッドに腰を下ろして、その横を叩いた。

「もうここに座ってごはんにしよう？」

「おばさんに今日の連絡はした？」

「うん。シングルルームはさみしいって言ったら、明日から智也と同じ部屋にしなさいって」

「さようでございますか」

実際問題として、彩乃のそばに僕が一緒にいたほうがいいだろう。いやらしい意味ではなく、彼女の体調もそうだし、今日のように別々の部屋であとから合流、という形では彩乃も落ち着かないだろうし。

「今日一日、お疲れさまでした」

「お疲れー」

記念すべき旅の一日目の夜、僕らは買ってきた冷たい緑茶で乾杯した。僕はハンバーグ弁当、彼女は唐揚げ弁当。どことなく使いにくい割り箸で、冷たい弁当を食べた。ふたりでいるからいいけれど、ひとりだったらちょっとつらかったかも。

「外で買うお弁当の副菜についているナポリタンっておいしいよね」

と彩乃がにこにこしていた。

「わかる。ポテサラとかもおいしいんだよね」

「わかる」

あまりにも静かなので、テレビをつけた。東京では見たことのない番組があって、ちょっと感動する。

「明日からは見知らぬ駅で泊まるのも旅としてはいいけど、多少、宿にはこだわろう」

「さっき調べたけど、温泉つきのビジネスホテルとかもあるんだね。夜食にラーメンがただだったり、朝ごはんが食べ放題だったり」

スマホをいじりながら彩乃が足の指を握ったり開いたりしている。

「もしかして、痛んだりするの？」

と僕が聞くと、彩乃がはにかんだ。

「痛いというよりも、足全体が動かしにくい感じ？　陸上を辞めて、身体がなまっているだけかもしれないけど」

「病気のせい……？」

「わかんない」と、彼女はどこかあっけらかんと答えた。「何しろかかった人が少ない病気だからね」

「――ほんとはめちゃくちゃしんどいとか、そういう嘘をついてはいないよな？」

彩乃の目が少し泳いだ。けれども、「痛いとかそういうのはないよ。いまのところ」と言った。病気ではない僕には、それが真実かどうかを確かめる術はないけれど。

地方局の見知らぬバラエティ番組が流れている。

そこに出ているアイドル――こちらは地方アイドルではなく、全国区のアイドルだった――を見ていたら、昼間の吉村のことが思い出された。

「吉村、どうなるだろうね」

「どうなるだろうね」と、弁当を食べ終わった彩乃がお茶を飲んだ。

「僕もアイドルとかぜんぜんわからないんだけど、やっぱり所属事務所の大きさとかも含めて考えないとわからないものなのかな」

「ふふ。わたしはそんな難しいことわからないけど。さっき話したとおり、わたしなら名前も知らないファンの人たちに愛されるよりも、名前を知っている人と愛し合えるほうが幸せに思うから」

具体的には佐久間智也っていう人なんだけどね、と彩乃がつけ加える。

「はい。彩乃は僕の最強のアイドルで、えっと、推し？　です」

彩乃が笑いながらベッドに上体を倒した。

「あはは。だからわたしはアイドルに興味がないから、咲希に話したのもアドバイスなんて立派なものつもりはなくて、心から愛せるひとりの人に巡り会えたことを神さまに感謝しますっていう、個人の見解」

「そっか……」僕にはそれしか言えなかった。僕はどちらかと言えば、神さまから彩乃を取り返したいと思っていた。「ずいぶんいろいろ勉強しているんだな」

「ふふ。まあね。お父さんがこの病気で死んじゃってるから、小さい頃からいろんなことを考えてたんだよ」

それを僕にも早くから教えてほしかった、と思ったけれど、それを口にするのは彩乃をいたずらに苦しめるだけのような気がして言葉にはできなかった。

その夜、僕は結局彩乃の部屋で寝ることにした。やはりひとりは心配だったのだ。彩乃はベッドに眠り、僕は余っていた毛布で床に丸まって寝た。

僕たちの旅はおしなべて順調に進んだ。行き先はそのときの興味関心その他諸々。親からもらったお金だから欲望のままに行動するわけにはいかない。一応、一日あたりの予算は決めて動いている。とはいえ、苦行僧のように電車に乗り続けるだけの旅でもない。楽しみもあった。本場の牛タンが食べたいと思って仙台に行ったときには、あまりのおいしさにふたりして天を仰いだ。けれども、乗り換えに失敗した無人駅で、ふたりで分けて食べたコンビニのツナマヨおにぎりもめちゃくちゃおいしかった。

軽井沢にも行ってみた。お金持ち以外立ち入り禁止の場所のような気がしておっかなびっくりだったけど、お金持ちでなくても軽井沢を楽しむ方法はあるとわかった。雲場池をぐるりと歩いて涼を取ったり、軽井沢高原教会を見学したりした。軽井沢で唯一贅沢した、行列して食べた天ぷらそばはおいしかった。

軽井沢もすばらしかったけれど、地名も知らない場所で急に電車の視界が開け、無数の向日葵が咲き誇っている様は、天国さながらの光景だった。

赤い夕日の時間になると、彩乃はときどき僕の肩に頭を預けて眠っていた。

そんなとき、彼女の頭のやさしい重さを受け止めながら、僕は家から持ってきたオスカー・ワイルドの短編集の文庫を開いたりした。彩乃の病気を知ったとき、なぜかこの短編集の「幸福な王子」を読み返したくなったのだ。

宝石と金で装飾された、魂の宿った王子像が、燕に頼んで自らの剣の装飾に始まり、その両目を抉り、身体中の金を剝ぎ取っては、貧しい人々に施す自己犠牲の物語だ。この物語にも神さまが出てくる。何もかもを与えきって失って、心ない人々にはみすぼらしいと打ち捨てられた王子像の心臓と、死んでしまった燕を、何よりも尊いと認めてくれた神さま。きっと彩乃が信じているのはそんな神さまなのだと思う。

電車は揺れ、夕日が僕の頰を照らす。愛する人のやさしい寝息を感じながら、幸福な王子と神さまについて想いを巡らせていると、言葉にできない涙が流れた。

また海が見たくなった僕たちは、一気に北上して青森県の津軽海峡を見に行った。夏の日射しに照らされた津軽海峡は、向こうに北海道がくっきり見えた。北海道へ渡ることも考えたけど、北海道は広すぎるし、魅力的なものが多すぎる。各駅停車で回りきれるわけがなかったので、日本海沿いに南に旅を続けることにした。

夏の日射し、潮風、山の風、真っ赤な夕日、北斗七星やさそり座のアンタレス。電車以外にも僕たちと一緒に旅しているものはいっぱいあった。

けれども、ふとした折に隣に彼女がいること以上の幸せはないんだなと気づいては、この旅が永遠に終わらないようにと祈っていた。

あっという間に六日が経った。

ちょうど僕らは那須辺りを旅していた。日本海の旅は新潟県があまりにも長かったので、再び山間を行こうと東に折れたのだった。

三両編成の小さな電車が心地よく身体を揺らしてくれている。

「この前の軽井沢、よかったね」と彩乃がスマホに撮った写真を振り返った。

「今度来るときはきちんと宿泊できるくらいに軍資金を貯めてこようね」

考えなしに反射的に出てしまった言葉だった。不用意だっただろうかと不安がよぎる。その一方で僕は自分に言い訳していた。一年以上先だとは言っていない。一年以内なら、残酷な発言にはならないはずだ。だから、「一年以内に」とつけ加えた。

するとと彩乃はちょっと驚いた顔をしたけれど、すぐに笑顔になった。

「うん。今度は泊まりで」

「決まりな。――あの天ぷらそば、また食べたいね。浅草の尾張屋さんのはあったかいそばだったけど、軽井沢のは冷たいそばで。どっちもおいしかった」

僕らはいつものように並んで座っていた。向こうのシートの端には、クールビズと言いつつネクタイをした――さすがに緩めているが――サラリーマン風の中年男性が、つまらなさそうな表情で乱雑に折ったスポーツ新聞を読んでいる。

車窓の向こうは見渡す限りの水田で、夏の日射しに水は輝き、稲は柔らかな緑でぐんぐん伸びようとしていた。

そんな僕らの目の前を、青い折り紙の紙飛行機がふわりと横切ったのだ。

青空を切り取ったような、不思議なひとときだった。

青い紙飛行機は向こうにいるサラリーマンの膝の上に落ちた。

すみません、と頭を下げながら、揺れる車内を向こうから見知らぬ女性が、紙飛行機を取りにやってくる。メガネをかけ、セミロングの髪を揺らしている。白いブラウスに青いロングカーディガンを羽織って明るいスカートをはいていて、知的な雰囲気だった。

「ああ。はい」とサラリーマンが無関心に紙飛行機をその女性に渡す。

「ありがとうございます。うちの甥(おい)がご迷惑おかけしました」

その女性の後ろに、五歳くらいの男の子が不安げな表情でついてきている。

「大丈夫だよ。他にお客さんもいないし、つまんないもんな」とサラリーマン。

女性が「ごめんなさいは？」と促すと、男の子は「ごめんなさい」と小さな声で謝った。

ふたりが自分たちの席に戻るのを見ながら、サラリーマンが独り言のように言った。

「子供はかわいいもんだね。あのくらいがいちばんかわいい。中学高校になると、いっちょまえに反抗期とかやり始めるからな」

ああ、と雰囲気で僕が頷くと、サラリーマンがこちらに顔を向けた。

「高校生？」

「あ、はい」

「彼女と旅行？」

「はい」

「いいねえ。青春してて。でも、いまのうちだからなぁ、楽しめるのも」

「はあ……」

「社会に出たら夏休みなんてないから」

「大変ですね」

再び紙飛行機が飛んできた。車輌内のエアコンの風を受けながらも、彩乃のところまでくる。また女性と男の子がやってきて謝りながら紙飛行機を回収した。その間に僕は、サラリーマンに「どんなお仕事をされているのですか」と尋ねてみた。

「おじさん？　サラリーマン。みんなが食べてるお弁当に使うカット野菜っていうのを納めてる」

「へえー……」

働いたことのない僕にはそれがどのようなもので、どのくらい大変なのかもわからなかった。

「今日は納品先の食品工場で虫が入ってたってクレームの処理」

「大変ですね」弁当に虫が入っていたら、間違いなくクレームになる。

「けどさ」とサラリーマンは脚を組んだ。「相手は無農薬の野菜を納めろって言ってるんだよ？　だったら野菜に虫がつくのは当たり前だって。むしろ、虫がいないような無農薬なんておかしいんだから」

「まあ、そうですよね……」

「だからクレームの処理って言っても、向こうに行って『すみませんでした』って謝って、あとで始末書出すだけ。ときどきは値引き騒ぎになるけど、相手だってわかってるからね」

「わかってるんですか？」

サラリーマンの話は細かい説明がないので、予備知識や前提条件に乏しい僕には理解できないところが多かった。でも、お構いなしにサラリーマンは話を続ける。

「そんなもんだよ。向こうもサラリーマンだから上司や客先に怒られる。だから、こっちに怒る。どうしようもないことだって、わかっているのに」と言葉を切ってサラリーマンはにやにやした。「大人の世界ってばかみたいだろ？」

紙飛行機がまた飛んできた。今度はサラリーマンの横に落ちた。男の子が自分で取りに来る。サラリーマンと男の子の目が合った。けれども、なんの交流もなく、男の子は小さく頭を下げて紙飛行機を取り、席へ戻る。

「大人の世界って、幸せそうじゃないですね」

そう、思わず僕が言うと、サラリーマンは笑った。

「はっはっは。まあね。だからお給料をもらえるんだよ。酒も飲めるし、健全な高校生には教えちゃいけないところにも出入りできる」

「はあ……」

するとサラリーマンは首を掻いた。

「会社で怒られ、取引先で怒られ、その見返りにお金をもらって、そのお金を払って憂さを晴らして、家に帰ったらかみさんにも子供にも相手にされず。これが大人の幸せの正体だよ。ふふ。こんなおじさんになっちゃいけないよ？」

「はあ……」

「高校時代かぁ。楽しかったなぁ。部活とかがんばっちゃってさ。全国行けるとか思ってたのが、社会に出たらどんどんこのくらいでいいやって思うようになって。家庭を持ったらもうそれでおしまい。定年までつつがなく働ければいいんだよなぁ」

「………」

電車が止まった。サラリーマンはネットの上のカバンを取り、ドアが開く前に立った。

「幸せか。結局、わからないまんまだ。誰か俺に教えてほしいくらいだよ」

そう言ってサラリーマンは急かされるように電車から降りていった。

紙飛行機の男の子が、僕らをじっと見つめている。「こんにちは」と僕が声をかけると、男の子はびっくりしたような顔になった。けれどもすぐに笑顔になった。

「きみはどこから来たの？　おばさんとふたりきりらしいけど、お父さんとお母さんは？」

と彩乃が尋ねると、男の子は後ろを向いて指さした。そこにはおばさんだという先ほどの女性がいる。僕らがその女性に頭を下げると、男の子が僕の服の袖を引っ張った。

「この電車にずっと乗ってるの?」

「ん」

「ふーん」

五歳くらいの男の子には鈍行列車はつまらなかったかな。やはり新幹線とかのほうが人気なのだろうか。

「どこへ行くの?」と彩乃が尋ねた。

「いろんなところ」

「はは。そりゃいいな」

僕がそう笑うと、男の子は何度か頷いた。いつの間にか髪の長い女性がこちらに来ている。

「こんにちは」とロングカーディガンの女性がにこやかに挨拶してくる。遠目ではそうでもなかったが、近くで見れば男の子とよく似ていた。

「こんにちは」と彩乃が身体をひねる。

「京都奈良を回って、名古屋、静岡と来て、埼玉の家に戻ろうとしたのですが、この子の両親の休みがズレてしまったもので、もう少し旅を続けていたところです。昨日から鈍行をわざと選んでゆっくりと」

僕たち以外にも鈍行の旅をしている人がいて驚いた。

「僕らも鈍行の旅を続けているんです」

「わたしたちの場合は、最初からなるべく各駅停車の電車を選んで」

「まあ。それはそれは――」

「わたしたちは千葉から太平洋側を回って日本海側に抜け、新潟からこちらに来たのでちょうど対照的ですね」と彩乃。

「ずいぶん長旅ですね。おふたりこそ、どちらへ？」

「特に当てもなく。旅それ自体が目的です」

「すてきな時間の使い方だと思いますよ」

新しく乗り込む人はいなかった。

電車が再び動き出した。

電車のなかの僕たちは、猛暑になぶられている先ほどのサラリーマンをあっけなく追い抜いていった。行きたくもないクレーム処理に、急ぎ足で汗だくになりながら向かうサラリーマンは、数十年後の自分の姿のようにも、まったく無縁な姿のようにも思えた。

「大人って、大変だね」と彩乃が呟くと、また紙飛行機が飛んできた。男の子だけではなく、女性も一緒に紙飛行機を取りにやってくる。男の子の額の汗を拭ってあげながら、にこやかに微笑んでいた。

「ほんと、大変そうね。でも、あの人があ あなったのは、厳しいようだけど最後はあの人の選択の結果。高校生のあなたたちならわかるでしょう？　学校の先生は、夢を持てとか、理想を持てとかは教えても、疲れた中年になれとは教えないから」

「はあ……」

「ふふ。ごめんなさい。わたし、中学校で国語を教えている先生だからなんだか偉そうなことを言ってしまいましたね」

女性は堀井楓花と名乗った。男の子は堀井先生のひとつ上の姉の子で、正木斗真という名前だそうだ。ふたりは僕らの隣に座った。

「いえ……。正直、あんなふうな大人にはなりたくないなって思いました」と言ったあと、僕はひと呼吸置いてつけ加えた。「見下したりしてるつもりはないんです。でも、いずれは自分もあんなふうになるのかなって。僕が逃げようとしても、『これが大人の世界なんだ』と向こうから僕をのみ込みに来るんじゃないかみたいな感じで、ちょっと怖いです」

彩乃の向こうに座った堀井先生は、「正直で、いい彼氏ね」と彩乃に笑いかけた。彩乃がちょっと赤くなって、「はい」と頷いている。

「そういう大人になりたくなければ、ならないようにがんばらないとね」

「でも、どうやって？　それがわかればさっきのサラリーマンの人だってそんなふうにはならなかったのでは……」

「わかっていても、できるとは限らない。そんなことって、世の中にはいくらでもあるでしょ？」

　そのとおりだった。数日前に、怒って悲しんで恨みながらもアイドルへの夢を絶てないで苦しんでいるクラスメイトと話したではないか。

「どうしたらいいんでしょう」

「難しいわよね」と堀井先生は苦笑した。「高校生かぁ。肌がきれいでうらやましい。わたしみたいに――まあ、アラフォーだからしょうがないんだけど――お化粧で肌荒れをごまかさなくてはいけないようにはならないでね」

「はい。――顔だけではなく、心もお化粧でごまかそうとしないで素顔でいられるようにがんばります」

　堀井先生と彩乃だけで、不思議に何かが通じているらしい。

「心をごまかさない。言葉ではわかるのですけど、たしかに難しいですね」とため息が出た。けれども、彩乃は微笑んで「智也なら大丈夫だよ」と僕のももを軽く叩く。

「そうなんだろうか」

「そんなふうに思っているうちはかえって大丈夫だよ」

　と彩乃が太鼓判を押してくれた。

「そうかなぁ」

「さっきのサラリーマン、こんなふうになるなって言いながら、どこか自慢げにも聞こえたの。わたしたちを子供だって見下しているみたいな」

「それは思った。けど……」

「けど？」

僕は少しだけ言葉に詰まった。でも、彩乃が覗き込んでくるから、言った。

「あの人はぜんぶ周りのせいにして、自分からは目を背けているよね。きっと、なりたい自分はあったんだと思う。でも、なれなかった。そのなれなかった自分からは目を背けている」

たぶんそれは、傷ついて見たくない、みじめな自己像なのだと思う。

斗真くんの頭を撫でながら、堀井先生が問うた。

「いま、佐久間くんはそこまで言うのに躊躇したよね？　どうして？」

「――そこまで言ってしまったら悪いように思ったんです。僕は働いていない。あの人の苦労を知らない。僕だって同じような立場に立ったら、どうなるかわからない」

堀井先生が何度か頷いた。「そういう気持ちがあるうちは、みじめな自分に負けることはないと思うよ」

「ふーちゃん。川」と斗真くんがにこにこしている。

「川あった？　きれいだった？」

「ん」

斗真くんは靴を脱いできちんと揃えると、シートに膝立ちになって外を眺め始めた。

「毎日毎日忙しくしているとそれが普通になってしまいます。だからこそあえてゆっくり時間を味わう旅は貴重なのだと思うのです。わたしと斗真くんも、鈍行でのんびり旅をしたいら、いろんな人に会いました」

いろいろな人が、いろいろなものを探し、捨て、拾い、見つけ、出会って、別れていく。各駅停車の旅だからこそ、名もない野草の赤い花の美しさを知れるのだし、小さな生き物たちのけなげな生き方も見つけられる。ふとした瞬間に心を打つような光景に出会ったり、通り雨にしみじみした旅情を感じたりするのは、各駅停車の電車旅の醍醐味だと堀井先生は言うのだった。

「先生のお話、すごくよくわかります」と彩乃が共感していた。「わたしたち、ほんとうの幸せを探す旅をしているんです」

半分冗談、と言っていた彩乃だったが、いまはほぼ本心だったろう。

「ますますすてきだと思う」けれども、堀井先生は小さな声でつけ加えた。「さっきのサラリーマンには、見つけられないかもしれないけど」

堀井先生がただやさしいだけの女性ではないのだなと、少し怖くなった。

斗真くんがにっこり笑った。けれども、言葉に出してのリアクションがない。嫌われたかな。

するると堀井先生が小さく頭を下げた。

「ごめんなさい。この子、口数が少ないから。でも、おふたりのことは気に入っているみたい」

斗真くんが「きゅん」と小動物の鳴き声のような声と共に頷いて、堀井先生にしがみついた。

ちょうど僕たちは草津のそばを電車で走っていた。言わずと知れた草津温泉のあるところだ。冬は近くにスキー場もあるが、夏のいまはスキーはできない。

「草津温泉だね」と彩乃が窓の外を覗こうとがんばっていた。

「まだお昼まえだけど、お昼ごはんとかの予定はあるのですか?」と堀井先生。

「当然、そういう計画はないです」

と僕が答えると、堀井先生は目を輝かせた。

「だったら、今日の電車旅はここでいったん下車して、草津で温泉宿に泊まりませんか?」

「草津温泉ですか……」

彩乃の「したいことリスト」に温泉があったのは覚えている。僕だって温泉は嫌いでははない。ただ、予算がどのくらいなのかを計算しなければいけない。草津は有名温泉地だから、それだけお高いのではないだろうか……。

彩乃が僕のシャツの裾を引いた。

「草津温泉、行こうよ。思い切って二泊くらい」

その声が聞こえたのか、堀井先生が補足した。

「安くていい宿を紹介します。昔からわたしが使っているところで、高校生でもそんなに無理のない金額だと思いますよ」

そこまで言ってもらえるなら否はなかった。

駅からバスで三十分ほど揺られると、草津温泉バスターミナルに着いた。バスも車も人も多い。夏に温泉に来る人が多いのかと驚いたけど、この辺りは東京より七度くらい涼しいらしく、軽井沢のような避暑を目的としてくる人も多いのだそうだ。

宿はバスのなかで堀井先生がスマホで取ってくれた。堀井先生と斗真くんでひと部屋、僕たちふたりでひと部屋だ。

草津温泉に着いた僕たちは、チェックインまで時間があるので、まず中心にある湯畑を見物に向かった。湯畑に近づくにつれてもうもうとした硫黄(いおう)の匂い——俗に言うゆで卵が腐ったような匂い——がますます強く鼻をついてくる。

「硫黄の匂い、すごいね」

と僕は若干顔をしかめて言ったのだが、彩乃はうれしそうだった。

「ほんとだね。すごい。硫黄が固まって真っ白。あのへんは緑。写真で見たとおりだね」

斗真くんは「くしゃい」と言って堀井先生にしがみついていた。

湯畑の湯はエメラルドグリーンなのだが、硫黄分が結晶して白い塊のようになっている。そこにさらに強い緑色が射し込んでいた。不思議な光景だ。

とはいえ、荷物が多い。堀井先生が宿泊する宿に電話して、荷物だけ先に預けさせてもらうことにした。宿は湯畑から少し坂を下ったところにあって、落ち着いている場所だった。荷物だけ預けて、僕たちはもう一度湯畑に戻る。湯畑の周りには観光客がわんさかいた。僕らみたいな高校生カップルは見当たらない。でも大学生や社会人のカップル、家族連れがたくさんいて、みな写真を撮ったり湯畑のそばにある足湯を楽しんだりしている。

「湧いてるのはきれいな色のお湯だね」

「草津温泉ができてから千三百年。いろんな人がこの温泉で身体を治してきたんだね」

湯畑を囲う柵には、草津温泉を愛してきた著名人の名前がずらりと彫られていた。

湯畑の周りは宿泊施設やお土産物屋さん、食事処がぐるりと取り囲んでいるが、西側の一角は石段がずっと上へ続いている。石段の上には千三百年前に草津温泉を開いた行基(ぎょうき)というお坊さん——奈良の大仏作りにも活躍した方らしい——が作ったお寺があった。

百段以上の石段をのぼり、僕らはお寺にお参りした。僕は軽く息が上がったけど、彩乃は平気な顔をしている。もう身体がなまってきたのだろうか。

肝心の行基の像はないが、弘法大師空海の大きな立像があった。

「草津温泉は治る病気は治るって聞いたことがある。どうしても治らないもの、寿命や天命のようなもの、あと恋の病は治らないけど、それ以外の治る可能性のある病気はぜんぶ治るんだって」と彩乃が神妙に空海像を見上げていた。

付き合い出したばかりの幼なじみが正体不明の病にかかってどうなるかわからないのに、温泉なんてのんきなことをと僕自身が心のどこかで思っていた。けれども、彩乃の言葉で、少し気持ちが変わったのは事実だった。

いまだって、医者がお手上げ状態になった重篤な病気が温泉で湯治をして治った、なんてことはあるらしい。そのうえ、草津温泉は昔から日本一の呼び声高い名湯だ。ただし、二泊三日くらいでさっぱり治ってしまうかどうかは、神のみぞ知るだけど。

これからお湯を使わせてもらう挨拶としてのお参りを済ませると、僕らは石段を降りて湯畑に戻ることにした。

そのときだった。

斗真くんと堀井先生に続いて石段を降りようとした彩乃が、ふとよろめいたのだ。

「あぶないっ」

僕は彼女の腕を摑んだ。普通ならそれで支えられるはずなのに、彩乃の身体はまだよろめいている。糸でつながれているように、くるりと半回転して僕のほうに倒れ込んだのだ。

「痛たた。ごめん……」

「彩乃こそ——」

堀井先生たちも戻ってきて「大丈夫？」と心配げにしている。「大丈夫です」と彩乃は笑顔で立ち上がったが、僕は小声で尋ねた。

「足？」

「ちょっと動きにくくなってた。ダメだね。身体が少しずつ動かなくなってる」

彩乃が力なく微笑み、僕の腕にしがみつくようにした。

オパール症候群が進行しているのだ。その瞬間、僕はどうして彼女が電車での旅を希望したのかの理由がわかった気がした。一日のほとんどを電車で移動していれば身体が動きにくくなっても旅は続けられる。ホームの移動はエスカレーターやエレベーターがあるし、そういうものがない駅でも「ずっと座ってて身体がなまった」と言い訳すればゆっくり上り下りできるからだ。

彼女は僕に支えられながら石段を、ゆっくり降りた。熱い日射しを受けて汗をかいている彩乃の身体を感じながら、石段を降りていく。彼女の汗は夏の暑さによるものか、それとも動かなくなりつつある身体への不安の汗か……。

狭いので、堀井先生たちには先に降りてもらった。

石段を降りきると「もう大丈夫」と彼女が僕の腕を離す。

「大丈夫って……」

「一時的なものだったみたい。いまは平気」

と言って、彩乃はその場でくるりと一回転してみせた。

「ほんとに、大丈夫なんだな？」

「うん」

堀井先生と斗真くんも彩乃に駆け寄る。

「彩乃ちゃん、ほんとに大丈夫？」

斗真くんが無言で悲しげな顔をし、彩乃を見上げていた。

「大丈夫です」と言って彩乃は僕の腕に自分の腕を絡める。彩乃の匂いが強く鼻腔を満たす。「ちょっと彼に甘えたくなっちゃったんで、ひと芝居」

すると、ここまで無言だった斗真くんが首を傾げて、至極まっとうな疑問を口にした。

「あつくないの？」

僕らはのんびりと周りを見ながら、湯畑に戻った。こういうとき、観光地はいい。いくらぷらぷらゆっくり歩いても、奇異には見られないからだ。

「草津温泉にはね、赤鬼さんがいるんだって」

と彩乃が湯畑の最奥で滾々と湧いてくる湯を見つめていた。

「赤鬼？」

堀井先生と斗真くんは少し離れたところで足湯を体験している。

彩乃が続けた。

「草津のお湯ができたときから、人々に憑いている悪いものを引き剝がして、懲らしめてくれる草津赤鬼さん。だから身体の悪いものが取れて元気になるんだって。いままでの長旅の疲れを取ってくれると思う」

「鬼がいるなんて……ああ、でも高温の湯畑の辺りは地獄と言えば地獄か」

温泉の源泉のあるところは、なんとか地獄とかよく聞く。硫黄の匂いも地獄っぽい。人間の身体を癒やす天国にもなるけど、人間の身体に取り憑いて悪さをしようとしている連中には地獄の責め苦にもなるのだろう。

「チェックイン前だし、お昼ごはんもまだだけど、まずは温泉につかりたいかも」

「日帰り湯の施設もたくさんあるみたいだからね」

僕は近くで手に入れた周辺マップを広げた。

堀井先生たちは湯畑周辺のお店を覗いているそうなので、そのあいだにどこかのお湯を使わせてもらうことにした。

まず、地元の人が使う無料入浴施設を覗いてみたが、思ったより混んでいて、しかも洗い場らしい洗い場もない。僕は気にしないけど彩乃は気にしたようで、無料入浴施設は後回しにして、有料の入浴施設に行くことにした。

受付を済ませて男湯と女湯ののれんをくぐる前に、簡単に打ち合わせる。

「智也は何分くらいかかりそう?」

「わかんないけど、温泉ってそんなに長湯するものじゃないんじゃない? 休憩を挟みながら短い時間を何回も入る、みたいな」

じゃあとりあえず三十分後に、と約束して男湯と女湯に分かれる。

内湯と露天を満喫して出てきたけれども、まだ彩乃は出てきていなかった。近くの自動販売機でコーヒー牛乳を買うと、後ろから「よ」という彩乃の声がする。

「早かったね」

ほんのり上気した彩乃。シャワー上がりの姿なら自宅で何度も見ているのだけど、いつもと雰囲気が違う。これも温泉効果だろうか。

「温泉だからね。あんまり長湯したら湯あたりしちゃう。あ、いいなー、コーヒー牛乳」

「腰に手を当てて飲むのが」

「基本だよね」

と言って彩乃は僕のコーヒー牛乳を奪うと、腰に手を当てて飲み始めた。

「おまえ……っ」

少し残して彩乃が僕に瓶を戻す。

「へへ。間接キスになるとか考えてるでしょ」

「考えてません」ばりばり考えてます。

「ちょうどここ。ここにわたしは唇を当てました。どうぞ」

「うるさいよ」

周りの目がちょっと痛かった。女性三人客のくすくす笑いが刺さる。

「ささ、どうぞ」と彩乃がけしかける。

「彩乃さ、浮かれてるでしょ」

「うん」

僕は観念して残りのコーヒー牛乳を飲み干した。


日帰り湯から出て、湯畑の堀井先生と斗真くんに合流した。「きゅう」と斗真くんが眉を垂らしている。空腹を訴えているのだと堀井先生に教えてもらうと、彩乃がしきりに謝っていた。

堀井先生オススメという、湯畑のそばにある食事処でごはんを食べることにする。斗真くんと彩乃はお店の名物の生姜焼き定食、堀井先生はエビフライ定食を選ぶ。僕は天ぷら定食にした。なんだかしょっちゅう天ぷらを食べているような気がするが、コンビニやスーパーの弁当で食べられないものをチョイスするとこうなるのだ。

天ぷらの豪華さは確実にお値段以上だ。彩乃が頼んだ生姜焼き定食は時間がかかるらしいので、僕と彩乃で天ぷらをつついて待った。もちろん、お腹がぺこぺこの斗真くんにも少しあげた。

熱々の天ぷらはどれもおいしい。海老はとろけるようだったし、大きな椎茸(しいたけ)は歯ごたえと旨みが詰まっていた。少しして生姜焼き定食が来たら、まずその肉の分厚さに驚いた。ひょっとしたら僕の指二本分くらいの厚さがあるかもしれない。そこに秘伝のたれがかかっていた。天ぷらのお礼にと、彩乃から一切れもらったのだが、あっさりしていながらコクと旨みが凝縮されていて、その一切れで相当ごはんが進んだ。

「これ、ごはんのおかわりってできるのかな」

「別料金でもおかわりしようよ」

「そうしよう。彩乃、僕の天ぷらもっと食べていいからね」

店は二階にあったので、窓からは湯畑が見下ろせる。あらためて湯畑のもうもうとした硫黄の煙を見ながら、赤鬼があちこちで悪いものを懲らしめている姿を想像した。

初めて来た場所ですてきな経験をしておいしいごはんが食べられたら、誰だって気分は上向く。まだチェックインまで時間があったので、僕たちは周囲のお土産物屋さんを巡った。蒸してある二色まんじゅうを彩乃と分け合ったり、ご当地キャラのグッズを物色したりする。小さな切り子のグラスを僕らはおそろいで買ってみた。彩乃は赤で、僕は青のグラスだ。

「温泉で待ち合わせたり、コーヒー牛乳で間接キスしたり、おそろいのグラス買ったり、なんかすごく彼氏彼女なことしてるよね」

彩乃がにこにこしっぱなしだった。

そうこうしているうちに宿にチェックインする時間になった。

堀井先生たちと別れて、自分たちの部屋へ入る。静かないい部屋だった。荷物を置くと、彩乃がぺたんと座り込んだ。

「彩乃⁉」

「ふふ。ちょっと疲れただけ。少しゆっくりしてからでいい？　お宿の温泉」

「当たり前だよ」

サービスで置かれている温泉まんじゅうを食べ、お茶を飲んでゆっくりする。僕は何ができるわけでもないけど、彩乃の足をマッサージしていた。

「こういうのもいいもんだね」

「うん？」

「温泉宿にふたりでのんびり」

いいよね」

僕は微笑んだ。「そうだね。おじいちゃんおばあちゃんになって、のんびり温泉旅とか、

僕は卑怯だと思った。僕らには一緒に年老いるほどの時間はない。僕は大嘘つきだ。それどころか、この旅のあいだ、できる限り彼女の病気から目をそらそうとしていた。その結果、いつのまにか彼女の病状が悪化しているのだ。

けれども、彼女は僕の嘘に、卑怯さに、黙って付き合ってくれた。

「そのときはまた、草津には絶対来ようね」

「もちろん」

「よし」と彩乃が立ち上がった。「宿の温泉に行こう」

大浴場に入るべくロビーへ出ると、彩乃が難しい顔をしながら張り紙を読んでいる。

「大浴場は男女別だけど、一応、二千円で貸し切り湯も借りられるみたいだよ。借りちゃう？」

「――何言ってんだよ」

「ういやつめ。照れてるのか？」

彩乃は笑いながら僕の腕を取った。ふたりともすでに硫黄の匂いがしていたけど、温かな感触は彩乃だけのものだ。

ちなみに貸し切り湯は借りなかった。

夕食はブッフェ形式だった。彩乃が小さくガッツポーズしたのを、僕は見逃さなかった。蟹（かに）や寿司をはじめ、群馬県の名物のおっきりこみやモツ煮が並んでいる。オープンキッチンではポークソテーや天ぷらをその場で調理していた。

堀井先生と斗真くんもあれこれ話をしながら、料理を選んでいる。

料理をひととおり、多少分担を決めながら少しずつ皿によそって席に着く。四人とも浴衣（ゆかた）だった。僕の隣に彩乃が座って、その首筋から鎖骨のラインがどきっとするほどきれいで、困った。

四人揃ったところでいただきますをする。

斗真くんはまずサーモンのお寿司を頬張った。

「旅って怖いね」と僕が言うと彩乃が箸を持つ手を止めて、首を傾げた。

「どうして？」

「昼にあれだけ食べたのに、もうお腹すいてる」

ほんとほんと、と彩乃も激しく同意する。その彼女は、揚げたての山菜の天ぷらを口に運んで、おいしいととろけていた。僕も幅広麵を使ったほうとうのようなおっきりこみを啜る。

「うちに帰ったらダイエットだね」

すると、モツ煮を食べていた堀井先生が反応した。

「大丈夫ですよ。ふたりとも若いから。——わたしはピンチですけど」

「ふーちゃん、だいじょうぶだよ？」

と斗真くんが堀井先生に微笑みかける。唐揚げをもきゅもきゅしていた。

「彩乃がダイエット、というのは僕もいらないと思うけど」

「もう陸上を辞めちゃったから、丸くなるよ？」

退部について彩乃はさらっと言ったつもりだろうが、少し心に引っかかった。

「……陸上、か」

するとと彩乃がマグロのにぎりを頬張りながら、

「わたしはもうまるで気にしてないから、そんな顔しないでよ。そのぶん、ふたりでいる時間が増えるなーってうれしいんだから」

僕の彼女は、あけすけだ。好意を真正面からがんがんぶつけてくる。負けてられなかった。僕はおっきりこみを食べきってしまうと、彩乃にこう言った。

「彩乃ってさ、昼ごはんもそうだしいまもそうだけど、結構しっかり食べる子じゃん」

「うん」と蟹を食べている彩乃。

「そういうところが、好きなんだ」

蟹の足をくわえたまま、彩乃が蟹みたいに真っ赤になる。

「何がよ」

「幸せそうにいっぱい食べてる彩乃が、かわいいと思う」

彩乃は蟹の足を始末つけるとはにかみながら、身体をゆらゆらさせた。

「そんなこと言われたら、毎晩大盛りごはん食べまくって太っちゃうかも」

「何事も極端はよくないよ?」

そのあと僕と彩乃は四回くらい料理を取りに行った。「若いっていいですね」と堀井先生に呆れられた。

たくさん食べ、たくさんしゃべった。単純なことだが、今日一日がとても充実していた気がする。

僕と彩乃の部屋は、布団がふたつ並んで用意されていた。彼女と同室で寝ることになんとかなれようと努力していたところだが、温泉宿の夏の夜、このシチュエーションは衝撃的だ。

「…………」

「…………」

なんとなく黙ってしまう。

温泉で火照ったのとは別の暑さを感じつつ、適当におしゃべりをして、僕らは床についた。ベッドばかりの旅で、久しぶりの布団は気持ちがよかった。

遠くに湯畑の音が聞こえる。硫黄の匂いは風に混じっているのか、自分の身体からか。

しばらくして、彩乃が僕の名を呼ぶ声で目が覚めた。

「智也……智也……」

うっすら目を開けると、彩乃が僕を覗き込んでいる。

「彩乃……?」

長い黒髪が垂れ、もの言いたげな表情で彼女は僕をじっと見つめていた。瞳が潤んでいる。慌てて身を起こそうとしたときだった。

「智也——智也——」

彩乃の身体が変異していた。小さい頃に見たアニメに出てきたガラスの少女のように、顔や身体が透明になり、クリスタルのようになっていた。

嘘だろ。もう、お別れなのか——。

「ともや——トモヤ——」

ネジが切れた人形のように彩乃が動かなくなっていく。

「彩乃‼」

叫んで飛び起きた。

鼓動と呼吸が荒い。ひどく汗をかいていた。

辺りは真っ暗だ。先ほどのガラスの彩乃はいない。横を見れば、彩乃の布団があって、そこに彼女が寝ていた。

「大丈夫？　何かうなされていたみたいだけど」

と彩乃が起き上がった。月明かりが彼女を照らす。ガラスではない。クリスタルでも、ましてやオパールでもない、生身の身体を持った彩乃だった。

「うん。大丈夫」と言って、布団に横になる。「ベッドから落ちる夢を見た」

僕はするりと嘘をついた。

先ほどのような彩乃がガラスの少女になってしまう夢は、ここ二日くらい毎晩のように見ていた。それも徐々に生々しく、現実との区別がつかないほどに。

「ふふ。智也は家でも布団だっけ」

「そう。……起こしちゃった？　それとも——眠れない？」

「……起きてた」

「ごめん。僕だけ寝てしまってて」

「ううん。温泉で長旅の疲れが出たんだろうし、わたしも疲れているんだけど——智也と一緒にこんな旅ができて温泉にも来られて、夢みたいで眠れなかっただけ」

「僕も夢みたいだ」

彩乃が布団から手を伸ばして僕の手を探した。僕はその手をしっかり握る。

「夢が現実で、現実が夢みたいだね」

「ぜんぜん眠れなさそう？」

「大丈夫。しばらく手を握っててくれたら、眠っちゃうかも」

「……怖い夢とか、見ない？」

布団のずれる音がして、彩乃がこちらに顔を向けた。

「試験で赤点になって、この旅行に出発できなくなる夢とか見ちゃう」

「はは。それは怖いね」

たぶん彩乃は嘘をついていると思った。僕たちは嘘つきの恋人同士だ。

「草津温泉はいいね。疲れが抜けていく感じがする。身体が軽い」

「僕も頭の奥から疲労が吸い出されていくような感じがする」

「明日もゆっくりお湯につかってたら、ひょっとして……」

ふと彩乃が言い淀んだ。

「うん？」

その先の言葉について、僕は想像できた。けれども、それを僕が口にするのは病気でない僕の不遜だと思った。

彩乃もその先を言わなかった。

僕たちは手をつないだまま、いつの間にか眠りに落ちていた。

今度は怖い夢は見なかった。

僕らはゆっくりと朝寝をしてしまった。スマホに堀井先生からのメッセージが何件も入っている。慌てて身支度を整えて食堂に行くとすっかりごはんを終えた堀井先生と斗真くんがいた。

「ごめんなさい。すっかり寝坊しました」と彩乃が頭を下げる。

「いいのよ。温泉だもの。のんびりすれば」

慌てての朝ごはんだったけれども、その朝ごはんが終われば、やることはない。湯畑をのんびりと眺め、昨日と違う日帰り湯をぶらりするしかない。でも、その無為すらも、僕らは笑顔で受け入れていた。

湯畑のそばの足湯を使っているときだった。彩乃が小さくあくびした。

「朝あんなに寝たのに、また眠い」

「ずっと電車だったしね」と言いながら、僕もあくびする。彩乃の反対隣を見れば、斗真くんが足湯を使いながら堀井先生の膝枕で眠っていた。今日も暑くなりそうだったが、屋根のある足湯はまだ気温が穏やかだ。滝のような蟬(せみ)の鳴き声を聞いていると、肩に重みが乗った。彩乃が頭をもたれさせていた。

湯畑を眺めながら、ここでのんびり眠ったら気持ちいいだろうなと思う。嫌な夢、怖い夢を見ないで眠れれば。神さまでも空海さまでも赤鬼さんでも、誰でもよかった。少しだけゆっくり眠りたい……。

不意に大きな音がして目を開いた。

彩乃も目を覚ましている。「いまの音——？」

「汽車の汽笛みたいだったけど」

辺りを見ると湯畑の少し向こうに、小さな駅のホームがあって黒く輝く汽車が出現していた。

「こんな催し物、あったっけ？」

と彩乃が驚いていると、周りの人たちが汽車へ急ぎ出した。

いつの間にか目を覚ました斗真くんも靴を履いている。

「あのきしゃは、ほんとうの幸せを見つけたい人のための汽車なんだよ」

急に流暢(りゆうちよう)に、かつ難しいことを言い始めた斗真くんを見て、「ああ、これは夢なのか」と思った。その証拠に、さっきまで足湯にいた僕と彩乃も、いつの間にか靴を履いている。

堀井先生はすでに汽車の乗降口で僕らを待っている。

「もうすぐ汽車の出発の時間ですよ」

汽車とは古風で楽しそうだ。斗真くんは器用に僕と彩乃のシャツの裾をそれぞれを引っ張った。

「おにいちゃんとおねえちゃんも一緒に行こ?」

「今日の予定は特にないけど、どうしようか」と僕は彩乃を振り返る。

「各駅停車の旅なんだから、ごろごろ走る汽車の旅なんて最高じゃない」

彩乃の笑顔で答えは決まった。年取った駅員さんがひとりいて、切符に丁寧にはさみを入れてくれた。

「あ。僕ら、切符なんてないや」

するとと斗真くんが僕らから手を離すと、小さな手で自分のズボンのポケットを探った。

「切符。二枚あげる」

どこからかいい匂いがすると思ったら、ホームの真ん中に薔薇(ばら)が植えてあった。草津温泉の硫黄の匂いはどこかへ行ってしまっている。

夏の日射しの中、白や赤やピンクの薔薇がけなげに咲いていた。

僕らが乗り込もうとすると、また汽笛が鳴った。真っ白い蒸気を吹き上げるさまは、湯畑から湧き上がったように見える。石炭を燃やして走る黒い汽車に引かれる茶色い客席が八両。しっかりしていた。

足湯から汽車へみんな急いでいたはずなのに、見たところ僕たち以外に乗客はいないようだ。

斗真くんは堀井先生と手をつないで汽車に乗り込む。ふたりは四人対面のボックス席の片側に座った。反対側に僕たちを座らせるためだろう。

僕らが腰を下ろすと、汽車がきしみながら動き出した。

もうもうとした煙が視界を覆うようだったが、不思議と煙たくはなかった。

草津温泉の風景がぐんぐんと流れ去っていく。

「すごい、すごい」と斗真くんがはしゃいでいた。夢のなかではよくしゃべるんだな。

濃い緑の夏の木々は遠ざかり、代わりに窓の下をエメラルドグリーンの川の水が流れている。

「こんな汽車があったんだね」

と彩乃が目を輝かせた。堀井先生が彩乃に説明する。

「この汽車は毎日走っているのではないのです。ごく限られたときに、ごく限られた人のために走ります」

「完全予約制、みたいなのですか」と僕が尋ねると、斗真くんが僕に話しかけてきた。

「ぼくね、まだ小さいからよく話せないんだけどね。ほんとうの幸せはね、たぶん、みんなが笑顔になる生き方なんだと思う」

ひどく当たり前のことかもしれない。けれども僕は斗真くんがそう答えるのを聞いて、なぜか目頭が熱くなった。

「大事なことだね」

僕が褒めると斗真くんはうれしそうに堀井先生を見上げていた。

汽車が止まった。次の駅に着いたらしい。

乗降口が開いて、釣り竿(ざお)を背負った男の人や大きなカゴを背負ったおばあさんなどが入ってきた。みな、空いている席に適当に腰を下ろす。汽車内が不意にがやがやした。まぶしい夏の日射しが車内に射し込むが、あまり暑くない。天井を見てもエアコンが見当たらないが、温度調整はばっちりだった。

「いやー、疲れました」

「わたしももう七十年、このカゴを背負ってきました」

そんな話し声が聞こえ、聞くとはなしに聞き耳を立てていたら、通路を隔てた向こうのボックス席にひとりで座っていた男性が「失敬」と、かぶっていたパナマ帽を持ち上げた。

「みなさんはお知り合いで？」

髪に白いものが混じっていて、目の周りの彫りが深い。若干えらが張った感じだけど、笑顔の愛想はよかった。

「はい。もっとも、この男の子とこちらの女性とは、旅の途中でつい先日知り合ったばかりですけど」

「旅のなかでの出会いとは、すてきですね。わたしは清川と申します。どうぞよろしく」

半袖シャツにスラックス、それにパナマ帽で身軽な清川さんがにっこり笑って手を差し伸べる。こちらこそよろしくお願いします、と僕は握手した。思ったよりも大きくてがっしりした手だった。

「おじさんはほんとうの幸せを見つけたの？」

と斗真くんが質問する。すると清川さんは扇子を取り出して自分をあおぎながら苦笑した。

「はっはっは。どうかなぁ。時間が来てしまったものの、ダメだったかもしれない」

「そうなの？」と斗真くんが首を傾げる。

すると清川さんは昨日のサラリーマンに似たような、似てないような身の上話をし始めた。

「おじさんはね、東京で法科を出て大きな会社に入ったんだ。名前を言えばほとんどの人が知っている大きな会社だよ。そこで一生懸命働いた。ほんとに一生懸命働いたさ。仕事で外国にもたくさん行った。いろんな人にも会った。そのうち好きな人ができた。——ちょうど、そこのおふたりのように」

急に話を振られて僕と彩乃は顔を見合わせた。

「じゃあ、とってても大好きだったんだね」と斗真くんがませたことを言う。彩乃の頬が赤くなっていた。

清川さんが続けた。

「うんうん。大好きだった。だから結婚した。子供を授かった。男の子と女の子だった。すくすく大きくなったけど、男の子は高校生になったら不登校になってしまった。女の子はそうはならなかったけど、大学を卒業すると同時にひとり暮らしを始め、三年も経たずに、他に家庭のある男の人の赤ちゃんを産んだ」

「それは……」

急激に話が重くなる。初対面の僕ら、ましてや斗真くんに聞かせていいのだろうかと気になってしまうが、清川さんは流れる車窓を見ながら述懐を続ける。

「そのうえ、一生がんばろうと思っていた会社からは、早めに辞めてくれと肩を叩かれてね」

「おつらかったですね」

と僕は思わず声をかけてしまった。清川さんはびっくりした顔をしたが、不意に涙を浮かべた。

「ありがとう。智也くん。けどね、わたしはいつも我慢してきたんだよ。息子が引きこもったときも、娘が見る影もなくやつれて赤ちゃんを抱えて帰ってきたときも、誰にも見送られずに会社を去ったときも。そしたら、今度はわたしの身体にガンが見つかってね」

清川さんが張りを失った自分の拳で涙を拭っている。

斗真くんが自分のポケットからハンカチを取り出して、清川さんに差し出す。かわいらしいキャラクター柄だった。

「それで、旅に出たの？」

ハンカチを受け取って涙を拭った清川さんが頷く。

「そう。だけど、ほんとうの幸せがわたしにはまったくわからないんだ」

汽車の外は濃い緑と色とりどりの花が溢れていた。相変わらず眼下の川はエメラルドグリーンに光り輝いている。

しばらくおしゃべりをしていたけれども、やがて汽車が減速し始めた。清川さんがきょろきょろしている。

「乗ってすぐだけど、どうやらわたしの切符ではここまでのようだ。ここで降りてわたしはもう少しほんとうの幸せを考えないといけないらしい」

と清川さんが席を立つ。不思議なルールで旅をしているのだな、と思った。

「ごきげんよう。清川さん」と堀井先生が挨拶をする。

「ごきげんよう。みなさんがみなさんの目的地に着けますように」

清川さんが降りるときに、他にも何人か降りていった。外は相変わらず色彩豊かな夏の美観をたたえている。この駅でもまた何人かが入ってきた。

「さっきの清川さん、つらかったね」

と僕がもう一度言うと、他の三人が頷いた。彩乃がホームから降りていく清川さんの小さな背中を見ながら、

「でも、これだけきれいな景色の中でほんとうの幸せって何かを考えたら、すぐに答えが見つかりそうな気がする」

「僕もそう思う」

そのとき、僕らのそばを通って席に着こうとしていた中年の女性が僕たちに声をかけてきた。

「智也くんと彩乃さんは、この駅の周りがきれいな世界に見えているのね？」

振り向けば、眉毛の薄い、色白の女性が目を丸くしていた。化粧っ気のまったくない顔は、シミやソバカスが浮いている。髪は後ろでひとつにまとめただけ。着ているものもシンプルと言えば聞こえがいいが、洗いざらしたシャツにパンツだけというごく質素な姿だった。その女性は西田(にしだ)と名乗った。

「あ、はい。きれいな場所だと思います」

と彩乃が答えると、西田さんは苦笑した。

「わたし、最初にこの駅に来たとき、暑くて暑くて嫌な場所だと思ったわ。汗でお化粧も落ちちゃうし、いい男もいなさそうだし」

「そうおっしゃいますが、いまはあまりお化粧をされていないんですね」

と堀井先生がやんわりと言った。

汽車がまた動き出した。川沿いの線路を、汽笛を鳴らして走る。

西田さんはさっきまで清川さんが座っていたところに腰を下ろした。

「ごめんなさいね。いますっぴんだからシミやソバカスばっかりで。わたし、お化粧って大好きだったの。ほら、もとがこんな顔じゃない？　眉毛も満足にないから、毎日鏡に向かって三時間。自分で自分にうっとりするくらいに仕上げてたわ」

「へー。お化粧のコツってどうやればいいんですか」

と彩乃が質問したが、西田さんは彩乃の桃色の頰を指で触れて苦笑する。

「そんなのいらないわよ。少なくともいまのあなたには。やがてお化粧が必要なときが来るかもしれないけど、そのとき考えればいいのよ」

「そうなんですか……」

堀井先生と同じようなことを言っていると思ったが、そのあとに続く言葉は微妙に違っていた。

「ふふ。そうでないと、わたしみたいに化粧ばっかり上手で上辺を繕うだけの人生になっちゃうから」

「おばちゃんもこの旅の前にたくさん苦労したの？」

と、斗真くんが尋ねると西田さんは肩をすくめた。

「苦労をしないでこんな旅にたどり着く人間はいないわよ。まったく神さまも酷よね。重たい荷物を背負って何十年も人生を苦労させる。だからせめてお化粧くらいばっちり決めて、少しは楽しく遊んでもいいと思ってたの」

「はあ」と僕が曖昧に相づちを打つ。

「男なんて突き詰めれば顔と金。わたし自身の格が上がればもっといい男と付き合えるし、金を持っている男はわたしみたいな美人と付き合えばステータスになる。ウィン・ウィンだ——そんなふうに思ってたのよね」

またしてもなかなかきわどい話になってきた。斗真くんに聞かせていいのか。

「お仕事は何をされていたのですか」と堀井先生が尋ねた。

「上場会社の秘書。その会社も、わたしの化粧した顔と全身を固めたブランド品で採用してくれたんだから、会社の名前は玉の輿に最大限に利用しようと思ったってわけ。でもね、ダメなのよ」

「ダメ？」

「年を取ってくると、さすがに若い子に勝てなくなってきたの。以前は余裕で落としていた男たちも、次々に出てくる若くてきれいな方になびいていく。毎日一夜限りの恋を楽しみ、そもそも恋なんて寝てからと思っていたのだけど」

「はあ……」あけすけな物言いに僕のほうが恥ずかしくなった。

「何かがすり減っていくのよ。少しずつ」

「心のなかの何かが、ですか」

「そう。それに何よりも——わたしが素顔のわたしを知っている。どんなにいい男と寝てみても、どんなに高価なおしゃれをしても、どんなにおいしいお料理を食べても、自己認識の底には地味な素顔が潜んでいる。それで、ぜんぶバカらしくなっちゃって、捨てちゃった」

「それでよかったんじゃない？」と小さな斗真くんが言う。斗真くん、夢のなかとはいえ、ここまでの会話に参加しなくてもいいんだよ……。

西田さんが苦笑する。

「ぼく？　そうそう簡単にいかないのよ、人生って。だってお化粧自体は悪くないでしょ？　悪かったのは、長年、自分の素顔から目をそらしてきた自分」

「けれども、人間、自分からは逃げられないですよね」

堀井先生が冷静に指摘した。西田さんが苦しげな顔をしながらも、笑みを作る。

「でも逃げたいのよ。だから周りに噛みついたり、逆にいじけてみたり。すっぴんの自分で勝負できるようになるのにすっごく時間がかかった。時間がかかったけど、素顔の自分で行こうって本当に思ったときに、あの駅の周りがとってもきれいな場所に見えたのよ」

そう言い切ったとき、西田さんはとてもいい笑顔になっていた。

「ほんとうの幸せを見つけたんだね」

斗真くんが手を叩いて、それから西田さんの頭を撫でた。西田さんはされるがままになっていたけど、斗真くんに逆に質問した。

「ぼくこそ、その年でそれだけしっかりしているってことは、尋常じゃない生き方をしたんでしょ？」

西田さんの質問に、斗真くんは花のように笑って答えた。

「ぼく、毎日病気でつらかったの。それで、お医者さんももう匙を投げて——あ、匙を投げるっていうのは、もうダメだって投げ出しちゃうことなんだって。ママが教えてくれたの——それでさいごの思い出でいろんなところへ旅行しようってなって、まずふーちゃんがいろんなところに連れていってくれたの」

「そんな重い病気だったの……？」

「草津温泉でぼくの病気が治るかもしれないって。ふーちゃん言ってて、昨日からとってもたのしかったけど——まだ治らない」

「斗真くん……」

少し文章はごちゃついているが、だいたいわかる。

こんなかわいらしい子供に、どうしてそんな病気が？

彩乃の病気といい、斗真くんといい、やっぱり神さまというのはひどい性格なのではないか。

僕は出口のないやるせなさを感じていた。

「毎日くるしくてくるしくて。幼稚園のおともだちにも会えなくて。どうしてぼくだけこんなに苦しいんだろうって、夜はいつも泣いてるの。おにいちゃん、おねえちゃん。ぼく、どうしたらいいの？　さみしいよ。怖いよ」

僕は胸が詰まった。彩乃が泣いている。西田さんなんて号泣していた。

「斗真くん、つらいよね」としか言えなくて、僕は斗真くんの小さな身体をただ抱きしめた。華奢で力を入れたら壊れてしまいそうな小さな身体で、斗真くんはこんなにも戦っているんだ。

汽笛がひときわ大きく鳴り響いた。

「でも、ぼく、がんばる」

斗真くんのけなげな言葉に、僕も泣いた。理不尽とも言える病気を背負って歩いていく斗真くん。僕が神さまなら、こんな子を見捨てられない。見捨てたくない。この気持ちに嘘はない。

それなら——僕たちが僕たち自身を見捨てちゃダメなんだ。

「わたし、自分の苦しいことばっかり考えてちゃダメだよね」

と彩乃が言ったけど、僕は彼女の両肩にしっかり手を置いた。

「苦しいときは苦しいって言っていいんだよ。悲しければ泣いていい。僕はそう思う」

「でも、斗真くんだって――」

「いいんだよ、最初からいい子でなくても。斗真くんだってそうだったじゃないか」

「………」

「だって人間は生まれて、老いて、病気になって、死んでいく。楽しいことばかりじゃ物語にならない。物語にならなければ人生は美しくないんだ」

言いながら僕は、自分で自分に答えを出しつつあることに気づいていた。

「美しさ……？」

「苦しくても悲しくてもがんばる姿はまぶしい。でも、ときには倒れ込んで動けなくなってもいい。誰も見捨てやしない。人間はきっといつか立ち上がれるから」

「智也……」

僕だって母の死のときは、倒れて動けなかった。

自分で自分をあきらめない限り、世界は――それこそ神さまだって――僕たちを見捨てはしないんだ。

僕はしゃがんで斗真くんを見つめた。

「大丈夫。斗真くんは幸せになれるよ」

「ほんと？」

「うん。斗真くんが一生懸命生きようとしている限り、みんな味方だ」

「みかた……！」

斗真くんが目を輝かせた。

「そっか。そうなんだね」と彩乃が涙を拭った。

僕は立ち上がって、とても大切な彼女の頬の涙の名残を指ですくう。

「やっていいことと悪いことはある」彩乃の唐揚げを無下にするなんて最悪は、どう理由をつけてもやってはいけない。「けれども、それを超えたやさしい眼差しがあるんだ。真面目に生きたかったのに両手が汚れていく自分も、愛する人との別れに嘘をついて目をそらす人間の愚かさも、すべてを僕は愛おしいと思う」

それすらも、きっと最後には神さまだって許してくれていると思うのだ。

彩乃が呆然と僕を見つめていると、通路から女性の車掌さんが話しかけてきた。

「ここから先、みなさまをお乗せできません。本日はここで下車ください」

「最後まで行かなくていいのですね」

と僕が尋ねた。女性車掌さん——堀井先生にも似ていた気がする——は、頷いた。

「今日はここまでです。あなたたちが見つけた答えが正しかったか、次のご乗車のときにお聞かせください」

女性の声がどんどん遠くなっていく。いつの間にか僕は汽車を外側から見ていた。

ただ、温かくて幸せな気持ちだけが残る――。

誰かが僕を揺さぶった。「お兄さんよぉ、ほれ」

「……あれ？」

目を開けると見知らぬおばあさんが僕を揺さぶっていた。

つんと刺激のある硫黄の匂いが鼻をさす。薔薇の香りはもうしない。

「ああ、やっと起きた。いくら足湯が気持ちいいからって眠っちまったらのぼせっちまうべ。ははは」

見れば、湯畑のそばの足湯だった。彩乃が僕の肩にもたれて眠っている。「彼女かい？かわいい顔して寝てるね」と、さっきのおばあさんが冷やかしてくる。どうも、と愛想笑いして周りを見た。

斗真くんが起き上がって目をこすっている。堀井先生もうつらうつらしていた。

やはり夢、だったのだろうか。

いままで彩乃としてきた旅で出会ったいろいろな人がごちゃ混ぜになったような、総復習のような夢だったように思う。

小さく呻(うめ)いて、彩乃が目を覚ました。

「あれ？　ここ、どこ？　汽車に乗ってたんじゃなかったっけ」

彩乃がまだ焦点の定まっていない目で僕を見る。

「どうやら僕たち、足湯しながら寝てたらしいんだけど——彩乃、汽車っていま言った？」

僕らはいま自分たちが見ていた夢について話し合った。普通の夢は起きてからすぐに記憶が薄れていくものだけど、さっきの夢は話をすればするほど、細部まで記憶が鮮明になっていく。清川さん。西田さん。斗真くんの話。女性車掌さん。僕と彩乃の見た夢の中での差異がほとんどなかった。

「夢だけど、夢じゃなかった——ってことなのかな」

と彩乃が文字どおり幽霊にでもあったような顔をしていた。

「わからない」

僕らは足湯から足を抜いた。すっかりゆだって真っ赤になり、足の裏がしわしわになっている。時計を見れば三十分くらいしか経っていなかった。

お昼にはまだ早いなと思いながら靴下を穿(は)いていると、ふと僕と彩乃のあいだに何かあるのを発見した。

「これは——」

そこにあったのは、誰かが置いてくれたハンカチ——キャラクター柄のハンカチだった。きれいにアイロンがかかっている。斗真くんがそれに気づき、大切にポケットにしまった。

足湯のそばで二羽の雀が地面をしきりにつついている。

不思議な夢の内容は、僕と彩乃しか覚えていなかった。堀井先生は夢も見ずに寝ていたらしいし、斗真くんは堀井先生の後ろに隠れるばかりだった。

僕らはとりあえず夢の汽車の話は置いておき、ゆっくりと草津で時間を過ごした。四人でずっと一緒というのもお互いに大変だろうからと、宿での夕食を一緒に食べる約束をして、僕らは堀井先生と斗真くんとは別行動をすることにした。

ゆっくりのんびりと一日を過ごす。

湯に入りたければ入り、横になりたければ部屋で横になった。少し離れた西の河原露天風呂にも行ってみた。露天風呂しかないというのはちょっと新鮮だった。真夏の青空の下、露天風呂に身を任せていると、天も湯も溶け合ったようなゆったりした気分になる。ふと、さっきの夢は、神さまか空海さまか赤鬼さんか誰かが見せてくれた夢なのかなと思った。

夕飯時になると、東京を出てからの疲れはすっかり抜け、身体中に力が戻ってくるのがわかった。夕飯を食べながら僕がそんなことを言うと、彩乃も同意してくれた。

「すっかり元気になったし、明日からまた旅に戻ろうか」

「今度はどっちへ行こう。彩乃が行きたいところはある？」

食後にそんな会話をしながらそろそろ部屋に戻ろうかというところで、斗真くんが「もう一度、温泉に行きたい」と僕の浴衣を引いた。それではということで、僕ら四人は軽く温泉を使ってから部屋に戻ることにしたのだった。

僕は斗真くんと一緒に男湯に入り、彩乃と堀井先生は女湯に消えていく。普段なら斗真くんはまだ、堀井先生と一緒に女湯なのだそうだが、今回は僕と男湯に入ることにしたのだった。

斗真くんはいい子だった。夢のなかの斗真くんと違って口数は少なかったが——ときどき小動物のように鳴くのはかわいい——特に何も言わなくても自分でてきぱき動いて、温泉につかっている。おかげで僕も、ゆっくり温泉に入ることができた。

夜になると日帰り湯に立ち寄るお客さんもいないから、静かなものである。温泉を出たが、彩乃たちはまだらしい。「何か飲む？」と尋ねると、斗真くんはフルーツ牛乳を所望した。

フルーツ牛乳の瓶の蓋を開けてあげると、斗真くんはお礼を言って両手で受け取り、こくこくと飲み始めた。

「おいしい」

なんとも幸せそうな表情で、こちらまでうれしくなる。その邪気のない顔を見ていたら、なぜかあの汽車の夢の内容が甦ってきた。夢のなかでは僕は最後にずいぶん立派なことを言っていたけれど、現実の自分がいろんなものから目を伏せて、適当に辻褄を合わせてここにいるのが恥ずかしくなってくる。

僕は彩乃のことを本当に理解しているのだろうか。彩乃の言動にささやかな違和感を感じても、いままでの僕は踏み込まなかった。彼女に嫌われたくなかったからだし、彼女の心のなかに踏み込むべきかを躊躇したからだ。

そう言えばまだ聞こえはいいが、いまだって整理がついていないことがいくつもある。たとえば、どうして僕を他の女子と付き合わせようと言っていたのか。ずっと昔から好きでいてくれたはずなのに。初めて告白したときの反応と「返事はもう少し待ってほしい」と先延ばしにしたのも、何かあったのだろうか。

彼女が僕に何かを隠しているのは確信に近い心証を持っている。その心証のまま一緒に旅をする僕は、一体何者なのか……。

硫黄の匂いの沁みたタオルが、ひんやりしている。そのタオルで顔を押さえていたら、「よ」という聞き慣れた彩乃の声がした。

「おかえり」

「待たせちゃった？　あ、斗真くん、いいの飲んでるねー」

堀井先生はもう少し湯船につかっているらしい。斗真くんとのふたり旅では、なかなかゆっくりお風呂にも入れないだろうから、今日くらいはゆっくりしてもらおうと彩乃が言っていた。

廊下にある籐（とう）の椅子に三人で座る。

「斗真くんは幼稚園ではお友達とどんな遊びをするのが好きなの？」

と尋ねると、斗真くんは「んー……」と首を横に振った。

「え？」と彩乃が驚く。「もしかして、幼稚園に行ってないの？」

斗真くんがさみしげに「きゅん」と鳴いた。

「ひょっとして、どこかお病気なのかな」

斗真くんが黙って頷く。

「〝汽車〟でお話ししてくれたとおり？」

と僕が尋ねると、斗真くんがまた頷く。

僕と彩乃は息をのんだ。

「斗真くん、やっぱり昼間の夢……？」

「ん」と、斗真くんが頷いている。

僕と彩乃は混乱していた。さっきの夢。ふたりが同じ夢を見ただけでも不思議だったのに、斗真くんも同じ夢を見ていたなんて……。

彩乃がしゃがみ込んで斗真くんの目を見た。

「いまも身体、つらい？」

「んーん」

斗真くんは首をふるふると左右に振った。

「いっしょうけんめい生きようって、おにいちゃんがおしえてくれたでしょ?」

「あ……斗真くん、それは」

「きゅん」斗真くんが小動物のように目をくりくりさせる。

彩乃が目の周りを真っ赤にした。僕もしゃがんで、しきりに斗真くんの形のいい頭を、子供特有のつややかな髪を撫でる。彩乃は涙を拭うと、フルーツ牛乳を飲み終わった斗真くんをやさしく抱きしめていた。


堀井先生が出てきて斗真くんを無事に引き渡し、僕らは自分の部屋に戻ることにした。途中、僕だけお手洗いに立ち寄る。

冷たいタイルの洗面所の鏡に、僕の顔が映っていた。

斗真くんの話で涙したおかげで、僕の目はいつもより光っているように見えた。

僕は彩乃のすべてを理解したいと思った。彼女が隠していることも、彼女だけが抱えている苦しみも、何もかもを僕も背負いたいと思った。そのためだったらどんな代償でも払おう。僕はいままでその覚悟ができていなかったのだ。

彼女を愛する。それは彼女の肉体を愛(め)でることではない。魂を、心を、思いを、考えていることを受け入れるということだ。明日が世界の終わりであっても、今夜、彼女の見る夢が幸せであるようにと祈ってゆりかごを揺らす心なのだ。

「この幸せ者」と僕は鏡のなかの僕に言葉をかけて、お手洗いを出た。

ただいま、と声をかけて部屋に入ったときだった。

まず目に飛び込んできたのはふたつ並べて敷かれた布団。まだなれない。だが、それを上回る光景が僕を待っていた。

カーテンを閉めた部屋の隅で、立ったままの彩乃が慌てて僕に振り返る。その手には刃がむき出しのカッターが握られていた。

カッターは彩乃の手に押し当てられていたと思う。

「あ……」

と、彩乃がカッターを隠そうとした。

「彩乃……何をしているの？」

まさか、自分で手首を切ろうと……？

とっさにそんな悪い考えに支配された僕は、彩乃に飛びかかった。彩乃が強引に身をよじってカッターを隠そうとする。

「違うの、智也。放して」

「カッターなんて何してたんだ」

僕は腕に力を込めた。体育会系女子の彩乃が相手だが、こちらは一応男子である。彩乃が女子なので遠慮してしまうが、その気持ちさえ外してしまえば力では負けないつもりだ。何度も互いに身体をひねる。何度も。最後には僕が彩乃の手からカッターナイフを奪い取った。

彩乃が、はあはあと息を切らしていた。浴衣の襟元が乱れている。僕も息が切れていた。彩乃の手首に傷がないのを見て、とりあえず安心する。

「智也、力が強いね」と彩乃が息を弾ませながら笑った。

「彩乃、何をしようとしてたの？」と僕があらためて質問する。

すると彩乃はその場にぺたんと座り込んで、か細く笑った。

「草津温泉でわたしの身体、治ったかなって確かめようと思って」

そう言って彩乃はなぜか頬を赤くした。その目線は枕を並べて敷かれた布団に向けられている。すでに僕たちは似たような夜を過ごしているけど、まだだった。美奈子さんからの絶大な信頼もあるし。彩乃が言いたいことはなんとなくわかる。僕も座り込んで頭を掻いた。

「僕って、そんなに欲求不満に見えた？　だとしたら、ごめん」

「そうじゃないの！」と彩乃が慌てて否定する。「そうじゃないけど、ほら――現代の医学ではどうしようもない病気でも、草津のお湯ならって言うじゃない？　将来、結婚したらさ……」

気まずい。気まずいのだけど、草津温泉で彩乃の病気が治ったかどうかは気になるところだった。赤鬼さんは不思議な夢を見せるだけではなく、病気も治してくれたのだろうか。僕がそんなことを言うと、彩乃は僕の手からカッターナイフを取り返す。

「小指の先だけちょっと切ってみる」

僕が止める間もなく、彩乃は自分の左手の小指の腹にカッターナイフを突き刺した。痛そうに軽く顔を歪める彩乃。

その小指から流れ出した血は――オパール色だった。

あでやかなオパール色の血はみるみる大きくなってピーナッツくらいになったかと思ったら、一気に固体化した。彩乃の指先から音もなく転がり落ちる。それは赤い血液ではなく、やや青い乳白色の輪郭のなかに七色の光を放つオパールだった。

僕はそのオパールを手のひらに乗せてみる。

「……………」

「あんまじろじろ見ないでよ、わたしの血なんだから」

「あ、ごめん」どうしてかわからないがとりあえず謝っておく。そのあいだに彩乃は手早く絆創膏を指に巻いていた。

「あーあ。やっぱりダメだったかぁ」と彩乃が苦笑いしている。「草津温泉で治るかなと思ったんだけど。『お医者様でも草津の湯でも惚（ほ）れた病は治りゃせぬ』って言うとおり、治せない病気もあるんだね」

途端に、彩乃の足の動きがあやしくなった。まるでしびれを切らしたように右足を引きずり、僕は彼女に手を伸ばした。

不意に、頬に痛みが走った。彼女が持っていたカッターの刃が、僕の頬に触れてしまったようだ。

僕はその痛みを無視して彼女を支えながら、カッターを取り上げる。彩乃の身体をそのままゆっくり布団に座らせた。

彼女は、オパール症候群のせいで動きにくくなった右脚を抱き寄せ、左脚も曲げて体育座りをし、膝を抱き寄せるようにしながら顔を隠した。ごめんね、という彩乃のくぐもった声がする。現代の医療の手の届かないオパール症候群。千三百年、人々を救ってきた草津の湯なら……そんなふうに僕だって考えていた。

「まだ温泉につかり足りないだけかもしれない。湯治って、長く滞在することなんでしょ？　一度東京に戻ってもまた来ればいいじゃないか」

こうなったらとことん挑戦してやろうと思った。草津だけでダメなら、箱根も、有馬（ありま）も、別府（べっぷ）も、湯布院（ゆふいん）も、霧島（きりしま）も。旅の目的を変えて日本中の温泉を巡ってやる――。

彩乃が洟を啜って、顔を上げた。

智也、と僕の名を呼んだ彩乃が、大きく目を見開いて震える。

「その頬どうしたの。智也──」

彩乃の震えは大きくなり、潤んでいた目からは止めどもなく涙が溢れてきていた。

「え？　頬？」

そういえばさっきカッターナイフを取るときに頬に痛みを感じたけど、と指をつけてみると、ぬるりとした感触があった。血が出ているらしい。

「智也、どうして……？」彩乃が震える声で僕の傷に触れようとする。

「ああ、さっき切ったんだろうね」

かすり傷だよ、と言おうとして指先を見た僕は、不覚にも言葉を失った。

頬から流れた僕の血の色が、オパール色に輝いていたのだ。

第四章

先ほど彩乃がふらついたときに、彼女が手にしていたカッターで僕は頬を切った。

頬のぬるりとした感触に触れた指先は、赤く染まっていない。

代わりに僕の指先はオパール色に染まっていたのだ。

僕は慌てて指先ではなく手の甲——血がついてない場所——でもう一度頬に触れた。

その手の甲を見るが、やはりあの、青と白を基調としながらも遊色効果を起こしながら七色に光るオパール独特の色の液体が付着している……。

彩乃が狂乱した。

「どうして……。どうして智也がオパール症候群になるの⁉」

取り乱した彼女は僕にしがみついて号泣した。僕はなす術もなく彩乃に押し倒され、ただ呆然としている。

部屋の外から家族客の笑い声が聞こえて、遠のいていった。

それからしばらく、何が起こったか、若干記憶が混乱している。

大泣きしている彩乃の頭を撫でてあげたような覚えはあった。泣きやんだ彩乃が真っ赤な目と鼻のまま、僕の頬に絆創膏を貼る。そのあと、彩乃は自分のスマホを持っておろおろしていたように思った。お母さん？　お母さんじゃわかんないかも。おばあちゃんに電話を――。彩乃がそんなことを言っていた気がした。

「おばあちゃん、おばあちゃん。わたしの彼氏が、オパール症候群になっちゃった。どうして？　なんで？　わたしたちしか罹らないんじゃなかったの？　話が違うよ。こんなの嫌だよ」

彩乃が涙を流しながら広縁の椅子で電話している。電話越しの祖母の声はわからない。

「どうして――そうじゃないでしょ――だって、それは――そんなはず――」

彩乃がこんなにも感情的に話すのを、初めて見た。

やがて電話を切った彼女が、僕を見た。濡れた瞳にさらに涙の粒が膨らむ。

「彩乃」と呼びかけると、彩乃がまたしてもぼろぼろと泣き出した。僕の声が引き金になったかのような涙を見せながら。彼女の顔が歪んだ。

「ごめんなさい」

ありったけの拒絶の想いを込めた一言を放ち、彼女は部屋から飛び出した。彩乃、と僕はもう一度彼女の名前を呼んで追いかける。廊下へ出ると浴衣に羽織姿の彼女が向こうの角を曲がって消えるのが見えた。さすが陸上部だなどと言っていられない。とにかく彼女を追いかけた。

階段を駆け下りた彩乃はそのままロビーを抜け、外へ出ていってしまう。僕もそのまま外へ出た。東京より気温が七度低いと称するだけあって、夜は涼しい。人気の少ない温泉街を、彩乃が走っていく。僕は必死に追いかけた。

「彩乃、ストップ！」

僕の声が聞こえたのか、それとも走り疲れたのか、彩乃は湯畑の足湯のところで座り込む。おかげで追いつくことができた。

しばらく息を整えながら、彩乃の泣きじゃくっている姿を見つめていた。不謹慎かもしれないけど、その彼女をとてもかわいいと思った。

同時に、僕の心はだんだん落ち着きを取り戻していく。

彩乃が涙でべとべとの顔のまま僕にしがみついた。

「ごめんなさい、智也。オパール症候群は誰かにうつるような病気じゃないはずなのにどうして……」

「そっか」と僕は彩乃の頭をぽんぽんとする。

「でも、あのオパール色の血は、オパール症候群の症状……」

そのときふと、僕の心にあることがよぎった。

彩乃が転んで膝を怪我した日のことだ。

あのとき、彩乃の膝から流れ出ていた虹色のオパールの血。あれを植村に見せたくなくて、僕は指に付着した彩乃の血を舐め取ってしまったのだっけ……。

「彩乃。ひょっとしてなんだけど」と僕がそのときのことを話すと、彩乃の顔は悲愴に歪んだ。蒼白になって、僕の浴衣の襟を揺さぶる。

「なんてことしたの⁉」

彩乃が髪を振り乱すようにして僕にすがりついた。

「だって、あのときは植村先輩に見つかったらまずいと思ったし。彩乃の血だったら平気だと思ったたし」

「ばか！　変態！　考えなし！」彩乃がぽかぽかと僕の胸板を叩いた。「そんなことして、どうなるかわからないのに！」

あの段階で、僕はこの病気のことについて何も知らなかった。だから、それは仕方がないではないか。

いや、そうではないな。

あのときの気持ちはともかく、いまの僕の気持ちを話さなければいけない。

僕は彩乃の両手を押さえて語りかけた。

「彩乃」

「何よぉ……」彩乃はまだ涙を流している。

「泣かないで、彩乃。僕はね、いまちょっとうれしいんだよ」

「はぁ？」

と彩乃が両手で乱暴に涙を拭いた。

「ちょっとじゃない。すごくうれしいんだ。――彩乃と同じオパール症候群になって、彩乃の気持ちに寄り添えることが、僕にはとてもうれしいんだ」

自分の血がオパール色に変わって、未知の恐怖がなかったと言えば嘘になる。正直、ぞっとした。思考が停止した。少し昔の映画でも見ているような、非現実感があった。だから、最初は気が動転して記憶があやふやになったのだ。

けれども、だんだん僕の中で違う感情のほうが勝ってきたのである。

僕も彩乃と同じになれたんだ。

大好きな彩乃と一緒に死ねるんだ。

それは人間にとってある意味傲慢な、究極に傲慢な願いだったかもしれない。

愛する人と一緒に生きるだけではなくて、一緒に死のうというのだ。

その願いの傲慢さがわかったのか、彩乃がまた顔をくしゃくしゃにした。

「何言ってるの。死んじゃうんだよ?」

「人間はいつか必ず死ぬものだろ? 医学がどんなに発達したって、人間は必ず死ぬ。死の前に人間は謙虚でなければいけないんだ」

「だからって、どうしてわたしと一緒の病気になるの？　もっともっと長生きして、もっともっと楽しい人生を生きてよ」

僕はそのとき初めて、自分の頬に涙が流れるのを感じた。

「彩乃こそ、ひどいこと言うなよ」

声が震えた。

「え？」

「僕は彩乃のいない人生は嫌なんだよ。彩乃とだから一緒に生きたいんだ。——逆の立場だったら、彩乃はどう思う？」

彩乃は、また目からきれいな涙をこぼした。

「わたしだって、智也なしの人生は嫌だよ」

彼女のすべてを理解したい。受け入れたい。愛したい。

つい先ほどの願いを、こんなにも早く神さまが聞き入れてくれるなんて。

僕は涙を流れるに任せて微笑みかける。

「ありがとう。僕も一緒の気持ち。だから僕は——」

自分が彩乃と同じオパール症候群になったことが最高にうれしいんだ。

驚いて僕を見つめる彩乃。

その彼女の額に、僕はキスをした。

その夜、僕はさすがになかなか眠れなかった。

目を開けけば暗闇のなかにうっすらと天井の木目が見える。

遠くで、今夜も湯畑の湯の音がしている。

隣には、一緒に戻ってきた彩乃が寝ている。

さっき、彩乃の額にキスをしたんだよな……。

彼女の額の温かさが唇に残っていた。

その幸福な気持ちをもうひとつの別の気持ちが塗り替えようとする。

——僕が、オパール症候群になった。

僕は……もうすぐ死ぬのか。

彩乃がこの病気になって、治らないと知って、僕は愕然(がくぜん)とした。ずっと小さいときから一緒だった彼女が、幼なじみから恋人に変わったばかりの彼女が、もう僕の手の届かないところへ行こうとしている——そのことに僕はただただ愕然とした。想像を超えていて、ぼうっとしてしまったのだ。

彼女のことを心配していた。けれども、それはどこか実感を伴わないフィクションの影を引きずっていた。

いま、僕自身がオパール症候群となった。

死の気配が、その吐息が慄然（りつぜん）と感じられる。愕然と慄然。このふたつのあいだには途方もない差があった。自分のことになって初めてこんなにもリアルに死を、そして生を自覚する。僕は本当に彩乃のことを純粋に愛していたのだろうかと自責の念が湧き上がった。

同時に、彼女に話したとおり、同じ病にかかって幸福感を味わっている自分がいる。

これまで僕は、できる限り彼女に寄り添おうとした。身体を心配もした。何があってもいいように同じ部屋で寝泊まりした。彼女が歩行に困難を感じたときは、いつでも肩を貸した。でもそれらはすべて、僕が健康だからできることばかりのような気がして、つまり、いつも彩乃を見下ろしているような傲慢な気持ちが隠れてやしないかとかすかな苦しさを抱えていた。

その苦しさから逃れたくて、旅のあいだ、僕は楽しくしていたのだ……。

真っ暗な部屋の中でそんなことを考えて天井を見つめているときだ。

「智也、起きてる？」

という彩乃の控えめな声が聞こえた。その声の、なんという温かみ。彼女の声を聞いた瞬間、僕ははっきりと彼女を愛している自分を感じ、同時に生への渇望を感じた。

「起きてるよ」

「眠れない？」

「なんとなく。彩乃は？」

「わたしもなんとなく。——おでこが、熱くて」

「…………」

「キス。初めてされた」

先ほどのキスの余韻を思い出してしまう。

再び、しんとした夜の静寂が降りてきた。

布団の動く気配がかすかにして、僕の手を彩乃が握った。僕は彩乃の手を握り返す。彩乃の手は柔らかくて小さくて、とても温かかった。

「彩乃は、自分がオパール症候群だってわかったとき、どんなふうだった？」

「……泣いた」

「泣いたんだ」

彼女が泣いていたとき、僕は何をしていただろう。

「でも、しばらくして、落ち着いた。すぐ死ぬってわかったわけでもないし」

「彩乃は強いな」

「そうだよ。わたしは強いよ。絶対に負けない」

という彩乃の答えを聞いて、僕は少ししまったと思った。だから、つけ加える。

「でも、僕の前では泣いていていいんだよ？」

少し沈黙してから、「ありがと」と彩乃が短く答えた。

湯畑の音が遠くに続いている。

「彩乃、何見てるの？」

「天井」

「僕も」だから、このまま話すことにした。「オパール症候群、最初は自覚症状ないってほんとなんだね。別にどこも痛くもないし、熱が出たりもしない」

「でしょ？　進行してくると身体が動きにくくなるけど、最初の頃は血さえ出さなければ普通に生活できるし旅行もできる。ラッキーだよね」

ぼんやり薄暗い天井の輪郭がどこか息苦しかった。

「僕、調べてみたんだけどさ、もともとオパールの一部には恐竜の化石が変化してできた物があるんだね」

「わたしもそれ調べた。それで思ったの。なんだ、オパール症候群って数百万年の歴史が一気に押し寄せてくる病気なんだって」

「石炭だって元は植物の化石だっていわれているもんね」

「ふふ。そう考えるとちょっとわくわくしない？」

「わくわく？」僕は相変わらず天井を見ている。

「この身体で数百万年の時の流れを体験できるんでしょ？」

「ふふ。彩乃ってロマンチストだったんだね」

「智也のほうがそうだと思うよ」

「そうかな」

「そうだよ」

僕らは握り合った手にかすかに力を込めた。

「僕さ、世界にあるものは、ぜんぶ、時間が内包されていると思うんだ」

「ほら、ロマンチストじゃん」

「哲学的って言ってよ。——それでさ、動物も植物も必ず最後は死滅する。人間も死ぬ。この建物だっていつかは老朽化して取り壊される」

「それを言ったら、生きてないものだって時間が限られているんじゃないの？」

「たとえば？」

「高校時代。三年間でしょ？」

「そうだね。そういう意味では、今日っていう時間も限られている」

「一時間。一分。〝いま〟だって、『いま』って言っている間に通り過ぎちゃう」

「終わりがあるからいいことだってあるよ。期末試験が終わらなかったらどうする？」

「最悪」

僕らは楽しくなってきて、天井を見たまま笑った。

「星の寿命だって、いつかは終わる。銀河も、たぶん宇宙そのものも」

「壮大な話だね。――わたしたちの周りは終わるものばかり、過ぎ去るものばかりだ」

「時間が伸び縮みするって、アインシュタインだっけ？」

するとと彩乃が情けない声になる。「難しくなってきた」

「相対性理論をやさしく説明してくれと言われたアインシュタインは、『かわいい女の子と過ごす五時間と、熱いストーブに手をつけて過ごす五時間は、同じ五時間でも長さが違うと言っているのが、わたしの学説です』って答えたんだっけ」

「わかりやすい」そう言って彩乃が大きく息をついた。「それ、すごくわかりやすい」

彩乃が僕の手をじっと握りしめている。

「いま思ったんだけどさ、時間ってほんとにあるのかな？」

「わたしも思った。伸びたり縮んだり、でも、一秒前にも戻れないのでしょ？」

「そうそう」

「変だよね」と彩乃が苦笑した。

「タイムマシンがないと時間は戻れないっていうけど、それよりもすごいものを人間は持っていると、僕は思うんだ」

布団の動く音がする。首を横に向けると、彩乃がこちらを向いていた。

「それって何？」

暗がりの中、かすかな光に彩乃の輪郭と瞳の輝きが見える。漆黒の宇宙に輝く星のようだった。

「心だよ。——僕らは心の中で、まだ来ていない未来を想像できる。同じように過去を振り返ることができる。本当なら一瞬で過ぎ去るはずのいまを、ずっといまだと思っていることもできる。さっき話していた内容を、いまもう一度話題にできるのは、人間の心が時間よりも早いからだと思うんだ」

「人の心と想いは、時を超える。——やっぱりロマンチストは智也だよ」

そんなことないよ、と僕は答えたような気がしたけど、本当はどうだったのか。気づいたときには僕は彩乃の瞳を見つめながら、その手を握りながら眠りに落ちていた。

いま僕は混じりっけなしに心から言える。

僕は彩乃を愛している。

翌日、東の空が白々としてきた頃に、僕らは目を覚ました。最長で余命一年の僕たちの最初の朝だ。ふたりともひどい寝癖で、互いに笑い合う。ほんの少ししか寝ていないはずなのに、気分は軽やかだった。オパール症候群という不治の死病にかかったというのに、僕らは軽やかな気分だったのだ。

僕らは寝癖を気にしながら廊下を急いで、朝の温泉に向かった。

男湯には、他のお客さんはひとりしかいない。

東の空から金色の光が射してきた。朝日が昇っているのだ、と無性に感動する。僕は湯船につかって顔を洗う振りをして涙をごまかした。

温泉から出ると、彩乃が先に待っていた。僕を見つけたときの彼女の笑顔が、また胸に沁みる。

朝ごはんもブッフェ形式だ。ごはんと味噌汁、玉子焼き、焼き魚などを取ってふたりで食べる。そのときも無性に感動した。

「どうしたの？　何かさっきから目が赤いけど」と彩乃に見つかってしまう。

「なんだか、やたらとぜんぶがうれしいんだよ」

と僕が言うと、彩乃が玉子焼きを頬張ってにっこりした。

「わたしもわかる。怖いんだけどさ、死ぬってよくわかんなくて怖いんだけど、逆に死ぬって考えるからいま生きてることがすっごくうれしい」

「そう。それ」と僕は冷たいお茶を飲み干した。「毎日が当たり前にあって、たぶん明日も来て、八十七歳とか――場合によっては百歳まで人生があるんだって思ってるときより、しみじみと生かされてる感じ？」

「目にするものすべてが、ひょっとしたら今日で最後、もう会えないかもって思って、ぜんぶに『ありがとう、ありがとう』って遺言してる感じ？」

平均的な高校二年生はこんなこと考えないだろう。僕らの置かれた特殊な状況がそう教えてくれたのは間違いない。そしてこれも間違いなく言えることだけど、僕たちは決して不幸でもかわいそうでもなかったのだ。

世界全体からお別れするのは悲しいけれども、僕らがいなくなっても厳然と命を育んでくれている世界の存在は、それ自体がたまらなく美しかった。その気持ちを共有できる彩乃がいてくれるのは、会ったこともない神さまに心から感謝したいくらいにすてきな奇跡に思える。なるほど、彩乃はこんなふうに神さまを信じるようになったのかもしれない。

何よりも彩乃を愛する気持ちが、僕の精神を高く、自由にしてくれていた。

しばらくして、堀井先生と斗真くんがやってきた。斗真くんが眠そうだ。おはようございます、と挨拶すると、堀井先生がふと小首を傾げた。

「昨夜、何かいいことがあったかしら？」

「うーん」と僕らは顔を見合わせる。

「部屋に戻ってしばらくしたら、智也くんの大きな声が聞こえたのですが、斗真くんがすぐにおねむになってしまって。少し心配していましたが、よかったです」

「ご心配おかけしました」と彩乃が頭を下げた。

朝食を取ってきた堀井先生たちが食事を始める。斗真くんが真剣な顔でのりを食べていた。堀井先生は味噌汁をひとくち飲むと、「昨日、斗真くんからいろいろ聞いたのですよね」と尋ねてきた。

「はい」と僕が頷くと、玉子焼きを一生懸命食べている斗真くんの頭を撫でた。

「しっかりした子です。この子の姿を見ていると、なぜこの子に重い病気がとも思うのですけど、不幸や悲しみでも潰せない何かをこの子は持っている。病気は幸せの反対のものだとは思えないのです」

それは僕も同感だった。斗真くんがまぶしく見えるのは——こういう言い方が適切かはわからないけど——病気のおかげなのだろう。

彩乃も、ひょっとしたら僕も、ほんとうの幸せが本当に見つけられるかもしれない。オパール症候群を伏せたまま、僕は尋ねた。

「ほんとうの幸せというのは、必ず苦しみや悲しみを通り抜けないと手に入らないものなのでしょうか」

最初はそれほど深く考えていなかったほんとうの幸せというものが、僕たちの旅の目的になっていた。なぜと言われても困るけど、もうすぐ死ぬ僕たちが、最後に——天国の門をくぐるときに——投げかけられる質問のように感じていた。

堀井先生は僕の目をじっと見つめた。僕の心を見透かそうとしているかのようだ。

「斗真くんとあなたたちの幸せは、幸せという意味では、同じだけど違うのでしょうね。

言葉にしたら同じだとしても、その味わいは違う。斗真くんがごはんを食べても、あなたたちのお腹は膨れないように、あなたたちはあなたたちの幸せを見つけないといけないのではないでしょうか」

地下アイドル吉村がそうであり、名も知らぬサラリーマンがそうであり、汽車で出会った清川さんや西田さんがそうであったように、僕らも僕らの幸せを摑まなければいけない。それは独善や欺瞞(ぎまん)や偏執であってはいけない。だからこそ、自分の主観だけでは足りなくて、客観的な誰かの意見が欲しくなる。けれども、他人から見て幸せでも当人は不幸だったり、その逆だったりというのは往々にしてあるのだ。

「わたしは、人生の意味はどこまでも深く、広く、そしてやさしく解釈していけると思います」と彩乃が抽象的に話した。

「同じ出来事で、ある人は幸せを見つけ、ある人は不幸を嘆くのですよね」そう言って堀井先生が目を伏せた。「樽(たる)のなかのディオゲネスの話は知っていますか」

「いいえ。教えてください」と僕が言うと、堀井先生は箸を置いて語り出した。

アレキサンダー大王の時代、襤褸(ぼろ)をまとって樽のなかで哲学にふけっているディオゲネスという哲学者がいた。ディオゲネスの噂を聞きつけたアレキサンダー大王は、軍を率い、馬を駆って彼の樽へ出向いた。ディオゲネスよ、そなたの噂は聞いている。わたしはアレキサンダー大王である。そなたが哲学を教えてくれるなら、わたしはどのような財貨であってもそなたが望むものを授けよう。なぜならば、わたしは大王であり、この世で自由にならぬものは何もないからだ。ディオゲネスは問うた。アレキサンダー大王よ、いまの言葉はまことでしょうか。大王は答えた。わたしは嘘はつかぬ。そなたが望むものを何なりと授けよう。するとディオゲネスは、アレキサンダー大王にこう言った。そこをどいてください。日が当たりませんので──。

「………」

堀井先生がいまの話で伝えたかったことがすぐにはわからなくて、僕と彩乃は黙ってしまった。斗真くんがおかわりに席を立つ。

「この世のすべてを支配したアレキサンダー大王と、ただ樽のなかで哲学のなかに生きていたディオゲネス。さて、どちらがその心は幸福だったのでしょうか？　ふたりは互いの人生を入れ替えたら、幸せになったでしょうか？」

不意に僕は了解した。

「すべては心が決める──そうおっしゃりたいのですか」

「アレキサンダー大王のような波乱に満ちた人生を、天来の哲学者や芸術家が生きたとしたら、たぶん地獄の苦しみだと思います。同様に、ディオゲネスの人生も、軍事的英雄にとってみたら、ただの幽閉にしか見えないでしょう」

「わたしには、わたしオリジナルの人生があるってことですね」

彩乃は彩乃で別の言葉にたどり着いたようだった。吉村もサラリーマンも、清川さんも西田さんも、答えが出ないところ、やり直したいところは、違う人生があり得ただろうにという後悔と慚愧（ざんき）と渇愛なのだ。

「そもそも違う人生を生きる必要なんてないんだ。自分自身の人生を生き切れば」

「そうだよ、智也」と彩乃が肯定してくれた。「軽井沢や草津温泉は観光地として有名だからこそ大勢の人が楽しみにやってくることができる。けれども、無人駅のそばの向日葵畑は、観光地ではないから価値がないわけじゃない。太陽をいっぱいに浴びて揺れている大輪の黄色い花の美しさは、最高の花を咲かせている姿自体にあるんだよ」

「でも、それはかんたんなことじゃないと思う」と僕は首を振る。「いまそう思えても、これからショッキングな出来事が起きたときに、同じように思えるかどうか」

斗真くんがおかわりを持って帰ってきた。ふりかけをかけてごはんをぱくつく。堀井先生も再び箸を手にした。

「わたしと斗真くんはもう少しここでゆっくりしていくけど、あなたたちは——彩乃さんにはまだ旅が残っているのでしょ？」

突然、名指しで呼ばれて彩乃は驚いた顔をした。

「わたし、ですか」

「あなたたちは互いをとても大切に思っているでしょ？　だからこそ、隠しもし、秘密にもしていることがあるのではないかしら。わたしにも過去に似た経験があるから」

「………」

「そんなことを言ってみても、あなたが悩んでいることがなんなのかわたしにははっきりとはわからないけれど……もうふたりで乗り越えるときなのではないのですか」

彩乃はしばらく考えて頷いた。

「……いま智也が言ったこと、わたしもたしかに不安。これからどんなふうになるのか。どうしていいのか。でも、堀井先生のおっしゃるとおり、まだ旅は残っている」

「どこへ行きたいの?」

と僕が聞くと、彩乃は例のリストの最後にあった場所を言った。

「始まりがあれば終わりがある。わたしがずっと目をそらしてきた、旅の終着点」

「え?」

「おばあちゃんの家」僕はきっと怪訝な表情をしていたのだろう。だから、彩乃がこうつけ加えた「智也のことをちゃんと紹介しないとね。それにわたし――話さないといけないことがあるから」

僕がオパール症候群にかかったときにも、彼女は祖母のところへ電話をしていた。きっと何かあるのだろう。まだ僕の知らない、何かが。

それがわかるときは、きっと――。

僕たちはチェックアウトし、堀井先生と斗真くんに見送られて宿を出た。彩乃の祖母である春原和美(かずみ)さんの家は奈良県の吉野だという。一度、東京方面へ戻り、吉野へ向かわなければならない。ここで僕たちはいままでの旅のルールを破った。

新幹線を利用したのだった。

鈍行列車と比べれば、新幹線は流れるように車両がレールを走っている。揺れも少なくて快適だ。けれども、いままで各駅停車の旅を続けてきた僕には、何かが抜け落ちていくような、指のあいだから大切なものが滑り落ちるような、もの悲しさがあった。

僕らの周りには誰もいない。

「ほんと、智也と付き合うのを選んでよかった」

と彩乃がしみじみと呟いた。

「どうしたの。急に」

「だって智也と付き合ったら、やりたいこと以上の内容を楽しめてる」

「あとできてないのは……草原で寝っ転がりたいとか」

「海が見える家の購入！」

僕たちは声を上げて笑った。

「これから行くのも山だねぇ」

「山だねぇ」

車窓の向こうは川の水が緑に光っている。汽車から見たのと同じような光景だった。

ふと、彩乃が僕の手を握りしめてきた。

「彩乃？」

「智也。勇気をありがとう」

「え？」

「わたし、智也を好きになって初めて『人を好きになる』って、ただ『愛してる』って言ったりハグしたりするだけじゃないんだって教えてもらった。智也が教えてくれた愛は、わたしを包んでくれる光で、涙が出るほどの喜びで、心をどこまでも自由にしてくれて、生きる希望で――そういうの、ぜんぶ」

涙がにじんで、彩乃の笑みがぼやける。僕は彩乃の手を握り返した。

「それは僕の台詞だよ」

「あのね。おばあちゃんは、わたしたちの身体のことをよく知っているの。わたしのことも、智也のことも、きっと教えてくれると思う」

「…………」

「だからこそ、おばあちゃんのところへ行くのは怖くて、最後にしたかった。智也がいてくれなかったら、逃げ出してたかも」

「そんな」

「智也も聞きたくないなら、行かないっていう選択肢もあるけど」

「ふふ。ここまできて、行かないはないよ。もともと彩乃が決めていた旅のラストなんでしょ? 僕のことを教えてくれるというなら、彩乃のことも教えてくれるんだろうし、どうやったら残りの時間を引き延ばせるかを聞けるかもしれないんだよね」

そう笑ってみせたが、本当のところは少し怖かった。

けれども、彩乃がいる。同じ病気の彩乃が。怖がる必要はない。僕は自分に言い聞かせていた。

京都駅で近鉄奈良線に乗り換え、橿原神宮前駅からはバスを乗り継いでいく。玉川村に着くと、バス停に彩乃の祖母の和美さんが待っていた。小柄でパーマを丁寧にあてたやさしそうな女性だ。彩乃のほうが十センチ以上、背は高いだろう。顔立ちは、眉や目が似ていると思った。八十歳と彩乃からは聞いていたけど、髪を黒く染めているせいでそんな年には見えない。

周りの木々が太い。男の僕でもふた抱えどころか三抱えは優にありそうな天然の巨木だった。そのなかにいる和美さんは、まるで小人のようだった。

和美さんは僕らを笑顔で出迎えてくれた。

「遠いところ、よく来たねえ」

彩乃は和美さんに「おばあちゃん。ただいま」とハグしている。和美さんは目が細くなって瞳が見えなくなってしまうほどの笑顔で、かわいい孫娘を抱きしめた。

「元気だった？」

「うん。それでおばあちゃん、彼が佐久間智也くん。わたしの大切な人」

不意に紹介されて、僕は慌てて最敬礼した。

「佐久間智也です。彩乃さんとお付き合いさせていただいています」

初対面でいきなりこのような名乗りを上げるなんて。美奈子さんはずっと顔見知りだし――それゆえの気恥ずかしさはあったが――ああいう明るい人だから、僕が娘の恋人となってもすんなり受け入れてくれたけれども、はたして和美さんはどうだろうか。

結論から言うと、それは杞憂だった。和美さんは微笑みながら、「遠いところ、ご苦労さま」と、こちらもすんなり受け入れてくれた。

バス停から二十分くらい山のなかを歩いた。蝉の声が四方から降ってくるようだ。木々の緑はうっそうとしていて、根元の周りも苔や羊歯やいろいろな植物がみっちりと生えている。暑い。夏の熱気がこもっていた。

和美さんの家は、平屋でいわゆる古民家のようなたたずまいだった。鍵をかけていなかったのがいちばん驚いた。

「暑かったでしょう。ジュースもコーラも冷たいお茶もアイスも買っておいたから、まずゆっくりしなさい」

「ありがとう」と彩乃が答えた。

エアコンを効かせた畳の客間に迎え入れられて、かえって落ち着かなくなる。

「緊張しなくていいんだよ？」と彩乃が耳打ちしてくれた。

「そういうわけにもいかないよ」

「わたし、冷たいお茶。智也は？」

「じゃあ、僕も同じで」

和美さんがコップと冷たいお茶の二リットルのペットボトルを持ってきてくれた。

「はいはい。まずこれを飲んで。一度シャワーを浴びてもいいし」

お茶をコップにつぎながら、彩乃が「そうする」と答えている。「智也も一度さっぱりしちゃいなよ」

客間は十二畳くらいある。古く、よく磨かれて飴色になった桐のタンスがふたつあって、その上には彩乃の小さい頃からの写真がたくさん飾られていた。ああ、他人様の家に来たのだな、と実感する。同時に、いまから僕はここでどのような話を聞くのだろうかと、胸がとどろいていた。

彩乃がシャワーを浴び、ついで僕もシャワーを借りた。最近、お風呂だけは新しくしたそうで、新しくて清潔なバスタブが変に家のなかとミスマッチだった。

しばらくして、和美さんが客間にやってくる。

「智也くん、だったね」

「はい」

いよいよオパール症候群について話が始まるのか——と思ったら、違った。

「今夜は何が食べたい？　唐揚げ？　ハンバーグ？　お刺身もマグロを冷凍で買っといたから」

「えっと……？」

「わたし、おばあちゃんの唐揚げが食べたい！」と、彩乃が手を上げた。

「はいはい。ふふ。あとそうだ。裏の畑でとうもろこしを取ってきて。食べたいぶんだけ、いくらでも」

そう言って和美さんがさっさと立ち上がろうとしたので、僕は思わず呼び止めた。

「あ、あの——」

「はい？」

「あの、オパール症候群のことを、お聞きしたいのですが……」

その瞬間、和美さんの目がひどく悲しげになったのは気のせいではないはずだ。

「それはあとで。智也くん、東京の生まれなんでしょ？　こんな田舎だけど、田舎には田舎の夏の楽しみがあるから。ずっと電車だったんでしょ？　少しは日の光に当たってらっしゃい」

日焼け止めと虫除け（むしょ）は忘れないように、シャワー前に着ていたものは洗っておくから、とつけ加えて和美さんは僕らを送り出した。

時間は午後五時くらい。まだまだ明るい。和美さんの家の裏の畑にはとうもろこしがいくつも植えられていた。実がぱんぱんになっている。そばにはトマトも茄子（なす）もあった。こちらも立派な実がなっている。トマトの赤も茄子の紫も、東京のスーパーの野菜コーナーより遥かに色が濃密だった。

「おばあちゃん、ひとり暮らしだから身体がなまらないように畑仕事をしているの」

と彩乃がとうもろこしを物色しながら教えてくれた。

「いいのかな」

「何が？」

「なんていうか、オパール症候群のこと、聞かないで。まあ、いきなりはアレだったのかな。逆にはぐらかされているような気もしないでもないけど」

「そんなことないよ」

と言って彩乃が両膝に手をついて、息を切らせた。

「彩乃⁉」

「へへ。おばあちゃん、気づいてはいるんだよ。わたしの病状が進行しているって」

彩乃が苦笑いでごまかそうとしたが、僕は心臓を摑まれるようだった。

「ごめん、彩乃。ぜんぜん気づいていなかった」

「ふふ。隠していたから」

「隠さないで、いいのに。つらいときはつらいって、僕には言ってほしいのに」

視界がぼやける。微笑んだ彩乃が僕の頰を撫でた。

「うん。ごめんね。痛いとかはほとんどないの。ただ、身体が重くて体力がなくなってく感じで。なんかこう、身体年齢は四十代、みたいな？」

「前にも言ったじゃん。教えてよ、そういうの」

「うん。これからはもう隠さない。迷惑かけちゃうと思う」

「かけてくれよ」それでちょっとでも楽になるなら。

「ありがと。――おばあちゃん、わたしの身体が動かなくならないように運動させるつもりで、とうもろこし狩りを勧めたのかも」

そういうことなら、いくらでも畑仕事をしよう。

「おばあさん、よくわかったね」かわいい孫のことだからだろうか。

彩乃が少し悲しげに微笑んだ。

「おばあちゃんも、自分の夫を――わたしのおじいちゃんを、オパール症候群で亡くしているから」

その日の夜、大皿いっぱいに唐揚げが用意された。野菜の煮物。よく冷えた真っ赤なトマト。金色に輝くような取れたてのとうもろこしは茹で上げられ、色が濃くて滋味深そうな茄子とオクラは焼いてポン酢をかけ回していた。

「すごい」と思わず声が出てしまった。「とてもおいしそうです」

「そう？　お口に合えばいいんですけど」

と和美さんがごはんをよそってくれ、彩乃が味噌汁を並べるのを手伝っている。変に手伝おうとしても邪魔になるかなと思っているうちに、ごはんの用意ができてしまった。いただきます、と三人で手を合わせて、夕ごはんを食べ始める。「おいしい」と彩乃が笑顔で唐揚げを頰張った。久しぶりのおばあちゃんの家らしく、彼女は心底くつろいでいた。

食べきれないかと思った大皿の唐揚げはすっかり僕らのお腹に入ってしまった。他の料理も同様。食後にはよく冷えたスイカが出てきて、これもたらふく食べてしまった。

僕と彩乃は客間に布団を敷いてもらって、ふたりで寝た。

外からはかすかに虫の声がする。旅の疲れが出たのか、ちょっとおしゃべりをしただけで泥のように眠ってしまった。

夏の朝は早い。明るいし、暑い。まだ五時だというのに僕らは目を覚ました。健康的だ。和美さんももう起きていた。僕と彩乃はシャワーを浴びて、朝の散歩に出た。

緑なす山の端から朝日が昇ってくる。畑や林が本来の色を取り戻す。もう少し先に公園があって、ラジオ体操の音楽が流れてきた。さらにその向こうには神社がある。

「今日からお祭りなんだ」

「へえ」

「こんな山奥だけど出店もたくさん出るし、二日目の夜は花火も打ち上げるの」

「いいね。お祭りは大好きだ」

「一緒に行こうね」

蟬がずいぶん鳴き出した。ラジオ体操帰りのおじさんが「おや、和美さんとこの彩乃ちゃんかい。きれいになって。彼氏かい?」と声をかけてきた。彩乃は「実はそうなのです」と誇らしげにしている。僕はちょっと恥ずかしかったけど。

散歩の途中から彩乃は僕の腕に自分の腕を絡ませた。軽く息が上がっている。山はきついねと笑っているけど、だいぶ足が動かしにくくなっているようだった。デニムのミニスカートから覗く彼女の脚は、いつもどおりのすらりとした白い脚なのに。

朝食を済ませてしばらくすると、和美さんが僕たちを呼んだ。

「今日からお祭りがあるの、彩乃から聞いた？」

「はい」

「この子、小さいときから村の祭りが大好きでね。智也くんも一緒に行くでしょ？」

「ええ。僕もお祭りは好きなので」

「それなら、これ、着られるかなーって」

と言って和美さんが出してくれたのは男物の浴衣だった。

「これは——？」

「死んだおじいさんの浴衣。物はいいから。虫も食ってないし。サイズが合えば、着てみたらどう？」

彩乃が「浴衣、いいなー」とうらやましがっている。

「あんたのぶんは、美奈子さんが宅配便で送ったって。明日の花火までには届くよ」

「ほんと？　お母さん、ナイス」

お借りした浴衣に袖を通す。濃紺の布地は肌触りがよかった。和美さんが着つけをしてくれた。

「どうでしょうか」と僕が両手を広げると、和美さんが「ぴったりだよ」と僕の背中を何度か叩いた。彩乃も「かっこいいじゃん」と言ってくれたので、うれしくなった。

和美さんと彩乃が座っている前に、僕も腰を下ろす。

「おじいさんは、どんな方だったんですか？」

と僕が尋ねると和美さんは少し肩を落とした。

「厳しい人だった。お見合い結婚だったんだけどね。好きだのなんだの、いまの若い人みたいにやさしい言葉は、最初の頃はひとっつもなくって。やさしくなったと思ったら死んじゃって」

和美さんが洟を啜っている。

「すみません。変なことを聞いてしまいました」

「いいのよ」と和美さんはティッシュを取って洟をかんだ。「昨日、本当なら彩乃と智也くんにきちんと話そうと思ってたんだけど。でも……孫娘が、おじいさんと一緒の、金涙病で死んじゃうのかと思ったら、どうしてもつらくってね……」

「金涙病……？」

「オパール症候群っていうのは、ここ五十年くらいの呼び方でね。昔はオパールなんてなかったから。昔は金涙病って言って。死ぬときにみんな——その前日くらいから——金色の涙を流すから金涙病。この村の連中の何割かがかかるのよ。それで死んじゃう。原因はわかっているのに」

僕は耳を疑った。「オパール症候群の原因をご存じなのですか？」

「この村の連中なら、みんな知っているよ」

「教えてください。原因はなんなのですか」

と僕が言うと、彩乃が真っ青な顔になった。

「おばあちゃん……」

和美さんは彼女の手を取って、自分のしわだらけの手で撫で続けた。

「金涙病――いまの人たちが言うオパール症候群というのはね――」

恋をしたら死んでしまうという病気なんだよ。

「………‼」

僕は言葉を失った。頭が白くなる。視界が回転するような心持ちがして、乗り物酔いのように吐き気がした。

「恋をしたら石になって死んでしまう。だから恋石病なんて呼ぶ人もいるけどね。どういうわけか、普通の人には石炭みたいな真っ黒の石に見えるらしいね。わたしや美奈子さんみたいな、オパール症候群になった人を心から愛している人には、夢のように美しい、それはそれは美しい虹色のオパールに見えるんだけどね」

「ああ……」

「うちのおじいさんは人を好きになったら自分が死ぬと知っていたから、よその村から来たわたしがお見合いで結婚したときには、なるべくわたしのことを好きにならないようにがんばったんだって。でも、息子——彩乃の父親が生まれて何年かして、わたしのことを心底好きになってしまった。そのせいでおじいさんは発病して、一カ月で死んでしまったのよ」

その一カ月は、毎日毎日、和美さんに「好きだ」とか「愛してる」とか「ありがとう」とか、たくさんやさしい言葉をくれたのだという。和美さんが気味悪く感じるほどに。

その当時、和美さんはまだオパール症候群を知らなかったのだ。

「……そんなことが」

和美さんが続ける。

「この子のお父さん、わたしの息子も美奈子さんを好きになったときに、まずいと思ったって言ってた。でも、あるとき電話してきたんだよ。『お母さん、俺、死んでしまうのだとしても、この人が好きだ』って。なるべく恋の想いが強くならないようにしてゆっくりゆっくり病気を進行させようとしたらしいけど、美奈子さんそっくりな彩乃が生まれて、その幸せのなかで美奈子さんを愛する気持ちが高まって、死んでしまった」

「恋をすると、死んでしまう——?」

僕はとうとう身体が震え出した。

「その恋が純粋であればあるほど、病気の進行は早くなるんだよ」

と和美さんがつけ加える。

僕はがまんできなくなって叫ぶように問いかけた。

「じゃ、じゃあ、彩乃がオパール症候群になってしまったのは——？」

彩乃は目尻に涙をためている。にっこり微笑む彩乃。透明なしずくがなめらかな頬を伝って流れた。


「智也に恋したから、だよ」


聞きたくなかった。

聞かずに済めば、どれほど幸せだったか。

僕が、僕こそが、彼女を死の病に誘っていた——。

僕が彼女と恋をし、互いに愛すれば愛するほど、彼女の命をむしばんでいたなんて。

「嘘だ。嘘だろ。嘘だって言ってくれよ」

「……ごめん。黙ってて」

「そんな……。僕は彩乃が大好きで。彩乃も僕を好きだって言ってくれて、幸せで。それがぜんぶ、きみの命を削り取っていたって言うの？」

途端に、いままでのいろいろな違和感の正体が明らかになった。

どうして、彩乃と美奈子さんは、僕に他の子とのお付き合いを促すようなことを言っていたのか。

どうして、僕が最初に告白したとき、彩乃は真っ青になったのか。

どうして、告白への返事を彩乃はあんなにも先延ばしにしようとしたのか。

どうして、僕が陸上部の斉藤先生にかけ合ったことを知って、彩乃が泣いたのか。


あのとき彩乃はこうも叫んでいたではないか。

『わたし、もっと何年も経ってから智也をほんとに好きになろうと思ってたのに！　一生懸命気持ちを抑えてたのに！　これじゃもう、ダメ——』

彼女は最初から教えてくれていた。僕が見逃していただけだったのだ。

それなのに僕は——。


情けなかった。苦しかった。

彩乃が僕の告白への返事をくれないのは、陸上部の部長に好意を寄せているからではないかなんて、勘ぐっていた。

みっともなかった。自分のことしか考えていなかった。

彩乃にとっての恋とは、命を捨てる決断だったのだ。

だから、彩乃は僕の告白に答えるのになかなか「決心がつかなかった」のだ。

「ずっと悩んでいた」と教えてくれていたじゃないか——。

植村と短距離走を競うことにした前日の夜、彩乃はどんな気持ちだったのだろう。

「智也‼　負けるなァ‼」というあの叫びは、どんな気持ちで発されたのか。

彩乃だけではない。美奈子さんもだ。

彩乃への伝言を頼んだ僕を、美奈子さんは本当はどんなふうに思っていたのだろう。美奈子さんが「とうとう収まるところに収まったか」と言ったときの気持ちはどんなものだったのだろう。僕が美奈子さんの立場だったら、かわいいひとり娘の命を食い散らかそうとする男なんて、殺してしまいたいと思ったかもしれない。

彩乃が涙を流しながら微笑んでいる。

「違うの。智也。これはひとつの生き方なの。わたしは他の誰でもないあなたを愛したかった。だから愛したの」

「でも、僕は――きみの身体を心配していたけど、僕自身がきみの身体を破壊する根源だったなんて」

彩乃の微笑みに甘えられる資格は、もういまの僕にはないと思った。けれども、彼女は僕の涙を拭いながら、こう言った。

「だって……恋をしない人間は幸せだと思う？」

「それは――」

夢のなかで出会った西田さんの言葉が思い出された。一夜限りの恋。恋は寝てから。僕には正直なところ、幸せそうには見えなかった。それは本当の恋を知らないと思ったからだった。

そう思えるのは、僕が彩乃に恋しているからだ。

「ね？　そうでしょ？」と彩乃が泣き顔のまま笑う。

「もし、僕以外の人と恋していても、オパール症候群になったのかな」

彩乃は涙顔のまま苦笑した。

「どうだろう。わたし、智也を好きになった以上に誰かを好きになれる自信がない。だからきっと、本当に恋と呼べるのは智也だけ」

「彩乃……」

めちゃくちゃうれしい。うれしいけど――悲しい。

「わたし、幸せだよ？　いままでも。各駅停車の旅も。これからも」

「そんな……」

「智也が一〇〇メートル走で勝負したときには、たぶんもうオパール症候群が発症していたと思う。理由はわかってた。智也がわたしの病気の原因を知ったときに、いまみたいに自分を責めるのも予想していた。だから、わたしはひとりで死のうと思ったの」

和美さんもティッシュで目元を押さえて泣いている。

「そんなこと、絶対にさせない‼」

僕が言い切ると、彩乃がはにかんだ。

「うん……ありがとう」

「さっき、おばあさんが言ってたじゃないか。『オパール症候群になる人を心から愛している人には、夢のように美しい、それはそれは美しい虹色のオパールに見える』って。僕には彩乃の血がオパール色に見えるんだから」

「わたし、うれしかったんだ。本当に智也はわたしを愛してくれているんだって、そのことでわかったから」

僕はふとあることが気になって、彼女に尋ねた。

「彩乃がオパール症候群のことを話してくれたとき、僕は聞いたよね。あとどのくらい生きられるのかって。彩乃は最初、一カ月と言ったけど、そのあと一年くらいの可能性もあるみたいに言ったよね？」

「うん」

つらいけど、いましか聞けない。「本当は、どうなの？」

純粋な恋であればあるほど、病気の進行が早くなると言うなら――。

彩乃が唇を噛んで、絞り出すように答えた。

「……一カ月、が正解」

「僕がつらそうにしたから、一年って言ったんだね？」

「……うん」と認めて〝やさしい嘘つき〟は涙をこぼした。

あの日から一カ月なら、もう毎日が赤信号。いま生きていることが奇跡の連続になってもおかしくない。

「もう嘘はつかなくていいよ。まだ一年あると思ってて彩乃がいなくなってしまったら、僕はたまらない。もしいまの僕に後悔が残るとしたら、僕の一生ぶんの想いで彩乃を愛しきれないことだけだから」

「ふふ。おばあちゃんの前だよ」と彩乃が涙を流しながら照れ笑いした。「けれども、どうしてもわからないのが――智也までオパール症候群になってしまったこと……」

するると、涙をふいた和美さんがこう言った。

「おばあちゃんも、村のあちこちで聞いて回ったんだけど、千数百年の金涙病――オパール症候群のなかで、そんなことはただの一度もなかったってみんな言うんだよ」

誤って血に触れたり舐めたりしたとしても、伝染した人はいなかったそうだ。

「そんな……」と彩乃が悲しげに瞳を震わせた。

僕は自分の小指を口に入れ、小さく嚙んだ。血が出ている。オパール色の血だ。

「けれども現に僕はオパール症候群になっている。僕の知っている範囲で、両親や祖父母やそれ以前に遡っても、同じような病気にかかった人はいない。たぶん僕だけだと思う」

もちろん、この村の出身者が親戚にいるなどということもなかった。

「どうして――」と彩乃がうつむいている。

「そんな顔しないでよ」と僕は涙の残る顔で笑いかけた。「言ったでしょ？　僕はきみのすべてを愛したいんだ。彩乃がオパール症候群で苦しむなら、僕も同じように苦しみたい。いや、できればきみのオパール症候群を僕が持っていってしまいたい」

「そんなのって」

彩乃がまた顔をくしゃくしゃにして泣き出した。その彼女の背中を、和美さんが何度もさすっている。

「まるでお振り替えのような不思議なことがあるものなんだね」

「けど、おばあちゃん……」

「おじいさんが言ってたよ。この病気は、目に見えないものが理解できないこの世の中で、人を恋する喜び、人を愛する幸せを、高らかに歌い上げる魂の賛歌なんだって。オパール症候群を抱えた彩乃に、いちばんふさわしい彼氏じゃないかい」

彩乃の唇が震えている。何か言おうとして、そのままになってしまう。

僕は彼女の涙を拭って、その頭を自分の胸に引き寄せた。

しばらくして僕らが落ち着いてくると、彩乃が自分の涙の残滓(ざんし)を両手で振り払った。

「よし。もう十分泣いた」

「彩乃？」僕も涙を拭う。

「ずっと泣いてたら、時間がもったいない。わたしも……智也も」

これから彩乃も僕も、何日生きられるのかわからない。さっき、僕は自分で言ったではないか。「もしいまの僕に後悔が残るとしたら、僕の一生ぶんの想いで彩乃を愛しきれないことだけ」なのだ。

夏は待ってくれない。

もうすぐ「その日」が来てしまうのだから。

僕らはふたりで外へ出た。

強烈な日射しと蟬の声が僕らを出迎えた。

ずっと続く道は逃げ水が向こうまでいくつも点在している。

時間が止まったような風景の向こうに、地元の子供たちが元気に走っていく。

彩乃は麦わら帽子をかぶっていた。

少し道から外れたところのクヌギを見れば、樹液に虫たちが集まっている。カナブンが多いけれど、カブトムシもクワガタもいた。

「すごい。本当にカブトムシとかってこんなふうにいるんだ」

「ふふ。智也、やっぱり男の子だね」

人間の僕らは樹液では喉の渇きも飢えも満たせない。その代わり、彩乃が木苺のたくさん実っている場所を教えてくれた。

「こんなにたくさんなるんだ」

「小さい頃に見つけたわたしだけの秘密の場所。ここに誰かを連れてきたのは、智也が初めてなんだよ」

甘酸っぱい木苺を摘まんで、ふたりで笑顔になった。

僕はちょうどそこが草むらになっているのに気づくと、ごろりと横になった。智也、と彩乃が驚いている。そのまま仰向けになって彼女を見上げた。

「草原で寝っ転がりたいって言ってたでしょ。草原というにはちょっと草深いけど、虫もいなさそうだし、大丈夫。気持ちいいよ」

「……カブトムシに引き続き、智也ってやっぱり男の子だね。思い切りがいい」

しばらくためらっていた彩乃だけれども、恐る恐るという感じでお尻を下ろし、そのまま上体を倒した。彩乃は僕の腕の上に頭を乗せている。

「どう？」

「うん。ちょっとくすぐったいけど、気持ちいい」

太陽がまぶしい。青空には、目に痛いほどの白い雲。白と虹色の光をまき散らす太陽から目を守りつつ空を見ていると、心がそのまま吸い込まれていくようだった。

時間が止まってしまったかのような炎天下だが、本当にこのまま時間が止まってしまっても、僕は少しも後悔しなかっただろう。五感のすべては大地を、自然を、地球を感じ、愛すべき人を心から愛する気持ちで満たされているのだから。

もうすぐ――オパール症候群でたったひと夏で死んでしまう彩乃。

彼女と共に死のうとしている僕。

死がこの世の僕らの生のすべてを奪い去ろうというのに、この世の生のもっとも輝かしい愛の記憶をひとつでも残そうとする僕たちは、愚かで醜いのだろうか。

神さま、教えてください。

けれども、群青の空は祈りも問いかけも、すべてを吸い込んで黙っている。

少し離れた川の向こうで釣りをしている老人がいた。川の音。きらきらと日の光を反射する水の流れ。老人はじっとしていたがときどき竿を動かして、そのたびに魚がひらりひらりと釣れていた。

「川遊びとか、したの?」

「よくしたよ。浅いところでちゃぷちゃぷしたり、きれいな石を拾ったり」

僕らは裸足になって川に入った。冷たい。川の石の感触が足の裏にくすぐったい。最初はふたりで川を少し歩く程度だったけど、彩乃が水を蹴って僕に当ててきた。そうなれば、だんだん白熱してくる。川の水のかけ合いに、僕も彩乃もびしょびしょになる。

かんかん照りの青空の下、彩乃が楽しげに笑っていた。

と、そのときだった。彩乃の笑みが固まり、尻もちをついた。川の水が跳ねて七色に弾けた。

「彩乃⁉　また⁉」

「うん。またみたい。両手も両足も動かない。ちょっとひどいかも」

慌てて彼女に駆け寄ろうとしたときだった。いきなり僕の右膝が曲がらなくなった。僕は「おっと」と声を上げ、川に倒れ込んだ。

「智也⁉」

「はは。急に膝が動かなくなった」

彩乃の顔色が一変するのを見て、僕の右膝の硬直がオパール症候群によるものだとわかった。これは驚くし、不安になる。

「智也、無理しないで」

「大丈夫」と僕は右膝が伸びたままの状態で、彼女に近づく。「彩乃はいつもこんな不安な気持ちになってたんだね」

「智也……」彼女は涙を堪えて、「あー。パンツまでぐっしょり。最悪」

僕は身を屈め、彼女を抱き上げた。「右膝が動かないのは不自由だな。彩乃、僕に身体を預けるようにして」

腕の力だけで彩乃を持ち上げ、お姫さま抱っこの体勢になると、彼女が慌てた。

「ちょ、ちょっと待って。わたし、重いから」

「重くないよ」

彩乃の腕と脚が弛緩して力が入らなくなっているようだ。症状は硬直だけではないらしい。両腕を僕の首に回してくれればだいぶバランスが取りやすいと思うのだけど、そうも言っていられない。気づけば僕の膝は元に戻っていた。彩乃を抱えたまま河原を進み、少しでも痛くなさそうなところで彼女を下ろす。

「河原の石があったかい」

僕は彩乃の背後に回り、背中から支える。夏の日射しが、僕らの衣服をあっという間に乾かしてくれる。徐々に彼女の四肢に力が戻ってきた。

僕は彼女の腕に力が戻っても、しばらく後ろから抱きしめている。

温かで柔らかな彼女の身体が、もうすぐオパールになってしまうなんて、どうしても信じられない。

彼女も僕の腕に頰をつけていた。僕らは夏空と山と川に染まってしまいそうだった。

夏の夕暮れはさみしい。知っている人の少ない田舎もさみしい。だから、この玉川村の夕暮れは僕にはとてもさみしくて、胸が締めつけられるようだった。

昼間は命そのもののような鳴き声だった蟬はまだ鳴いている。けれどもそのなかに、かなかなという蜩（ひぐらし）の鳴き声が混じっていると、蟬の鳴き声まで悲しく聞こえる。

僕がそんなふうに言うと、彩乃も頷いた。

「日が暮れて一日が終わって……その一日はどこへ行っちゃうんだろうね」

「決まっているよ。僕らの心の一部になるんだよ」

「ふふ。やっぱりロマンチストだ」

「本当のことを言っているだけだよ。——僕らの心の一部になって、今日の一日は永遠になるんだ」

さみしい夕暮れの向こうから、祭りのお囃子がやってくる。

今夜はお祭り。神社のほうからお囃子の放送が聞こえてくる。今日の夕食は屋台で済ませるつもりで、僕と彩乃は家を出た。彩乃の浴衣は届いたけれども、出店をあちこち見て回りたいからと彼女が普通の服装のままなので、僕も浴衣は着なかった。「智也は浴衣を着ればよかったのに」と彩乃がちょっと残念そうにしていたけれど。

夜空を見上げて、僕は歓声を上げた。

「天の川。初めて見た」

真空の宇宙を斜めに切るように、乳白色の天の川が横たわっていた。

「ね？　プラネタリウム不可ってわたしが言った理由、わかったでしょ」

「うん」と言って僕は彩乃と手をつないだ。「昼の景色も夜の星々も、彩乃が見てきたものを僕も見ているんだね」

「そうだよ。……わたしのぜんぶを覚えておいてほしいから」

夜空は水晶の砂をまいたように無数の星々がきらめいている。

「もちろんだよ」僕は上を向いた。「こんなに星がたくさんあったらかえって星座なんて作りにくいだろうに、昔の人はどうやったんだろうね」

「きっと、智也と同じロマンチストだったんだよ」

「いや。きっと星座を名づけた人も愛する人がそばにいたんだと思う。僕のそばにいまきみがいるように」

彩乃が小さくはにかんだ。でも、本当なんだよ、彩乃。ロマンチストはひとりでは何もできないんだ。この満天の星のすべてを合わせたよりも、きみを愛しているとどうやったら伝えられるだろうと思って、星座とその物語を考え出すんだよ。

神社に近づくと、満天の星の下に祭り提灯の赤い光が見える。だんだん人も増えていく。僕らは楽しくなってきて歩くスピードが少し速くなった。参道の両側に祭り提灯。浴衣や甚平の子供たちが綿菓子やリンゴ飴を持って歩いたり、くじ引き屋を覗いたりしている。昼間閑散としていた村に、こんなに人がいたのだな。

それぞれの人にいろんな人生と大切な人がいるのだなと思うと、夜闇はひどく温かなものに感じられた。

「お祭りの出店って、どうしてこうわくわくするんだろうね」

「売ってるものがぜんぶおいしそうに見えるんだよな」

「ふふ。食いしん坊だね」

「彩乃だってそうだろ？」

「まずお好み焼きから行こう」

お好み焼きとじゃがバターを買って椅子のあるところに座って、分け合う。おいしそうに食べる彩乃。ところが、少しすると手に持っていたじゃがバターを僕に渡してきた。

「どうしたの?」この程度でお腹いっぱいとは言わないだろう。

「ちょっと、腕に力が入らなくなりそうで……」

祭り提灯の薄暗さに、彩乃が涙をごまかしている。

「——帰ろうか?」

すると彩乃は首を横に振った。「やだやだ。智也とお祭り、楽しみにしていたんだから」と言って、彩乃はひな鳥のように僕に向けて口を開けた。

「うん?」

「食べさせて。あーん」

お好み焼きとじゃがバターが終わったら、当然喉が渇く。僕はそばの店で売ってたラムネを買った。珍しいガラス瓶のラムネだ。店のおじさんが勢いよくなかのビー玉を落とし、ラムネが噴き出す。勢いよすぎて、ラムネを浴びた。まず彩乃に飲まそうとすると、彼女はゆっくりと右手を持ち上げた。力が戻ってきたらしい。

彩乃がラムネをゆっくり飲む。瓶は水平程度までしか持ち上がらない。彼女の白い喉が動き、ラムネを飲んでいるのがわかった。

「大丈夫?」

「ありがとう。お先。——はい、智也も飲んで」

「うん——」渡されたラムネ瓶を、僕はじっと見つめる。

彩乃がにやにやした。

「智也、間接キスだとか思ってるでしょ？」

「お、思ってない！」思ってました。

「智也が飲んだらまた飲ませてね。これで間接キスが完成するから。草津のコーヒー牛乳に次いで二回目」

「なっ……」動揺しながらも僕はラムネ瓶に口をつけた。顎をそらす。けれども、ラムネはほとんど流れてこない。「あれ？」

「あはは。下手だなぁ。ラムネはね、そんなに傾けたらビー玉で詰まっちゃうの。貸して」と彩乃がラムネ瓶を持った。瓶に口をつけると器用に舌を突き出してビー玉を押し返し、先ほどと同じく水平くらいに瓶を持ってラムネを飲んだ。

「上手だね」

「ね。こんなふうにすればラムネはちゃんと飲めるの」

またラムネ瓶が智也の元へやってきた。あんな飲み方をされたら、意識するなというほうが無理だ。

そのとき、そばを友達と歩いていた、小学生くらいの浴衣姿の女の子が彩乃にぶつかった。その拍子に女の子の髪飾りが落ちてしまった。落としたよ、と彩乃が言ったが、お祭りの喧噪で聞こえないのか、彼女たちはそのまま向こうへ行ってしまう。彩乃が髪飾りを拾ってあとを追って、渡してあげた。ありがとう、と女の子は笑顔で頭を下げて、今度こそお祭りのなかに消えていった。

戻ってきた彩乃がおっくうそうに歩いている。

「大丈夫？」

「足が重たい。たった数歩、走っただけなのに息が上がるなんて、いい年したおじさんみたい」

彩乃が僕のそばで息をついている。僕は彼女の肩をさすりながら、彼女の真似をしてラムネを飲んだ。

「やっと飲めたよ。それにしてもラムネ瓶のビー玉って不自由だよね。きれいだけど取ろうとしても取れないし」

けれども、彩乃は飲み終わったラムネの瓶を大切そうに持つと、違うことを言った。

「手が届かないからきれいなままなんだよ」

ラムネひとつで僕らは、互いの新しい一面を知ることができた。きっと僕たちは死の瞬間まで、互いの知らない顔を見つけ合っていくのだろう。僕たちはさらに互いの理解を深めるために、次の屋台へ向かった。たこ焼き、牛串、綿菓子などなど。屋台はまだまだ並んでいる。ヨーヨー釣りやお面屋さんも覗きたい。

ふたりで飲んだラムネの味は恋の味だった。


翌朝、僕は久しぶりに朝寝坊した。起きたときには朝七時。隣を見たら、彩乃の布団がすでにたたんであって、慌てた。「彩乃⁉」と飛び起き、隣の部屋に行くと、彼女は和美さんと一緒に朝ごはんの支度をしていた。

「よ」といつもの挨拶。「気持ちよさそうに寝てたね。寝顔、写真撮っちゃった」

「消してくれ。——彩乃、目も鼻も赤いけど」

「そう？　早起きしすぎて、さっきあくびしたからかな」

彩乃が目をこすった。目の赤さも気になったが、それ以上に気になったことがあった。

「それにその格好——」

彩乃が着ていたのは、陸上部のジャージだったのだ。

「うん？　ああ、これ。久しぶりに着てみたくなって。智也、あいかわらず寝癖がすごいよ。シャワー浴びてきたら？」

「あ、うん……」

シャワーと朝食を済ませると、彩乃がこんなことを言った。

「智也に見てもらいたいものがあるんだけど」

「何？」

「わたしが走っているところ」

ジャージ姿を見て、彩乃がそんなことを言い出すのではないかと思っていた。けれども、昨夜のこともある。彼女は、もう——。

「彩乃、でもさ」

けれども彼女は微笑んで言った。「だって、智也、陸上の大会とか来てくれたことないでしょ？　部活のときに、遠くの格技棟からチラ見するくらいだったでしょ？」

そりゃいけないねえ、と和美さんが目を丸くしてみせる。

「だから、朝食のあと、ひと休みして、彩乃はストレッチを始めた。しばらくやってなかったから固くなったなぁ、と苦笑しながら、彩乃が長い手脚をぐいぐい伸ばしている。

走る場所は公園。朝、ラジオ体操をみんながやっている場所だ。

午前中とはいえ、もう暑い。

彩乃は上下のジャージを脱いで、僕に渡した。彩乃の匂いと体温が残っている。彼女はその下にノースリーブと赤い短パンの、障害走選手のユニフォームを着ていた。すらりとした白い腕と長い脚が、夏の太陽よりまぶしく見えた。恥ずかしいからあんまり見ないで、と彩乃が照れ笑いした。

「智也のタイミングでスタートかけて。向こうから智也のところへ走ってくるから」

「わかった」

「ふふ。あのときと逆だね」

彩乃への告白をかけて植村と一〇〇メートル走をしたときのことだ。

彩乃は長い髪をひとつにまとめた。

彼女はアキレス腱を伸ばし、手首足首を回すと、向こうのほうへ歩いていく。距離にして五〇メートルくらいだろうか。いーよー、と彼女が手をあげると両手を地面につけてクラウチングスタートの体勢を取った。

彩乃が真剣な表情でこちらを凝視している。久しぶりに見る顔。とてもきれいだと思った。

僕は手を上げた。

「よーい。……スタート!」

僕が手を振り下ろすと、彩乃がスタートを切った。きれいなスタートだった。足は動いてくれたのだ。

彩乃が僕だけを見つめて走ってくる。

さすが陸上部の走りだ、と思ったときだった。

彼女のフォームが崩れた。膝が伸び、急に減速する。つっかえるような足運び。転ばなかったのが不幸中の幸いだった。普段運動していない中年の父兄が運動会の徒競走に出たような、初心者みたいな走り方。苦しげに歪んだ顔。僕は彼女がかわいそうになって、唇を噛んだ。駆け寄りたい――。

けれども、彼女は言っていたではないか。

『わたしが走っているところを見てほしいの』と。

僕は走ってくる彼女の正面に立って両手を広げた。

「彩乃！　がんばれ！　ゴールまでもうすぐだから！」

彩乃の瞳に力が戻った。

彼女がゴールする。智也、と叫び、笑顔で僕の腕のなかへ飛び込んできた。倒れ込んでくる彩乃が怪我をしないように、僕は抱きとめ、ふたりで倒れた。彩乃が水を浴びたように汗をかいている。激しい息切れ。ぜえぜえと、彼女の息が僕の顔に強く当たる。彩乃は最高の表情で言った。

「見ててくれて、ありがとう」

彩乃がうれし涙を流した。

そのとき、僕は見てしまった。

彼女の涙が、はっきりと金色に輝いているのを。

金色の涙は、オパール症候群の末期症状――。

僕は彼女を抱きしめた。彼女の涙を僕の服で吸い取って、なかったことにしたくて。

「かっこよかった。最高にきれいだったよ」

彩乃はまだ息を切らせたまま、力を抜いて僕の胸に頭を預ける。笑顔のままで。

彩乃はよく笑っていた。僕と付き合い始めてからずっと。本当の幸せを求める旅のあいだもずっと。玉川村に来てからも、ずっと――。

けれども、もうすぐこの笑顔が失われてしまうのを、僕は知っている。


客間を追い出された僕は、縁側でぼんやりと外の景色を眺めていた。日は西のほうにだいぶ傾いてきたというのに、じっとしてても暑い。蝉の声の向こうに、何度か祭り囃子の放送のテストが聞こえた。あいかわらず空は青く、雲は白い。遠くに鳥が飛んでいる。このぶんなら今夜のお祭りも、花火も、順調に開催されるだろう。客間からは彩乃と和美さんの賑やかな声が聞こえていた。

ああ、世界はこんなにも美しい――。

いまこの瞬間も、彩乃の身体だけではなく僕の身体もオパール症候群が進んでいる。その証拠に、いま両足の感覚がない。左腕も硬直していた。暇潰しにと思って出したオスカー・ワイルドの短編集も持てなくて、縁側で僕と一緒にひなたぼっこをしている。彩乃のことを考えて涙をこぼしたら、金色になっていた。少し進行が早いようにも思えるが、そのほうが彩乃と一緒に死ねる確率は上がるからありがたい……。

客間の襖が開いた。

エアコンの冷気と共に、「お待たせ」という彩乃の声が聞こえた。僕は右手のみを使って器用に振り返る。そこに立っている彩乃を見て、僕は陶然となった。

「…………」

「――何か言ってよ」

「うん――きれいだ。ものすごく。いつだって彩乃は世界一きれいだ」

彩乃が浴衣姿で立っていた。水色の地に、朝顔と風鈴があしらわれた浴衣に着替えた彼女は、とても清楚で、とても美しかった。まっすぐでつややかな黒絹の髪は結い上げられて、髪飾りで止めてある。白いうなじに思わずどきりとしてしまった。

僕にきれいだと言われた彩乃は頰が上気し、うれしそうに微笑んでいる。

「智也、何読んでたの?」

「オスカー・ワイルド」

「わたしも好き。『幸福な王子』、感動するよね」

と彩乃が文庫本を拾って、ぱらぱらしている。

「次は智也くんの着つけをしようかね」

「あ、ちょっと待ってください。ちょっと足がしびれちゃって……」

と笑いにごまかし、僕はゆっくり立ち上がった。

「しょうがないなあ、智也は」

と笑った彩乃の身体がぐらりと揺らいだ。短編集が落ちる。僕は自分の身体の不調も忘れて彼女を支えようとし、ふたりで倒れてしまう。

「大丈夫？」

「平気。手足が硬直したり弛緩したり、頻度が忙しくなってきちゃってさ。あと、ちょっと暑いだけ」

彩乃の額が熱い。

「熱が出てるじゃないか」

「……智也だって、息が熱くさい」

彼女の言うとおりだった。さっきから暑いのは夏の気温のせいだけではない。明らかに自分の身体が熱いのだ。けれども、風邪のように頭が朦朧（もうろう）とはしていない。

「これもオパール症候群の……？」

彩乃が複雑な表情をした。

「さっきおばあちゃんに教えてもらった。この熱、オパール症候群の末期の症状のひとつだって」

「そっか」と僕が平然というと、彩乃が眉を八の字にした。

「智也の進行、早すぎない？」

「そうなのかな。でも、僕は彩乃と一緒ならぜんぶ幸せだよ」

ばか、と彩乃が小さく僕を叩いた。これっぽっちも痛くなかった。

浴衣に着替えた僕たちは、花火が始まるずいぶん前に家を出た。和美さんが「いってらっしゃい」と送り出してくれる。僕は気づいたときには、なぜか和美さんに丁寧に頭を下げていた。どうしてと言われても困るけど、浴衣のお礼とかそういうのではなく、そうしたかったのだ。

昨日より少し人出の多いお祭り会場をゆっくり歩く。昨日、たくさん飲んだり食べたりしたので、どの出店が気に入ったか、意見交換していた。その結果、じゃがバターと鮎(あゆ)の塩焼きを、ふたりで食べることに決めた。

友達同士のグループや家族連れがお祭りを楽しみ、出店に立ち寄っている。

「やっぱりお祭りっていいね」

と僕が言うと、なぜか隣の彩乃が、僕の肩に頭をのせた。

「きれいだね」

「うん。――身体、しんどい？」

「ううん。――同じ世界を見て同じようにきれいだって言ってくれる人と一緒にいられて、とても幸せ。ありがとう、智也」

「こちらこそ。ありがとう」

涙がこみ上げる。けれども、ここで泣くわけにはいかない。僕の涙も金色になってしまっているから。

ほくほくしたじゃがバターと、ふわりとした鮎をふたりで食べ終えると、彩乃がゆっくりと立ち上がった。

「花火、もうすぐだね」

祭り囃子の賑やかさ、人混みのざわめき、まだ残る昼の暑さと屋台の白熱灯。昼間の村とはまったく別の異界に飛び込んでしまったようだった。

「どこで見るのがいいのかな。花火」

「特等席があるよ」

と彩乃が僕の手を引いた。その手が先ほどよりひんやりしていて、僕は少し安心した。ちょっとでも彼女の苦しい時間がなくなってほしかったからだ。

僕らは出店の並ぶ参道をしばらく歩き、ちょうど人の流れが切れているところで脇道に入った。街灯もまばらな山道だ。

「足元、気をつけてね」と僕が声をかけると、彼女は僕の手をさらに強く握った。

「ありがと」

「特等席って、木苺のときみたいに彩乃だけが知ってるところ？」

「ううん。村の人でも知ってる人は何人もいると思う。でも、みんな滅多なことでは近づかない。神聖な場所だから」

「いいの？」

お祭りの喧噪が遠くなっていく。

「いまのわたしたちなら、いいの」と、彩乃が静かに語った。「わたしも小さい頃は知らなかったんだけど、この夏祭りはもともとオパール症候群で亡くなった人たちを弔うために始まったお祭りなんだって」

「そうだったんだ」

「オパール症候群で亡くなった人たちに、『あなたたちが命をかけて人を愛する美しさを見せてくれたから、この世界もきれいに輝いていますよ』って伝えるために、花火を打ち上げるんだって」

僕らは休み休み山道を歩いた。彩乃にしろ僕にしろ、ときどき身体が言うことを聞かなくなるのだからしょうがない。街灯のないところは、スマホのライトで道を照らして進んでいった。

「そういえば、『幸福な王子』──」

「『幸福な王子』がどうしたの？」彩乃の息が少し上がっている。

「ふと思ったんだ。ちょうど逆だなって」

「どういうこと？」

「王子の像は自分の身を飾る色とりどりの宝飾をすべて投げ捨てて死んでしまう。けれども僕たちはすべてを捨てて死んで、色とりどりのオパールになる」

「ふふ。ごく一部の人にしか、その色は見えないのにね」

「でもそれでいいのかもしれない。ごく一部の、命を捨ててもよいほどの一筋の恋に生きる人だけにしかわからないから、オパール色の恋の美しさは守られるんだよ」

「オパール色の恋……きれいな言葉だね」

鳥居が現れ、その向こうに神社のような建物が見えた。

「あれは？」

「玉川村の神社の摂社。特等席はその奥にあるの」

人も動物も何もいない。静かな境内だ。二礼二拍手一礼でお参りすると、彩乃はそのまま外の廊下を歩き始めた。ついていくと、急に視界が開けた。

そこには大きな門がある。

「なるほど。ここなら花火がよく見えるね」

「でしょ？」

僕たちは門を開けた。

その瞬間、スマホのライトが照らし出した光景に、僕は言葉を失った。

「ああ——」

そこには、石筍のように無数のオパールの柱が屹立していたのだ。一体どのくらいの数あるのか、この暗がりでは見当もつかない。

静謐（せいひつ）で荘厳で深遠な空間。

侵してはいけない何かを感じさせた。

大きな音がして、夜空が赤く明るくなった。花火が始まったのだ。

花火は開かれた門からオパールの柱を照らし、慰撫していた。

見物客の歓声がここまで小さく聞こえてくる。

「ここは昔からオパール症候群を発症して死期を悟った人たちが最期にやってくるホスピスみたいな場所なんだって」

「つまり、ここにあるオパールは——」

「みんな、自分の命と引き換えにしてでもいいと思って、一生にひとりだけのかけがえのない誰かを愛した人たちの亡骸」

　また花火が上がった。黄色の光に照らされたオパール柱群。そのひとつひとつが言い尽くせぬ想いを宿した物語の果てにここで眠っているのだと思うと、僕は魂が震えるような感動を覚えた。

「ここにあるオパール、僕らにはそう見えるけど普通の人には石炭の塊にしか見えないんだよね?」

「そう。だから守られている。無数の恋の物語がぜんぶ。でも、最近は社会が複雑になったせいで、ここに帰ってくるのが間に合わないで外の世界で死んでしまう人も出てきてしまった」

「それが『石炭病』とネットで揶揄(やゆ)されてしまったんだね」

　本来、からかったり、興味本位で扱ったりしてはいけない、もっとも大切な心の結晶なのに……。

　彩乃はオパールの柱のひとつにそっと触れた。彼女が振り向くと、赤い打ち上げ花火がその顔を照らした。

「ありがとう。智也。わたしを終着点まで導いてくれて」

「ここが僕たちのゴールなんだね」

「うん」

　僕は彩乃の髪に手を当てた。

「僕にはここのオパールの柱が、限りなく悲しく見える」

「わたしにはこのオパールたちが限りなく美しく見えるよ」

僕らは見つめ合って微笑んだ。僕らが言っているのは同じことの表と裏だと、お互いにわかっているからだった。

僕らは無数のオパールの柱に囲まれながら、花火を眺めた。

夜空に大輪の花がいくつも咲く。

「きれいだね」と僕は彩乃を後ろからふわりと抱きしめた。

「ねえ、智也」

「うん？」

「神さまも、泣いたりするのかな」

花火がほどけながらゆっくりと雫(しずく)になって、闇に消えていった。

「神さまだって、泣くんじゃないかな」

「どんなときに、神さまは泣くのかな」

僕は少し考えた。「それはきっと、僕たちが悲しいときだよ」

「わたしたちが悲しいと、神さまも悲しいの？」

「僕たちが悲しいときに、友達は励ましてくれるかもしれない。でも、神さまは一緒に泣いてくれるんだよ」

緑色の花火が上がった。エメラルドの花のような光が僕らを照らす。

「神さまはやさしいんだね」

僕は続けた。まるでおとぎ話を紡ぐように。

「やさしすぎて、悲しいんだよ。世の中は苦しいことや悲しいことやつらいことや理不尽なことだらけで。そのなかで僕らはきっとほんとうの幸せを探していくんだけど」

「うん」

エメラルドの花火の名残が、涙のように流れていった。

「神さまは、本当は僕らひとりひとりのそばにいてあげたいんだ。きっといてくれているんだよ。でも、神さまは目に見えないし、声も聞こえないから、僕らが泣いていても涙を拭うこともできない」

「だから、一緒に泣いてくれているのかな？」

「この世では神さまがしてあげられることは限られているから、せめて天国に還ってきたときには僕らに笑顔になってもらいたくて、天国をすてきですばらしい世界にして待っていてくれるんだよ」

彩乃は涙を流していた。まばゆいほどの金色の涙が彼女の頬を彩っている。

「神さまの涙は誰が拭ってあげられるんだろう」

彼女の金色の涙を、僕は拭った。

「僕たちが拭ってあげよう」

不意に彩乃が震えた。

「ああ。……やっぱりもうすぐ死ぬのかと思うと、ちょっと怖い」

愛(いと)しくて、悲しい笑みを見せる彩乃。僕は彼女の正面に回り込むと、その身体をあらためて抱きしめた。

「僕も。でも、最後の瞬間まで、僕たちは一緒なんだから」

彩乃が僕の背中に腕を回した。

花火が連続して打ち上げられ、色とりどりの光が僕たちに降り注いだ。

赤、白、緑、橙、紫、金、銀——。

「智也。美術の時間の、光がなければ色もないって話」

「うん」

「わたしたちも同じだね。人を愛する幸せがわかる人がいてくれるから、オパールに光って見える……」

この病気は、目に見えないものが理解できないこの世の中で、人を恋する喜び、人を愛する幸せを、高らかに歌い上げる魂の賛歌——そう彩乃のおじいさんは言っていたと聞いたのを思い出した。

「だったら僕たちは胸を張って最期を迎えよう」

言いながら涙が流れた。たぶん、金色の雫になっているだろう。

「智也……」

「恋や愛がわからない人がいる。ほんとうの幸せが見つからなくて、旅を続ける人だっている。でも、僕は彩乃に出会えた。彩乃を好きになった。彩乃を愛した。それ以外に何もないけど、それ以外に何もいらない。僕たちは死んで石炭になるんじゃない。死んでオパールになって、みんなを照らし続けるのは僕たちのほうなんだ」

死は僕たちの目の前にある。

夜の闇よりも静かに、確実に、どっしりと。

この瞬間、僕の心にあるのは、もっと贅沢をしてみたかったとか、もっとおいしいものを食べてみたかったとか、もっと遊びたかったとか、そんなことはひとつもない。ただ、彩乃に出会えたこと、彩乃を愛せたことを心からうれしく思う気持ちだけだった。

花火がやんで、無数の星々が僕らを包んでいる。

「あの花火みたいに、ぱっと咲いてそのまま散っていく。美しいまま。幸せなまま。それはもしかしたら贅沢なのかもしれないね」

再び花火が上がって彩乃の顔を照らした。その頰は金色の涙で濡れている。

「贅沢だよ。そうだよ。僕たちはいま世界でいちばん贅沢な恋人同士だと思う」

「きっと神さまは――愛なんだね。目に見えなくて声も聞こえないけど、神さまは愛としてわたしたちのそばにずっといる」

「うん。だから、僕たちは恋をする。幸せを祈る。愛は祈りなんだ」

祈りは愛になり、愛は祈りになる——。

彩乃が涙を流したまま、きれいな笑顔を見せた。

「ふふ。智也のほっぺた、金色になってる」

「彩乃だって」

「わたし、死ぬとき痛かったり苦しかったりして、金色の涙が流れるのかと思ってたけど、違ってた。愛しくて切なくて、胸が張り裂けそうにあなたのことが大好きで、金色の涙が流れるんだね」

そのときだった。


僕らを照らす花火の光は白いのに、彩乃の身体がオパール色の輝きを放ち始めたのだ。

「ああ……彩乃——」

とうとう「そのとき」が来ようとしていた。

けれども、彩乃は笑顔でこう言った。

「智也。愛してる」

彼女の手が、髪が、笑顔が七色のオパールに変わっていく。

「愛してる。愛してるよ」と僕は何度も繰り返した。

花火がひとつ上がるたびに彼女の身体は皮膚の柔らかさが失われ、白の中に無数の色を閉じ込めた虹色のオパールになっていった。

それは彼女の心そのもののようで、美しくて、切なくて、儚い。

僕はその身体を抱きしめた。

「智也の腕の中、安心する」

花火が僕の身体を照らす。僕の身体も全身が青を基調にしたオパールに変じていくのが見えた。

彩乃の両腕はいつの間にかなくなっている。でも僕の腕はまだ残っている。

「世界の終わりまで、僕はきみを抱きしめているから」

彩乃が笑った。

僕は彼女の唇にキスをした。

いまこの瞬間、僕以上に彼女を愛している人間はいないと断言できるだけの強く深く果てしない想いを込めて。

彼女の唇はまだ温かくて、柔らかかった。

最初で、最後のキス——。

彩乃が、世界中の宝石を集めたよりもまばゆく、銀河の星々よりも輝かしく、世界中のすべての幸せよりも美しい笑顔をくれた。

視界がオパールの輝きに覆い尽くされていく。

僕の身体のすべての感覚が消えていく。

最後の花火が、夜空に大きく開いた。

智也がわたしの病気を一緒に背負ってくれたの、うれしかった。

でも、ここから先はわたしひとりで行く。

――智也の病気は、わたしがぜんぶ持っていくから。

終章

誰かが僕の身体を揺すっていた。

「智也くん。しっかり。智也くん」

僕は目を開けた。真夏の日射し。蟬の声。気づけば、和美さんが僕を覗き込んでいた。

「え？　ここは――」

首を巡らすとオパールの柱が夏の太陽に輝いている。

僕は飛び起きた。

「大丈夫？　神社の宮司さんから、智也くんがひとりで倒れていると聞いて飛んできたんだけど」

「宮司さん……？」

「彩乃がこの村に帰ってきたときに、あの子が智也くんを紹介したおじさんだよ」

ああ、あの人が宮司だったのか。

と、腕に痛みを感じた。

見れば、倒れたときに怪我をしたのか血が流れていた。

「血の色が――赤い」その赤い色を他人事のように僕は感じた。「どうして、僕は人間の身体のままなんだ」

僕のすぐそばには白を基本色としながら、金や青や紫や赤といった七色の輝きを放つオパールの柱が立っていた。太陽よりも輝かしく、愛に満たされた喜びを放って立っているように見える。

僕にはそれが〝彩乃〟だとすぐにわかった。

彩乃、と呆然と呟き、よろよろと立ち上がった。

「あの子が智也くんのオパール症候群を持っていってしまったのかねえ」と和美さんが涙をふいている。

僕は〝彩乃〟をそっと抱きしめた。微妙な曲線に僕の腕がすっぽり収まる。やはりこのオパールが彩乃だった。抱きしめた腕に温かさが伝わってくる。太陽が暖めたせいだと人は言うかもしれない。しかし、僕には彩乃の体温そのものにしか感じられなかった。

そのオパールの後ろに彼女の浴衣と髪飾りが落ちている。

もう彼女はいないのだ。

一緒に笑って、ごはんを食べて、旅をした彼女はいない。

陸上部で走っていた颯爽としたユニフォーム姿の彼女も、スーパーで一緒に買い物をした制服姿の彼女も、もういないのだ。

「彩乃……どうして——」

僕は泣いた。叫んだ。号泣した。

それしか、僕にはもうできないから。僕の流す血は、もうオパール色ではないから。

彼女にはもう届かないのだ。

声が嗄れ、涙が涸れ、へとへとになるまで泣きじゃくったとき、聞き慣れたやさしい声が聞こえたような気がした。

ありがとう、智也。わたし、ほんとうの幸せを見つけたよ――。

でもそれは、風の音を聞き間違えただけかもしれない。


彩乃の葬儀は、村でひっそり行われた。美奈子さんが東京から飛んできた。僕はただ「ごめんなさい」しか言えなかった。泣くことしかできない僕だったけど、彼女が愛した人として葬儀の最後まで立ち会った。

葬儀が終わると、僕は玉川村をあとにした。

あんなにいろいろあったのに、とても楽しかった旅なのに、帰りはたったの半日で終わってしまった。


東京に戻っても、彩乃を失った喪失感は日に日に深くなるだけだった。

くわえて、自分だけが生き残ってしまった罪悪感。

何より自分との恋が彩乃の命を奪ってしまったやるせなさ……。

スマホには彼女の写真と動画が残っている。

浅草の初デート。各駅停車の旅に出る日。大正ロマン電車。犬吠埼灯台。軽井沢の教会。乗り換えの合間の駅の一コマ。津軽海峡。日本海の夕日。草津温泉。玉川村。お祭りの一日目。浴衣姿の僕たち……。

ああ、もっと彼女を撮っておけばよかった。

制服姿も陸上部のユニフォームも、一緒に夕食を作るときのラフな格好も。

「よ」という、あの朝の挨拶の仕草も。

彼女の思い出を、生きた証を、砂粒ひとつ残さず集めておきたかった。

あれもできたはず。これもしてやりたかった。
なのに――何もできなかった。

彩乃とのメッセージのやりとりを何度も読み返す。

けれども、もう新しいメッセージは送られてこないのだ。

このときのメッセージには、本当は別の、こんな意味があったのではないかと、心が彷徨（さまよ）う。

オパール症候群という死の病への恐怖を隠して、明るく楽しいメッセージを送ってくれていたのではないか。

けれども、もう彩乃に正解を教えてもらうことはできない——。

僕が東京に戻って一週間ほどして、美奈子さんが東京に帰ってきた。

インターホンが鳴って、美奈子さんだとわかったときには、僕は震えた。「会えない」と思った。オパール症候群を発症させたのは僕なのだ。そのうえ、彼女に命を救われ、おめおめと僕ひとりだけ生き残っている。どの面下げてとはこのことだった。

僕はインターホンの音に耳を塞ぎ、リビングの隅でただただ小さくなっていた。泣きながら——その泣き声も噛み殺して——ただひたすら、美奈子さんが帰ってしまうのを待った。

三日間、僕はインターホンから逃げて、嬰児（えいじ）のように身を丸くして耳を押さえ、声を押し殺して泣いていた。

僕の部屋には草津で買った切り子の青いグラスが、ペアとなるべき赤いグラスを失って冷たく光っている。その横には角が丸くなったオスカー・ワイルドの短編集があるばかりだった。

美奈子さんは根気強かった。彩乃みたいだ。

「智也くんがおばさんに会いたくない気持ち、わかるつもり。でも、おばさんも主人とあの子の思い出ばかりの家にひとりでいるの、少しさみしくって……。旅のあいだの彩乃の話、聞かせてくれないかな」

そのとき思い出した。美奈子さんは自分の夫をすでにオパール症候群で亡くしているのだ。そのうえ、今度はひとり娘まで。そのつらさは僕なんかと比べものにならないはずだ。「主人とあの子の思い出ばかりの家にひとり」というのも心に刺さった。僕自身、母が死んだときには同じように母の思い出ばかりのこの家にいるのがつらくてたまらなかったから。

恐る恐る玄関を開けると、美奈子さんが笑顔で立っていた。

その笑顔があまりにも彩乃に似ていて、僕はその場でまた泣き崩れた。

美奈子さんとはいろんな話をした。

彩乃の小さい頃の話は僕も知らないことが多かった。

知らないことと言えば中学時代の彼女のエピソードで、バレンタインに後輩の女子からチョコをもらったなんて話は初めて聞いた。

美奈子さんが、彩乃のスマホを見せてくれた。

なかには「彼氏」というフォルダがあり、そこに僕の写真が二百枚以上あった。

「見て見て。ここにあるのほとんどはふたりがお付き合いを始めて以降の写真ばっかりなんだよ。オパール症候群に気を使っていたから」

その反動か、付き合い始めてから写真を撮りまくっている。多すぎだろ。彩乃の家で料理をしてたり、浅草でお参りしている姿だったり。いつ撮ったんだ。

「僕の寝てる写真まで撮ってる。ほんとにいつ撮ったんだよ」

「あら本当。かわいらしい寝顔ね」

「恥ずかしいから消してください」

言いながら、涙が出てきた。

僕は彩乃を愛していると思っていたけど、彩乃こそ僕をこんなにも愛してくれていたんだ。

僕は自分のスマホに撮った彩乃の写真を美奈子さんに転送し、ふたりで彼女の写真を眺める。

「彩乃、急にきれいな顔になった」と美奈子さんが微笑む。「恋する女の子はきれいになるって、やっぱり本当だったんだなあ」

「彩乃は、最後の瞬間まできれいでしたよ」

美奈子さんは僕のこの言葉に、静かに涙を流していた。

動画も見た。大正ロマン電車に揺られる彩乃。犬吠埼の灯台そばで砕ける波に歓声を上げる彩乃。軽井沢でそば屋に並んでいるときの彩乃。草津でブッフェを堪能している彩乃。『食べてるところなんて恥ずかしいから撮らないで』と笑う姿が、こんなにもクリアに映っているのに……。

「楽しかったんだね。彩乃」と美奈子さんが何度もメガネを外して涙を押さえている。

「彩乃の思い出、すごく大切で。もっともっと写真も動画も撮っておけばよかったたって。

――それで、もし、この大切な思い出がひとつでもなくなってしまったらって思ったら、僕、すごく怖くて」

「うん」

「いまならどうして僕の母が自殺したのか、わかる気がします。思い出がなくなるのは悲しすぎるから」

「智也くん……?」

美奈子さんが心配げに僕の目を覗き込んだ。

「でも、僕は母みたいに死のうとは思いません。だって、僕が自分から死んでしまったら、いちばん悲しい思い出を世界に遺(のこ)していくことになるから」

しばらくして涙を拭うと、美奈子さんは言った。

「智也くんは強いね」

「そんなことないです」自死こそ選ばないものの、オパール症候群で彼女と一緒に死にたかったのは事実だから。「彩乃に笑われないようにって思っているだけです」

「そうね――」と美奈子さんはほろ苦く笑っている。「こうしていろんな写真を見てても、思い出すのはあの子の笑顔ばかりだから不思議ね」

「僕もです。でも――」

「でも？」

「実際、彩乃はずっと笑顔でした」

美奈子さんがわずかにうつむき、独り言のように呟く。

「あの子の父親も、そんな人だった。そんな人だから、たったひとりの人を、命を捨てることになるとわかってても、恋することができたんでしょうね」

スマホの画面には、お祭りの提灯の下で微笑む浴衣の彩乃が表示されている。彼女の微笑みにも瞳にも、恋する乙女の幸せなまぶしさだけが溢れていた。

美奈子さんと話をした翌日、僕はスケジュールを確かめて学校へ行った。

久しぶりに剣道部に顔を出そうと思ったのだ。

合宿はとっくに終わってしまったが、夏休みの練習はある。僕は少し早めに行って、体育科教員室にいる剣道部の顧問に挨拶に行った。

合宿を欠席して申し訳ございませんでした、と頭を下げる。

顧問はじろりと僕を睨むようにしたあと、ため息を漏らした。

「いろいろあったのは聞いている。大変だったな」

こってり絞られるかと思ったら、しんみりした言葉を投げかけられて、僕は逆に視界が涙でぼやけた。一学期に僕は堂々と彩乃との交際宣言をしているのだ。顧問の反応は当然と言えば当然だったかもしれない。

でもそれは、彩乃の死はすでに学校に伝わっているということで――この学校から彼女がいた場所は、もう片づけられてしまったのだと思った。

教室にも廊下の向こうにも下駄箱にも自転車置き場にも、もう彼女はいない。

彼女の手を取ってエスコートしたシンデレラ階段にも、あの輝くような笑顔はもう見つけられないのだ。

何度も目をこすり、何度も熱いため息をつきながら部室で着替えていると、クラスメイトの鈴木がやってきた。

「合宿、休んでごめんね」

「いや……。大丈夫なのか、もう」

「何が?」と僕は苦笑する。

「だってさ――」

鈴木はいい奴だ。いますぐ泣いて喚いて、愚痴をたくさん言いたい。鈴木なら聞いてくれるだろう。だからこそ、そうしてはいけないんだ。一緒に泣いてくれるのは神さまがいるから、もういいんだ。でなければ、今度こそ彩乃に合わせる顔がなくなる。死んであの世で再会したとき、彩乃に「がっかりだよ」なんて言われたくはないから。

垂れをつけ、胴をつけ、面をかぶる。さらに小手を身につければ、あとは身体が動いた。久しぶりの防具は動きにくく、竹刀は思ったよりも重くて、自分がオパール症候群だった頃を思い出す。

涙は汗のふりをしてごまかし、嗚咽は気合いの声で打ち消した。

練習が終わったら鈴木が肩を叩いた。

「佐久間、また太刀筋が変わったんじゃね?」

「鈍っていただけじゃないかな」

「いや。なんていうか、身体が大きく見えた」

喜んでいいのか悲しんでいいのか、わからない。ただ、僕が思っている以上に僕の心の変化は外へ出ているのだということは理解できた。

剣道部の練習を終えて、格技棟を出る。むわりとする東京の暑さが身体にまとわりついた。かんかん照りの校庭。彩乃が走っていた校庭だ。彼女が毎日ハードルを跳び、友達と笑っていた場所。僕は奥歯を噛みしめて、涙を堪えた。

そこへ制服姿の男子生徒が数人通りかかった。見れば植村がいる。ということは三年生の夏期講習か。休憩時間に近くの自販機にでも行こうというところだろう。

植村と目が合った。

彼は笑顔を消して仲間たちから離れると、僕のところへやってきた。

「春原、死んだんだってな」

どこで聞いたのかわからないが、あんまりな言い方だった。奥歯を噛みしめて堪えていた悲しみが、怒りに転化していくのを感じる。

「ええ」と僕が短く答えると、「やっぱりヤバい病気だったんだな。おまえも大変だったな。病気の女じゃ、ろくにデートもできなかったろ」と植村がずけずけと言ってきた。けれども逆に、その言葉を聞きながら、僕のなかで彼への怒りがさらさらと消えていくのを感じた。

こいつは結局何も知らないままに通り過ぎていったのだと思った。彩乃のことも、僕のことも。知ろうとさえしていない。

こんな奴を彩乃が好きなのではないかと考えていた僕は、愚かだったと思う。「だから部長なんてお断りって言ったでしょ」という彩乃の声が聞こえるようだった。

「――ま、いまは俺も新しい彼女がいるし。おまえもそのうちまた新しい彼女ができるよ」

と植村が白い歯を見せる。

僕は言ってやった。

「彩乃は僕の世界を美しくして去っていった。彼女は病気に勝ったんですよ」

植村は妙な表情になった。意味がわからないと顔に書いてある。けれども、僕にバカにされたくらいには解釈したのかもしれない。「ああ、そうかい」と捨て台詞めいた一言を残して、仲間たちのところへ戻っていった。

以後、卒業式まで、彼とは一度も会わなかった。

彩乃がいないままに、季節は移り変わる。

静寂のなかで、僕はときどき彼女の名を呼びながら、日々だけが重なっていく——。

夏の終わりに剣道の昇段試験があった。

結果は合格。僕は二段になった。

二学期になって部活の時間に二段の賞状をもらうと、同じく二段になった鈴木が肘でつついてきた。

「やったな」

「鈴木も。おめでとう」

「なあ、佐久間」

「なに？」

「笑顔が戻ってきたな」

ここで涙を流したら、鈴木の一本だ。「そうかい？」と僕はごまかした。

「例のあれ、今日も身につけてるのか」

「ああ、もちろん」と言って僕は胸元にさげているペンダントを見せた。

「男のくせに変な奴だな。何かの験担ぎかもしれないけど、黒いオニキスのペンダントって渋すぎだろ」

僕は笑って言い返す。「これは世界でいちばん大切なものなんだよ」

秋になって萩の花がきれいに咲いた頃、はがきが二通も届いた。

送り主は堀井先生と斗真くんだった。

内容を見て僕はひさかたぶりに、他人のために涙を流した。

そこには、斗真くんの病気が寛解して幼稚園に行けるようになったこと、さらには来年春からはランドセルを背負って小学校に通えるだろうと書いてあったのだ。

「あは。あはは……よかった。ほんとによかった」

斗真くんのはがきには、「おんせんまたいこうね」というたどたどしい文字と共に、四人の人物の絵が描かれていた。

堀井先生と斗真くん、それに僕と彩乃の絵だった。

彩乃がいる——。

見えるかい、彩乃。斗真くんはきみを覚えていた。斗真くんの心のなかにもきみはしっかり生きているんだよ。

彩乃も僕も、堀井先生も斗真くんも、みんな満面の笑みで描かれている。

無口な斗真くんのうれしさが弾けていた。

「斗真くん……がんばったな」

僕は自分のことのようにうれしくて——涙が止まらない。

家の前でしばらく泣いていたけれど、少し落ち着くと回れ右をした。

美奈子さんにこのはがきを見せよう。

それでもって、今日はごちそうを作らせてもらおう——。

通学路の桜の葉が一斉に色づいて落ちようとする、冬迫るある日——。

学校から帰ろうとすると、吉村がシンデレラ階段のところで僕を待っていた。

「元気？」と吉村が声をかけてきた。

「ぼちぼち」

と僕が答えると、吉村が軽く険しげな顔つきになった。

二学期に入ってから、吉村とこんなふうに話すのは初めてだった。教室で挨拶くらいは——されれば——するが、もともとクラスで賑やかにやっている吉村と接点があまりないのだ。それどころかクラスで内緒にしている「地下アイドル」としての彼女を知っているせいで、かえって話しかけづらくなっていた。

吉村が言った。「何か気づかない？」

「ごめん。わからない」

「髪を黒く染めたんですー。そういう女子の微妙な変化に気づかないとモテないぞ」と軽口めいて言って、吉村が口を押さえた。「あ……いまの、ごめん」

「かまわないよ。僕こそ、ごめん。なんだかどう声をかけていいかわからなかったから、夏休み以来ぜんぜん無視みたいになってて」

「あー、うん。それは別にいいんだけどさ……」吉村は周囲に人がいないのを見て、続けた。「あたし、地下アイドル辞めたから」

僕は彼女の顔をまじまじと見た。「そっか」

「言っとくけど、夏休み中にはちゃんと辞めてたんだからね」

「そっか」

「いままで言うチャンスがなかっただけ。——って、『そっか、そっか』って張り合いがないなー」

僕は大きく息をついた。

「いままでがんばってきたんだもんな。つらい決断だったな」

吉村の目に光るものがたまった。彼女はそれを乱暴に手の甲で拭うと、

「ほんとは、佐久間くんにどんな顔して話せばいいか、あたしもわかんなかったんだ」

「…………」

「彩乃、死んじゃったんだよね」

「うん」

吉村が今度は隠すことなく、涙を流すに任せた。

「あたし、あのときひどいこと言ったよね？　あたし、夏休みが終わったら彩乃に謝りたいって思ってたの。だけど、彩乃、死んじゃった。もう謝れない——」

彼女はしゃがみ込んで泣き続けている。僕は少し距離を開けたところで同じようにしゃがみ、彼女の泣き声をじっと聞いていた。

謝りたいこと、伝えたい気持ち、それらが届かない日が来るのが人間なのだ。そのとき残された僕たちは、その慚愧の想いをただただ背負って生きていくしかない……。

やがて吉村の泣き声が小さくなっていった。そう。やまない雨はないように、止まらない涙もないのだ。

吉村は「ああ、もう最低」とか言いながら洟を啜っている。

「彩乃がいまのおまえを見たら、『元気出しなよ』って背中を叩くと思うよ」

と、しゃがんで目線を合わせたまま、僕は苦笑した。

「そうかもね」

「あの病気は決して不幸ではなかったよ」

「………」吉村が難しい顔をしている。

「短い人生もある。長い人生もある。でもたくさんの人たちに出会えて、その人びとの心に寄り添うことが大切なんだって、彩乃は僕に教えてくれたと思ってる」

それは美奈子さんが——オパール症候群の愛する人を見送った人が——言っていた言葉だった。僕もその気持ちが少しずつわかりかけてきたところだった。

しばらく考えて、吉村は「そうだね」と頷いてくれた。

十二月になった。

町のあちこちに、赤と緑を基調にしたクリスマスのイルミネーションが飾られている。

日に日に風は冷たくなり、自転車での登下校に手袋が欠かせなくなった。

今日、十二月二十一日は僕の誕生日だった。

クリスマスに誕生日が近いせいで、だいたいいつも一緒に祝われるのが微妙なコンプレックスだった。

しかも、今年は母親と彩乃、僕の大切な人をふたりも亡くしている。ちょうど父が出張だとか言っていたから、ファストフードか回転寿司でひとりお祝いをしようか。

そんなことを考えていたら、ひどく悲しい気持ちがこみ上げてきた。

……せめて一回だけでいいから、恋人同士として彩乃と互いの誕生日を祝い合いたかった。

クリスマス、ただの幼なじみではなく、彼氏彼女としてプレゼントを渡してみたかった。

ダメだ。久しぶりに強い悲しみが襲ってきた。

僕は「幸福な王子」にはなれない。

彩乃、僕はきみがいないとこんなにもさみしくって、何もできないんだ。

家の前に自転車を止めて、身に食い込んでくる寒さにも似た悲しみと苦しみと孤独にじっと耐えていたときだった。

「お届け物です」と宅配便の人が小さな荷物を届けてくれた。

送り主は誰だろうと伝票を確かめた僕は、心臓が止まりそうになった。

送り主の名前は「春原彩乃」——。

「どういうことなんだ」

もう一度、僕は送り主を確かめた。

何度確かめても同じ名前が書いてある。

しかも、彩乃の字だ。

彩乃が生きている?

そんなわけはない。葬式までやったんだ。

しかし、集荷日は昨日ではないか。

早く荷物を確かめたい。

家の鍵を開けようとして、何度も失敗する。手が震えて鍵が鍵穴に入らない。五度目でやっと成功し、僕は家に入った。靴を脱ぐのももどかしく、二階の自分の部屋に駆け上がる。

僕は小包を開けようとして、途中で何度も手が止まった。開けようとするたびに涙が溢れてしまうのだ。

三度目にやっと小包を開けることができた。

荷物の中身は、分厚い手紙とラムネ瓶だった。

「前略
大好きな智也、お誕生日おめでとう‼
いきなりこんな手紙が届いて、びっくりした？
これを書いてる今日は夏祭り二日目。その夜明け前です。智也はすやすやと寝ています。とってもかわいい寝顔でずっと見ていたいくらい。はっ、写真に撮らねば——

「彩乃の文字だ」

僕は身体をくの字に曲げて、激しく身を震わせた。涙があとからあとから流れて止まらない。夏祭り二日目といえば、最後の日じゃないか。視界が歪んでなかなか先に進めなかった。ぼたぼた落ちる涙が手紙を汚さないように気をつけなければと思うそばから、涙が落ち続ける。


——動画だと長くなりそうだし、ひとりで話すのへただし。データを十二月二十一日に送る方法もよくわからないし。

この手紙、智也の誕生日に届くようにしたいのだけど、いまは夏。

調べたら宅配便もそんなに先日付(さき)でお願いはできないらしいので、おばあちゃんに頼みました。ちゃんとおばあちゃんの携帯にスケジュール設定したから大丈夫。念のため、神社の宮司さんにもお願いしておきました――

和美さんか宮司さんかわからないけれども、彩乃の手紙は無事に届いてくれたよ。

――この手紙、智也がちゃんと読めてくれているといいなと祈りを込めて書いています。

智也は死んでいませんように……。

あなたがこの手紙を読んでいるとき、できればわたしも一緒にいたい。

でも、たぶん、もうわたしには時間がないと思う。

智也のお誕生日を一緒にお祝いしたかった。

智也が生まれてきてくれたこと、これ以上の幸せはわたしにはないから。神さまに、智也のご両親にありがとうって言って、一緒にお誕生日ケーキを食べたかった。

それでその数日後にはクリスマス・イヴをふたりで過ごしたかった。

だって、わたしたちはもうただの幼なじみではなくて、恋人同士なのだから。

毎年、クリスマス・イルミネーションを見るたびに、気がつけばわたしは隣に智也がいる光景を想像してた。でも、そんな想像を強く持ったら、オパール症候群になっちゃうと思って、気持ちを押し殺してきた。それが晴れてお付き合いできるようになって、誰はばかることなくクリスマスの町を歩けるようになったはずなのに――

僕だってそうしたかったよ。ついさっきもそんなことを考えていたんだ。

——いつから智也のことが好きだったか、前に聞かれたよね。

たぶん、幼稚園の入園式で〝一目惚れ〟しちゃったんだと思う。

だって、智也、かわいかったじゃない？

目もくりくりで、ほっぺたぷにぷにで、髪もさらさらで。なんだかすごくいいところのお坊ちゃんみたいだったの覚えてる。それがすぐご近所だったのよ？　これはもう、運命だって、幼稚園児ながら思った。へへ。わたし、ちょっとおませさんだね。

でも、その素朴な憧れが恋に変わるのに待ったをかけたのは、オパール症候群。

小学校高学年になる頃にはお母さんからオパール症候群の話を聞いてたから、智也を好きな気持ちを封印しなきゃって思ったの。

中学校は幸い（？）別々になったから、ちょっとだけほっとした。ううん。嘘。中学校で他の女の子が智也を好きになったら嫌だなって、毎日暗い気持ちだった。

高校で同じ学校になったときは、すごくうれしかった。

本当のことを話すとお母さんにお願いして、智也のおばさんから智也の志望校を聞き出してもらって猛勉強したの。陸上の強豪校だって知ったのは入学の直前だったっけ。

高校生になった智也。すっごくかっこよかった。

剣道部に入ったって聞いたときは、かなり本気で転部を考えたんだよ？　でも、ここでオパール症候群になっちゃったら、まだ智也の気持ちもわからないのに勝手に病気になって死んでしまったら、さすがに嫌だなって思って、自分の気持ちを抑えることに専念していたの。

そうしたら、智也のおばさんが亡くなってしまって……。

お葬式で涙ひとつ見せないで弔問客に丁寧に頭を下げている智也を見てたら、かわいそうで。ほんと、あのときは代わってあげたかった。

でもそれから、ふたりでスーパーに買い物に行ってごはんを作ったりするようになったんだから、運命ってわからないね。智也はどう思ってたか知らないけど、わたしはとっても楽しかったよ。スーパーで買い物とかしてたら、「なんだか夫婦みたい」って心のなかできゃーきゃー騒いでは、「冷静に、冷静に。がんばれ、わたし」って気持ちを落ち着かせていました。

お母さんもそのへんはわかってたから、わたしと一緒になって智也に他の女の子を薦めるような言葉を言ったこともあったよね。

ぜんぜん、本心じゃないのに。

もし本当に智也が他の女の子とお付き合いしたら、わたしは毎日毎日泣いて暮らすだろうとわかっているのに……。

智也が告白してくれたとき、わたし、幸せすぎてそのまま死んじゃうかと思った。

だって、智也のことが好きで好きで、ずっとがまんしてたから……。

けど、やっぱりオパール症候群のことを考えると、手放しで喜べなくて。

智也のことを考えれば、オパール症候群で死んでしまう可能性のあるわたしより、他の女子のほうがいいよねって思うのが普通だろうし、そうするべきだと思ったし。

「わたしは本当に智也を好きになっていいのか」って、ずっと悩んでた。

智也のやさしさにつけ込んで、病気だから大切にしてもらおうなんて気持ちが、ほんのちょっとでもないかどうか。

ひょっとしたらお付き合いしてわずかな日数で死んでしまうかもしれない自分のエゴなんじゃないかって、ずっとずっと悩んでいた。

死ぬのも――少し怖いし。

けど、それ以上にあなたの存在は大きかった。

だからわたしは、あなたを好きになった自分を誇りたい――

彩乃の肉声が聞こえてくるような手紙に、僕は涙したり、頷いたり、笑ったりしながら読み進めていた。

きみを好きになった自分を誇りたいのは、僕のほうだよ。

——智也が植村部長と一〇〇メートル走で対決することになったとき、わたしは自分の運命を決めるときが来たんだって悟ったの。

もし、あのとき、ただの審判に徹していたら。

自分の心に嘘をついて、陸上部員として部長を応援していたら（そのあと部長が告白してきても断ればいいやって）。

少なくともいま、わたしはオパール症候群になっていなかったでしょう。

でも、それは〝肉体が生きているだけ〟——。

わたしの心は死んでしまっていたでしょう。

「智也‼　負けるなァ‼」と叫んだあのとき、わたしは自分の命をあきらめました。

自分の命をあきらめて、智也を愛することを選んだのです。

オパール症候群は恋が発病の引き金。わたしの場合は智也への恋がそうだった。

でも、智也はもう自分を責めないでね。

智也を恋することで、わたしは初めて、本物のわたしの人生を生きることができたのだから——

僕は自分の椅子の背もたれに上体を乱暴にぶつけ、天井を仰いだ。でも、ダメだった。涙を堪えられない。喉は灼けるように熱く、頭をかきむしりたいほどの激しい感情の渦が僕を襲う。

もがき、涙し、胸が張り裂けそうになりながらも、僕は手紙を少しずつ少しずつ読み進めていく……。

「彩乃……っ」

――智也と恋人同士！　初恋が実った。夢みたいだった。
予想どおり、オパール症候群は一気に進行した。
さすがに死ぬのがつらくて嫌で怖くて――智也に話した日の夜は泣いちゃった。
どうして、わたしだけ？
どうして、人を好きになっただけで死んじゃうの？
どうして、好きな人とずっと一緒にいられないの？
そんなの嫌です。智也と幸せになりたいだけなのに。
わたしは幸せになっちゃいけないの？
どうして？　どうして？　どうして？
でも……神さまは何も答えてくれなかった――

彼女がたった一回だけ、自分の人生を呪った瞬間の気持ちが記されていた。彩乃の叫びだ。

ごめん、彩乃。僕はきみの苦しみをそのときはこれっぽっちも気づいていなかった。できることならそのときに戻りたい。この彩乃の苦しみを僕もシェアしたい……。

――泣いて泣いて、泣き疲れていつの間にか寝てしまって、起きたときにふと思ったの。病気は病気、恋は恋――まったく別のものなんだって。

オパール症候群はつらいけど、智也のせいじゃない。

わたし、オパール症候群でなかったとしても智也に恋をしたと思う。それなら、オパール症候群になっても智也に恋をしていいじゃないって。

そうしたら、世界が一変したの。病気のせいじゃなくて、智也の笑顔で、眼差しで、しゃべる言葉で、ちょっとした仕草や息づかいで。

こんなにも世界はまぶしかったなんて、知らなかった。

浅草の初デート。一分一秒が惜しくて、うれしくて。

わたし、ばかみたいに、にやけてなかったかな?

何度でも言っちゃう。教室でみんなの前で「僕ら、付き合っているから」って宣言してくれたときの智也、最高だった。わたしの王子さまだったよ。

智也に手を取ってもらってシンデレラ階段を降りたときには、本当に自分がシンデレラになったみたいでうれしくて晴れがましかった。

ああ、このまま十年二十年、ううん、百歳まで一緒にいられたら、どれだけすてきだろうと思った。

智也に似た子供たちに囲まれて。

女の子だったら、たまには恋の相談に乗ってあげたりして。

男の子だったら、若い智也がいつまでもいてくれるような幸福感を独り占めして。

子供たちが大きくなって、わたしと智也もやがてリタイヤして、そのうち孫ができて。

おじいちゃん、おばあちゃんになっても、また浅草をふたりでデートしたりして。

そんなふうにずっと一緒にいられたら、わたしはたとえ牢屋（ろうや）のなかであっても一日も不平も不満も抱かなかったと思う。

けど……それは無理だった――

僕は手紙を握りしめ、また天井を見上げたり周りを見回したりして、涙の熱が少しでも収まるのを待った。

——ふたりで各駅停車の電車をなるべく選んで、いろんなところへ行ったね。おいしいものも食べられたし、すばらしい景色も見られた。ちょっと奮発したごちそうも最高だったけど、ふたりで分け合って食べたおにぎりもとってもおいしかった。

軽井沢で、「今度来るときはきちんと宿泊できるくらいに軍資金を貯めてこようね。一年以内に」って言ってくれたの、うれしかった。でも、あのときのわたしは一年持つかもなんて、嘘ついてたから、智也にあんなこと言わせちゃったんだなってすぐわかった。でも、わたし、「うん。今度は泊まりで」って答えちゃったね。

草津温泉でも、「おじいちゃんおばあちゃんになって、のんびり温泉旅とか、いいよね」って智也から言われて、夢みたいで。「そのときはまた、草津には絶対来ようね」なんて嘘をついちゃったの、許してくれるかな？——

許さないわけが、ないじゃないか。

僕のほうこそ、浅はかで考えなしで、ひどいこと言って、ほんとうにごめん。

それだけじゃない。彩乃の唐揚げを台無しにしたことも、オパール症候群と聞いたときにショックを受けてしまったことも、翌朝に泣かせてしまったことも、ほんとにほんとにごめん……。

——わたしがこんなふうに書くと、智也は「自分こそ、ごめん」とか言い出しそうだけど、智也が謝るようなことは何もないよ。たまには意見の相違みたいなものもあっただろうけど、お汁粉に入れる塩というか。宝石が見事にカットされてこそ光を受け止め、跳ね返して輝くように、智也がくれたものならいいものでも心の傷でも、わたしの心の宝石をカットして輝かせてくれるんだ——

僕は苦笑した。ぜんぶお見通しでぜんぶのみ込んでいて。彩乃には絶対勝てないや。

——わたしがいちばん苦しくて、わたしこそ謝りたいのは……智也がオパール症候群になってしまったこと。

でも、智也は、わたしと同じになったと喜んでくれた。

白状します。

智也がそう言ってくれたとき……わたしはしびれるほどに幸せでした。

誰よりも大切な智也が、自分と同じ死の病にかかったというのに幸せに震えたなんて、底なしに浅ましい自分が嫌になるけど。

だから、今度はわたしの番。

智也が「彩乃と同じになりたかった」と言ってくれたように、あなたのオパール症候群をわたしがぜんぶ引き取ってしまいたい――

この手紙のとおりになったよ。
僕はひとり生き残ってしまった。
でもそれがきみの意志なら、僕はそれを受け止めなきゃいけないんだよね。
彩乃が僕のあげるものなら、すべて心の宝石を輝かせると言ったように。
……でも、すごくさみしいよ。
ここから先、彩乃の筆跡が急に乱れる。オパール症候群のせいだった。

――そうして、わたしたちはいまここにつきました。
おばあちゃんの家でわたしは智也といなかの夏休みをたのしめた。
ゆうべの夏まつり、たのしかった。
（ごめんね。手に力が入らなくて漢字がうまくかけない……）
ふたりでのんだラムネのびん、捨てるのがもったいないので贈ります。
またふたりで、のもうね。
そのときには、智也はもう少し上手にラムネをのめるようになっていてね。
こんやの花火、たのしみだね。

これから先も、ずっとずっといっしょにいようね。

ああ、ほんとはウエディングドレスとかもきてみたかった。

あなたのために。

はたせなかった海べの家。

わたしにはムリだとわかっていたけど、かなってほしい夢だった。

だって、家が手に入るほどの未来まで生きられるということでもあったのだから。

もし手に入っていたら。

あなたのためにいつもきれいにしておきたかった。

おいしいものをたくさんつくって、あなたのかえりをまっていたかった。

それは、こんど生まれ変わったときのおたのしみにしよう。

だから、神さま。次も智也のそばに生まれさせてください。智也を好きになれるわたしでいさせてください——


海辺の家、本当に夢だったんだね。

今度生まれ変わったときは、絶対にふたりでかなえよう。

僕もまた神さまに祈る。

また彩乃を愛せる人生を選べますように、と。

だから——会いたい。彩乃に会いたい。

——智也、わたしのぶんまでしあわせに。

生きて。わらって。ときどきないちゃうかもだけど、このすてきな、わたしたちをめぐりあわせてくれた世界で幸せになって。

あなたの笑顔がだいすき。

じゅぎょうちゅうのまじめなかおもだいすき。

ちょっとすねたかおも、こまったかおも、みんなだいすき。

わたしを笑顔にしてくれた、あなたのやさしさがだいすき。

いっしょにいられるかぎり、わたしはあなたのとなりにいます。

わたしが人生の最期をむかえるときにも、昨日とかわらないあなたの笑顔を見ていたいから。

たとえ、肉体のわたしがそこにいなかったとしても、わたしの心は永遠にあなたの胸のなかにあるから。

だれよりもだれよりも愛している智也へ

彩乃」

手紙はそこで終わっていた。

たどたどしい筆致のなかで、「だいすき、だいすき、だいすき」と畳みかける言葉に込められた彩乃の想いが、僕の心に押し寄せ、激しく揺さぶる。

僕は机にまたしても突っ伏すように身体を折り曲げ、涙を流した。涙が心のなかのいろいろなものを流し、溶かしていくのに任せる。

熱い涙がたれて、最後の彩乃の署名をにじませてしまった。

一緒に送られてきたラムネの瓶のビー玉がきらきら光っている。

付き合い出してからほぼ一カ月。

たったそれだけしか一緒にいられなかったけど、僕にとってはかけがえのない日々だった。

ラムネ瓶のビー玉と同じで、手の届かないものになってしまったけれど。

手が届かないからこそ美しいと、彩乃は目を細めていたね。

その美しさにたとえ一瞬だけだったとしても、僕は触れたという自信がある。

季節は巡る。きみがいないままで。

けれども、彩乃。

きみが残してくれた愛は、ただの思い出ではなかった。

きみがくれた日々はもう戻らない。

戻らない代わりに永遠になった。

その永遠は、きみと僕とで創った永遠なんだ。

涙の熱が、ふと胸元のペンダントを思い出させた。

僕はペンダントを取り出す。

僕の体温を吸ったペンダントが温かい。

ペンダントトップの石は、人によっては——鈴木にそう見えていたように——オニキスや、ひょっとしたら石炭のように見えるだろう。

けれども僕には、角度によって変化する虹色のきらめきを放つオパールに見える。

白を中心にして青や紫、黄色、赤といった色とりどりの揺らめきは、見るたびに異なる色を放つ。

彩乃の指先から出た血でできたオパールの結晶を、ペンダントトップにしたのだ。

僕はそのオパールを太陽にかざした。

オパール特有の遊色効果によって生み出された輝きが部屋に散乱して虹色に染める。

永遠となったきみの愛が、世界を照らしている。こんなにも美しく。
自分のいる世界と彼女の残したきらめきが交錯して、この輝きを生み出している。
オパールの宝石言葉は、純真無垢、歓喜、希望——彩乃の恋そのものだ。
僕はこの輝きと共に生きていく。
永遠の輝きが、永遠であることを示し続けるために。
オパール色の恋。
願わくは、光がいつまでもあって、この輝きを世界につけ足し続けられますように。
オパールは何も言わず、何も答えないけれど。
ただ黙って虹色に輝き、淡い夢のような光を散乱させている。
それは、いつか見た彩乃の笑顔とよく似ていた。

了

本作品はフィクションです。
実在の人物、団体、事件などにはいっさい関係ありません。

本作品は書き下ろしです。

きみの最後(さいご)の一カ月(いっかげつ)、
恋(こい)はオパール色(いろ)になって

2023年6月10日　初版発行

著　者　遠藤遼(えんどうりょう)

発行所　株式会社　二見書房
東京都千代田区神田三崎町2-18-11
電　話　03(3515)2311[営業]
03(3515)2313[編集]
振替　00170－4－2639

印　刷　株式会社 堀内印刷所
製　本　株式会社 村上製本所

本作品に関するご意見、ご感想などは
〒101-8405　東京都千代田区神田三崎町2-18-11
二見書房　サラ文庫編集部　まで

落丁、乱丁本はお取り替えいたします。　定価は、カバーに表示してあります。

ISBN978-4-576-23057-3
https://www.futami.co.jp/sala/

女王の結婚（上）

ガーランド王国秘話

久賀理世

イラスト＝ねぎしきょうこ

アレクシアとディアナ、二人の出生の秘密が明らかに。そして物語は「ガーランド女王」の婚姻を巡る新たな局面を迎えることに――。

二見サラ文庫

女王の結婚(下)

ガーランド王国秘話

久賀理世

イラスト=ねぎしきょうこ

出生の秘密、国家、愛——交錯する想いを超え、
若き女王がつかみとった未来は。

二見サラ文庫

上野発、冥土行き 寝台特急大河
～食堂車で最期の夜を～

遠坂カナレ

イラスト＝水引まぐ

食堂の手伝いをして暮らす未来来。突如現れた死神のアレクセイに、死者の未練を解消する寝台特急「大河」の食堂車にスカウトされて…。

二見サラ文庫

空に星の川、海に光の標（しるべ）

柾木ひかる

イラスト＝爽々

過去に囚われたままの青年が未来（あす）のために辿る軌跡。今日の夜空に何が見えますか？　ノスタルジック青春ストーリー。

二見サラ文庫

しらしらと水は輝き

花川戸菖蒲

イラスト＝ふく

ライターの谷川が無為の日々を過ごす中で遭遇した一枚の絵画。作者の名は、屋ヶ田永和。その絵には託された思いがあって――